Ein Dank an das Leben!

Für meine Liebsten

Therese M. Zuber-Jost

507 Jahre verheiratet -
10 Paare erzählen...

Geschichten aus dem Leben - für das Leben!

Impressum

© 2021 Therese M. Zuber

Herstellung und Verlag: BoD – Books on Demand, Norderstedt

ISBN: 9783755753865

Covergestaltung: Therese M. Zuber
Buchlayout: Martin H. Zuber
Bildnachweis Cover: Adobe Stock © alex.pin #397458010

Farbfotos der Autorin, der Paare Pieren, Rothenberger, Hegg, Jud, Zatul und Stey: Martin H. Zuber; Übrige Bilder: Privatarchive der Paare

Die Deutsche Nationalbibliothek verzeichnet diese Publikation in der Deutschen Nationalbibliografie; detaillierte bibliografische Daten sind im Internet über dnb.dnb.de abrufbar.

Inhalt

Vorwort

Noch nie waren so viele verschiedene Lebensmodelle möglich wie heute. Lebensentwürfe wandeln sich je nach Individualität, und die Wahlfreiheit erscheint nahezu grenzenlos.
Beziehungen, in welcher Form auch immer, sind sowohl bereichernd als auch herausfordernd.

Vor einem knappen halben Jahrhundert habe ich geheiratet - eine damals noch sehr traditionelle Ehe-Familienkonstellation. Mein Mann und ich versuchten, in den vergangenen Jahrzehnten lernend des Weges zu sein. Wir haben Höhen und Tiefen durchlebt, Klippen umschifft, sind gestrandet und immer wieder zu neuen Ufern aufgebrochen. Die Energie, die Freude und der Mut dazu ist in den persönlichen Prozessen von uns beiden und aus der Gemeinsamkeit erstarkt.

«Ihr seid Exoten!» - «Was, das gibt es noch?» Solche und ähnliche Äusserungen bekamen wir oft zu hören, wenn wir anlässlich verschiedenster Gelegenheiten gefragt wurden, wie lange wir schon als Paar unterwegs seien. Je öfter wir solche Situationen erlebten, desto ernsthafter fragte ich mich: Was ist die Essenz, die eine Beziehung lebendig hält, liebes- und überlebensfähig macht?

Das Thema liess mich nicht mehr los! Unterschiedliche Gedanken bewegten mich:
Ein Herz und zwei Seelen - verschieden und nahe sein.
So auch die Aussage des deutschen Paartherapeuten Hans Jellouscheck, eine funktionierende Beziehung sei «eine Folge kleiner Scheidungen, die man überwindet und nach denen man sich stets neu suchen und zusammenfinden muss.» Und Marc Forster, der Schweizer Regisseur, äusserte in einem Interview: «Ich kam zum Schluss, dass das Loslassen in einer Beziehung entscheidend ist.»
Was hat eine lange Ehe mit Glück zu tun? Die Paartherapeutin Ju-

dith Oehler sagt: «Glück ist sehr subjektiv.» Und die Entwicklungs-psychologin Pasqualina Perrig-Chiello ist überzeugt: «Es gibt kein Rezept für eine glückliche Ehe.»

Erwähnenswert ist auch die Äusserung des Kulturphilosophen Walter Schubait: «Wir lieben nicht, was schön ist, sondern wir finden schön, was wir lieben.»

So wurde ich immer freudig neugieriger darauf, Menschen kennen zu lernen, die auch bereits mehr als die Hälfte ihres Lebens zusammen geteilt haben. Die Absicht: Porträts von zehn Ehepaaren mit verschiedenen Hintergründen und Ausprägungen, herausgegeben in Buchform.

Über einen längeren Zeitraum, verzögert durch die anhaltenden, von der Pandemie geprägten Phasen, entstanden die vorliegenden Erzählungen. Und dann, kurz bevor die Veröffentlichung in greifbare Nähe rückte, eine weitere Verzögerung. Noch vor dem gemeinsamen Revidieren des bereits gegengelesenen Textes erkrankte ein Paar an Corona - glücklicherweise mit gutem Ausgang!

Mein Mann Martin unterstützte das Vorhaben von Beginn weg. Er begleitete mich zu den Gesprächen, zeichnete diese auf, so dass ich mich währenddessen nicht um den technischen Teil kümmern musste und mir die Aufnahmen anschliessend für das Transkript zur Verfügung standen. Auch bei der Finalisierung des Buches stand er mir tatkräftig zur Seite. - Von Herzen: DANKE!

Die Begegnungen mit den einzelnen Paaren waren von einer offenen, frohen und vertrauensvollen Atmosphäre geprägt - essenziell, damit die Einmaligkeit und Authentizität der gelebten Beziehung zur Wirkung kommen konnte. Dadurch bahnte sich jedes Mal schnell ein erstaunlich schöner Erzählfluss an und der Entstehungs-prozess wurde für alle Beteiligten zu einem spannenden Unterfangen.

Zu Beginn des Gespräches vergewisserten wir uns gegenseitig nochmals der Bereitschaft, uns auf dieses Abenteuer einzulassen - im Wissen darum, jederzeit innehalten und abbrechen zu dürfen. Auch das ungefähre Zeitfenster legten wir fest.

Das Übertragen von Mundart ins Hochdeutsche hielt ich dem Original so nahe wie möglich. In diesen sehr persönlichen Erzählungen hat jede Person ihre eigene Sprache, ihre eigenen Schwerpunkte. Damit das Gesagte ohne Ankündigung des Sprechenden unterschieden und flüssig gelesen werden kann, wählte ich die Anfangsbuchstaben der Vornamen. Alle Paare haben ihren Text nach dem finalen Gegenlesen zur Publikation frei gegeben.

Diese Erlebnisse sind als Ermutigung gedacht. Es gibt unzählige Paare, die eine interessante, berührende Geschichte zu erzählen hätten. Vielleicht regen die vorliegenden Schilderungen ebenfalls dazu an, persönliche Erfahrungen mit anderen zu teilen? Jeder Mensch ist einzigartig, jede Lebensgeschichte bedeutsam, jede Beziehung - unabhängig davon, wie lange sie dauert und in welcher Lebensform - einmalig!

Ein herzliches DANKEschön an die wunderbaren Paare, die wir durch dieses Projekt kennen lernen durften, die uns ihr Vertrauen geschenkt haben und uns ans Herz gewachsen sind! Nachfolgend eine kleine Auswahl von Rückmeldungen:
«Schon im Vorfeld habe ich gedacht: «Das wird ein sehr guter Prozess!»
«Mir war es eine Freude! Ich finde, man hört einander im Leben eigentlich zu wenig zu. Wir haben viele Freunde, sind oft mit ihnen zusammen. Aber von sich erzählen darf man oder tut man kaum.»
«Wir geben etwas preis von uns, aber wir erhalten auch etwas dafür. Wir bekommen eine Chance, über uns nachzudenken und über uns zu sprechen. Das ist schön - auch zu reflektieren. Diese Chance bekommst du wahrscheinlich nicht so oft im Leben, dass du zwei

Stunden hinsitzen und denken kannst: «Ok, jetzt geht es um nichts anderes, als einfach darum, von uns zu erzählen!»

«Mit anderen Menschen in Gruppen laufen manchmal bestimmte Muster ab und das frustriert. Du bist in einer Rolle drin und es gelingt dir nicht, auszusteigen. Deshalb finde ich es mega schön, dass ihr da seid und Zeit habt, uns so zuzuhören und auch nachfragt.»

«So viel von uns preisgeben, das tun wir sonst nie.»

«Es ist interessant, was es bewirkt. Es könnte ja auch eine heftige Reaktion zwischen uns auslösen, etwas, das wir nicht erwartet hätten. Vielleicht bricht etwas auf, das wir seit zwanzig Jahren unter dem Deckel halten. Aber ich hatte keine Angst davor, weil uns der Konflikt, den wir manchmal haben, bewusst ist.»

«Ich denke noch oft über solche Fragen nach. Eigentlich hast du mit deiner Anfrage eine offene Tür eingerannt.»

«Ich habe die Zeit mit euch als sehr besonders erlebt. Interessant, wie gut es tut, sich nochmals vor Augen zu führen, was einem aneinander gefallen hat und warum man die Beziehung festmachte. Von daher finde ich dieses Projekt speziell interessant.»

«Ihr beide strahlt in eurem Miteinander Vertrauen und Ruhe aus und ich merke, wie die Zeit mit euch sich erfrischend auf unsere Beziehung ausgewirkt hat. In diesem Sinne ganz herzlichen Dank für euren Besuch!»

«Das Leben ist nicht das, was man gelebt hat, sondern das, woran man sich erinnert und wie man sich daran erinnert - um davon zu erzählen.»

So der Literaturnobelpreisträger Gabriel García Márquez (1927–2014).

Therese Zuber-Jost

Die Zürcher Künstlerin und der Engadiner Bergbauer

IRIS UND DOMENIC RIATSCH-BRUN I HEIRAT 1973

Zufällig treffen mein Mann und ich anfangs Oktober 2015 auf SRF1 auf eine Sendung, die wir bis anhin nicht kannten: «Landfrauenküche». Im wunderschönen auf 1630 Metern über Meer gelegenen Unterengadiner Bergbauerndörfchen Vnà amtet Iris Riatsch als Gastgeberin.

Im Nu gewinnen ihr Porträt und ihre Ausstrahlung unsere Aufmerksamkeit. Auch die Art und Weise, wie Domenic, ihr Mann, sie bei ihrem Vorhaben unterstützt, beeindruckt uns. Zu diesem Anlass hat er in einem Restaurant sogar extra servieren gelernt. Mit Interesse verfolgen wir die Sendung bis zum Schluss. Die beiden wirken sehr authentisch - das berührt uns.

Mitte Januar 2017 begegnen wir unbeabsichtigt dem Final der Siegerinnen aus 10 Jahren Landfrauenküche. Unter ihnen auch Iris Riatsch. Einen spannenden Abend lang verfolgen wir die Kochkünste der zehn Teilnehmerinnen. Wir fiebern mit - und - sie wird die «Landfrau des Jahrzehnts»! Sie freut sich - keine überschäumende Regung. In unserer Wahrnehmung war sie während des ganzen Abends einfach in ihrer ruhigen Art präsent. Diese Ruhe, dieses ganz bei sich sein, fasziniert mich. Wir freuen uns mit ihr und ihrer Familie.

Als ich mich knapp zwei Jahre später konkret mit dem Gedanken zu befassen beginne, die schon länger in mir schlummernde Idee dieses Buches umzusetzen, tauchen Iris Riatsch und ihr Mann wieder in meinen Erinnerungen auf. Kurzentschlossen frage ich sie an, ob sie Teil meines Projektes sein möchten.

Auf einem Parkplatz Eingangs Dorf leuchtet uns von weitem eine grosse Tafel entgegen:

«*Elena Könz – Vnà*
Cordialas gratulaziuns a nossa
champiunessa mundiala categoria „Big Air" a Kreischberg
sportista grischuna d`on 2015!»
«Herzliche Gratulation unserer Snowboarder - Weltmeisterin in der

Kategorie «Big Air» und Bündner Sportlerin des Jahres 2015!»

So wurde der Name dieses kleinen, auch uns bis anhin unbekannten Dörfchens bereits vor ein paar Jahren in die weite Welt hinausgetragen.

Für unser Kennenlernen besuchen wir Iris und Domenic in ihrem schönen Heim, der ehemaligen Sennerei «Chascharia» - am Dorfrand, einem sonnigen Südhang hoch über dem Inn, ganz ruhig gelegen, wie ein Schwalbennest.

Auf unsere Begegnung freuen wir uns gegenseitig sehr. Bereits im Vorfeld haben wir herausgefunden, dass wir mit einem Abstand von nur drei Monaten gleich lang verheiratet sind!

Welch frohgemute Begrüssung von Iris! Wir fühlen uns sofort wohl in ihrer Gegenwart. Auch Basco begrüsst uns freudig wedelnd. Die heitere Bemerkung zu ihrem Hund bringt uns zum Schmunzeln: «So, wie dieser Mischling, funktioniert ein Paar!»

Iris hatte vorgängig über Mittag noch eine rassige Schlittenfahrt genossen und Domenic fuhr sie mit dem Auto wieder nach Hause.

Im Mehrzweckraum, der zugleich Iris Atelier ist, legen wir unsere Mäntel ab. Hier wird sichtbar, dass ihr Herz für die Kunst schlägt. Sie widmet sich der Holzschnitzerei und -druckerei und dem Aquarellieren. Wir folgen ihr in den geschmackvoll, gemütlich ausgestatteten Wohnraum. Zentral ein Ofen, der wohlige Wärme verströmt, ein herrlich weiter Ausblick in drei verschiedene Richtungen mit einem prächtigen Bergpanorama. Der Raum fühlt sich für uns wie ein Adlerhorst an. Unterdessen hat sich auch Domenic zu uns gesellt und wir setzen uns an den Familientisch. Iris räumt einen kleinen Papierstoss weg. Soeben hat sie durch einen Gast aus München eine Woche lang Englischunterricht genossen, der als Gegenleistung gratis die im unteren Geschoss gelegene Ferienwohnung benutzen durfte. Immer wieder verscheucht Iris die Bergdohlen, die sich am Futterhäuschen gütlich tun und die Alpenbraunellen und Meisen ihrer wichtigen Futterquelle berauben wollen. Zwischendurch beschert uns das Glück sogar kreisende Adler.

Wir werden mit würzigem Alpkäse von der eigenen und einer Nachbaralp bewirtet, einem schmackhaften Salsiz, ebenfalls aus eigener Produktion, und einem feinen Zopf, gebacken von der Schwiegertochter, die unweit von hier mit dem Sohn der Familie den ehemals elterlichen Hof bewirtschaftet. Schon bald finden wir uns im Fluss eines interessanten und spannenden Gesprächs wieder. Eine bewegte Familiengeschichte, die sich in einem Dorf mit nur knapp fünfzig Einwohnern abspielt.

Mitten in dieser wunderbaren Bergwelt lassen wir währenddessen unseren Blick immer wieder über die weichen, im Sonnenlicht glitzernden Konturen der verschneiten Heuställe in die Ferne schweifen.

Iris (I): Domenic, fängst du mal an zu erzählen, wie wir uns kennen gelernt haben? Für mich ist es interessant, zu hören, wie du das erlebt hast.

Domenic (D): Ich bin hier geboren und aufgewachsen. Ein Jahr lang besuchte ich die Kantonsschule in Chur. Das gefiel mir gar nicht. Anschliessend war ich im Plantahof, in der Bauernschule. Das entsprach meiner Welt! 1968/69 schloss ich die Ausbildung ab und kam zurück.

Jugendliche waren wir damals noch ein paar, hier im Dorf. Wir hatten keinen Fernseher und so sind wir halt jeden Abend in der Dorfbeiz, der «Tschütta», gesessen. Von Zürich kamen ab und zu Zwillingsmädchen zum Langlaufen. Einmal verbrachten sie den Abend mit uns zusammen in der Beiz. Wir freuten uns über die neuen Gesichter.

Als es Zeit wurde, in den Stall zu gehen, kam mir Iris helfen. Ihre Zwillingsschwester hatte nicht gross Interesse an der Landwirtschaft. So haben wir uns ein paar Mal getroffen. Iris und ich haben uns dann ziemlich schnell befreundet, das war 1971. Auf den ersten Blick haben mir die blauen Augen und langen blonden Haare, die schönen Zähne, die Lippen, aber auch die Hippiebekleidung gefallen. Viele anziehende Impressionen. - Ich dachte dann: «Das war es jetzt - eine schnelle Freundschaft! Eine Beziehung, die auseinander geht, wenn Iris wieder in der Stadt lebt und ich hierbleibe.» Doch es wurde mehr. Fast jedes Wochenende kam sie herauf. Einmal fuhr ich zu ihr, habe mich verirrt und musste schauen, wie ich sie in Zürich finde (lacht).

Die Beziehung wurde dann immer tiefer. Mir hat ihr harmonischer Körper gefallen, den ich so gerne anfühlte und immer noch anfühle. - Ein oder eineinhalb Jahre, nachdem sie das erste Mal da war, wurde sie schwanger. Sie entschied sich, hierherzuziehen und dazubleiben. Weil sie schon als Kind oft im Maiensäss in den Ferien war, bevorzugte sie es, dort zu wohnen. Meine Eltern fanden natürlich, das sei abgelegen, nicht gut isoliert und so weiter. Wir hätten die Möglichkeit gehabt, uns hier im Dorf irgendwo niederzulassen. Aber sie fühlte sich im Maiensäss der Kindheitserinnerungen geborgener.

Dort waren wir abgeschieden. Ich war Besamer und jeden Tag auf der Tour, vor allem im Winter. Die Realität war schon ziemlich hart. Wir hatten keine Zufahrt und kamen nur mit den Skiern oder zu Fuss von zu Hause weg. Es gab keinen richtigen Ofen und war immer eine improvisierte Sache. Drei Winter haben wir dort ausgehalten. Nachher merkten wir, dass dies auf die Länge nicht realistisch ist. Im Sommer war es natürlich schön.

I: In dieser Zeit waren wir sehr dankbar für die Unterstützung unserer Eltern. Meine Mutter kam mir oft helfen und Domenics Eltern überbrachten uns Nachrichten von Telefonaten. Auch für Ferienablösungen waren sie stets einsatzbereit.

D: 1973 haben wir geheiratet und im Juli ist unsere Tochter geboren. Das war auch so ein Ereignis, die Geburt. Für mich sehr eindrücklich und ich konnte fast nicht glauben, dass das wahr ist! - Der Sohn kam ebenfalls im Maiensäss zur Welt, im September 1976.

I: Ja, ich weiss noch, beim ersten Kind assen wir am Abend vorher mit einem seiner Kollegen Fondue. Es regnete wie verrückt, und wir sagten zueinander: «Wie kann man nur im Sommer ein Fondue essen?» Am Morgen um zwei fingen die Wehen an. Ich kann mich gut an den Weg nach Ramosch erinnern. In jeder Kurve - diese liegen nicht weit auseinander - kam wieder eine Wehe. Und ich wusste, dass es nicht mehr lange dauern kann.

D: Ich war bei jeder Geburt dabei. Das waren schöne Erlebnisse! Oft hat man gehört: «Die Männer sind so hilflos bei den Geburten und können fast nicht zuschauen!» Für mich war das überhaupt kein Problem. Ich kann das von der Natur und von den Kühen her vergleichen. Hie und da bin ich zwischendurch auch eingeschlafen. Beim dritten Kind haben sie die Geburt eingeleitet. Das war nicht so ideal. Es hatte eine Art Schock, weil es eigentlich noch gar nicht parat war. Heutzutage macht man Sachen, die gegen die Natur laufen. Vielleicht hätte es noch zwei, drei Tage länger gedauert und dieses Kind wäre auch gekommen. Wenn man mit der Natur leben würde, gäbe man ihr mehr Raum und Zeit.

In der Zwischenzeit wollten wir eine Siedlung bauen. Ein Haus und einen Stall. Nach fünf Jahren war es so weit. Das war für mich wie ein Traum. Dass man so etwas realisieren kann, ohne finanzielle Mittel. Iris brachte damals dreitausend Franken mit in die Ehe und ich zwei Kühe. Sie war zwanzig, ich dreiundzwanzig.

Als wir dort einziehen konnten, wurde es für mich einfacher, da wir elektrisch hatten, Warmwasser und eine Zufahrt. Es war für mich aber auch so, wie wenn man etwas von der Natur und das Alleinsein aufgegeben hätte. Wie wenn man gescheitert wäre. Ich kann mich noch gut an die erste Nacht im neuen Haus erinnern. Es war so leer. Am liebsten wäre ich wieder zurück gegangen. Es ist halt schon speziell, wenn man auf einem Einzelhof oder in einem Maiensäss wohnt.

Das schönste und grösste im Leben waren für mich die vier Kinder. Ich fand immer, eine Bauernfamilie sollte ein paar Kinder haben. Heutzutage empfinde ich es lächerlich, wenn man sagt, mehr als zwei oder drei könne man sich nicht mehr leisten. Wir zogen unsere drei Mädchen und unseren Jungen auf und wussten nie, wieviel das kostet. Alle konnten eine Ausbildung machen und haben ihren

Weg gefunden. Früher waren die Leute arm und hatten viele Kinder. Heute haben sie Geld genug und nach zwei Kindern bereits zu viel.

I: Jetzt ist eine andere Zeit.

D: Der Bauernbetrieb ist für mich ein schönes Beispiel, wie man die Kinder gemeinsam aufziehen kann. Wenn es der Frau nicht gut ging oder sie überfordert war, konnten sie zu mir in den Stall kommen. Das hat sich so ergeben. Es ging Hand in Hand. Ich nahm sie auch gerne mit. Die jüngste Tochter war oft mit mir unterwegs. Sie wollte keinen Sport treiben und hatte auch keine Freude am Velo fahren.

I: Es war eben auch schön, dass das Haus und der Stall aneinandergebaut sind. Viele neuen Ställe stehen ausserhalb. So war es für mich ideal.

D: Aber eben, die Kinder sagten dann, als sie grösser waren, ich hätte nie Zeit gehabt für sie und sei immer am Arbeiten gewesen. Ich hatte praktisch nie frei. Vielleicht gingen wir früher im Winter ein- zweimal miteinander Skifahren.

I: Der Besamer-Dienst war auch am Samstag und Sonntag. Die Tiere machten keine Ausnahme, wenn sie stierig waren.

D: Ist auch gut so. In den peripheren Regionen gibt es wenig Alternativen und das war eine gute Nebenverdienstmöglichkeit.

I: Wir konnten damit Investitionen tätigen.

D: Ja, erstens das und wir konnten den Betrieb schon früh dem Sohn übergeben. Ich hatte noch ein zweites Standbein, war fünfzig Prozent angestellt. So war die Übergabe eher möglich als damals bei meinem Vater. Als wir bereit gewesen wären, war er fünfundfünfzig. Er sah einfach keine Möglichkeit, hatte Existenzängste und fand, er könne den Betrieb nicht hergeben, wenn er keine andere Option habe. Er war ja noch nicht pensioniert. Das wollte ich anders lösen. Aber es ging nur dank dieses Nebenverdienstes. Das war auch eine Doppelbelastung. Ich stand immer um halb fünf auf. Bevor die Kinder in die Schule gingen, habe ich um sieben noch mit ihnen gefrühstückt. Iris besorgte den Rest im Stall und ich war bereits im Unterengadin unterwegs. Ich schaute, dass ich am Abend um fünf wieder zuhause war. Zum Zmittag nahm ich jeweils eine Thermosflasche Tee und ein Sandwich mit. Nach der Stallarbeit schlief ich manchmal schon während des Nachtessens ein.

Die Begegnungen mit den verschiedenen Menschen haben mir viel bedeutet. Es ist nicht so, dass ich immer ein Opfer bringen musste oder es ein Müssen gewesen wäre. Ich weiss noch, wenn ich am Abend in den Stall zurückkam, war ich mit Energie vollgeladen und es lief, einfach so. - Ich habe gesehen, wie es den anderen geht, auch Schweres. Die Bauern auf den Höfen oder in diesen Dörfern waren oft einsam. Vielleicht kommst du gerade in einem Augenblick, in dem sie es nötig haben. Sie haben mir im Vertrauen vieles erzählt. In dem Moment nahm ich mir die Zeit und konnte einfach zuhören. Die Schwachen waren mir eher ein Anliegen als die, die alles wussten. So konnte ich am Schicksal von anderen teilhaben, was mir auch viel Kraft gab.

Ja, so ging die Zeit eigentlich schnell vorbei. Nach fast achtundzwanzig Jahren der Doppelbelastung war ich froh, dass wir die Verantwortung vom Hof übergeben konnten. - Das war damals eine etwas schwierige Phase. Unser Sohn wollte es nach seinem Willen machen und nicht auf Ratschläge hören. Aber ich habe dann gelernt, meine geliebte Arbeit so zu tun, wie er es wollte. Nun geniesse ich es, ihm gelegentlich helfen zu dürfen. Für mich ist es auch schön, zu sehen, dass das Werk, das wir aufgebaut haben, weiterläuft und in guten Händen ist. Dass die Jungen kompetent sind und als Familie eine Existenz haben. Hier oben, unter diesen Bedingungen und in diesen Verhältnissen. Das ist möglich, obwohl man manchmal denkt, es sei chancenlos. Es gibt eine Zukunft, auch im Berggebiet, wenn man sich in die heutigen Gegebenheiten schickt und nach den Vorgaben der Agrarpolitik handelt. - Und jetzt haben wir reichlich Zeit zum Geniessen und unternehmen auch viel mehr gemeinsam. Wir hätten früher nie so oft reisen können. Das ist eine grosse Freiheit. Obwohl, am Anfang wussten wir nicht, wie es weitergeht.

I: Meinst du jetzt finanziell? Mit dem Stöckli oder mit dem Betrieb?
D: Ja, finanziell, ohne den Betrieb. In der ersten Zeit machte ich mir schon Sorgen. Nebst der fünfzig Prozent Anstellung schloss ich Emmental Versicherungen ab. Am Anfang lief nicht viel.
I: Das war noch ein Zusatzverdienst, weil das Besamen immer weniger wurde und damals eigentlich ein sehr guter Einstieg für dich. Ich dachte immer: «Du und Versicherung, das kann ich mir nicht vorstellen!» Aber du hast es tipptopp gemeistert.
D: Dadurch, dass ich immer unterwegs war, bekam ich mit, wenn einer den Betrieb übergeben wollte und konnte den dann versichern. - Die Emmental Versicherung ist eine ganz kleine Genossenschaft, die vor allem im ländlichen Gebiet bei den Bauern bekannt ist. Ich fühlte mich dort wohl. Wenn die Agenten zusammenkamen, war das wie eine Bauern Landsgemeinde. Alle haben die gleiche Sprache gesprochen, wie in einer grossen Familie und man war willkommen. Ich schätzte es, dass ich die Freiheit hatte, es auf meine Art zu machen und so lange, wie ich wollte - bis Ende des letzten Jahres. Auch, dass ich als schon etwas Älterer von Hand schreiben durfte. Hinter dieser Toleranz steckt ein Stück Menschlichkeit. Das war ein schöner Abschluss.
Jetzt haben wir andere Projekte. Ursprünglich dachte ich, ich könnte oft im Maiensäss sein, alleine. Auf einmal merkte ich, dass ich es doch nicht aushalten würde. Nach ein paar Tagen muss ich wieder Menschen begegnen.
Mit einem anderen pensionierten Kollegen biete ich zweimal pro Woche Wildbeobachtungen an. Die Leute kommen, um Gämsen zu beobachten. Er bestreitet diesen Teil und ich koche in der Hütte ein Fondue. Die Gäste mögen das, obwohl es nichts Besonderes ist. Die Begegnungen sind schön. Dieser Austausch passt mir und ist jetzt, wo das Dorf immer ruhiger wird, wichtig.
Ja, und im letzten Herbst besuchte ich einen Kurs, etwa sieben Mal. Ich wollte schon immer Geschichten schreiben. Dort lernte ich, wie man eine Biografie verfasst. In Lavin ist eine frühere Bauernschule zu einem Begegnungszentrum geworden, vor allem für Frauen, die

dort Kurse anbieten. Am Vormittag findet jeweils ein Vortrag statt und am Nachmittag Verschiedenes: filzen, malen, Theater spielen, Computerkurs und schreiben. Das gefiel mir so gut, dass ich angefangen habe, Geschichten von früher aufzuschreiben. Das passt mir, von Hand und auf Romanisch. Anschliessend konnten wir es einander vorlesen. Oder ich erzählte es einfach, weil die meisten nicht romanisch verstanden. Und es ist schon erstaunlich. Wir waren eine zusammengewürfelte Gruppe, haben uns vorher nicht gekannt, aber konnten so offen über das Schwere und das Schöne sprechen und einander nahekommen. Das ist eine meiner Seiten, mit der ich mich jetzt mehr abgeben möchte. Es ist auch so, dass man früher, wenn meine Eltern oder Grosseltern erzählten, zuhörte. Heutzutage, wenn man den Jungen etwas berichtet, geht es keine zwei Minuten und sie sind am Handy. Dann denkst du, du möchtest doch nicht jemandem, der nicht zuhört, etwas erzählen. Deshalb schreibe ich es auf, für mich oder wenn es sonst jemand mal lesen möchte.

I: Es gibt auch Enkel, eher die Kleineren, die sagen: «Nona, erzähl etwas von früher!» Wenn sie in der Pubertät sind und ich ihnen erzähle, dass ich während der Kunstgewerbeschule noch in Budapest war, interessiert sie das nicht gross. Sie haben ihre Welt.

D: Mir bleiben die Geschichten so besser im Gedächtnis und ich kann jederzeit nachschauen. Auf Knopfdruck kommt es mir nicht so schnell in den Sinn.

I: Jetzt hast du auch das Lesen entdeckt, ein Buch nach dem anderen. Das lag früher von der Arbeit her gar nicht drin.

D: Ja, jetzt bin ich nicht mehr so angespannt. Ich gehe ja auch aushilfsweise in den Stall. Im Gegensatz zu Iris bin ich ein Morgenmensch. Dann ist mein Körper ausgeruht, mein Geist wach und ich habe die nötige Stille. Mich begleiten Gedanken über den Sinn des Lebens und Geschichten aus dem Leben, oftmals geprägt von meiner Kindheit durch Bodenständigkeit und Bescheidenheit. Hie und da notiere ich nach dem Aufstehen einen Text. Auch die Kochbücher für die Enkel schreibe ich am Morgen. Am Abend kann ich nichts mehr anfangen. Um acht, halb neun ist es vorbei mit meiner Präsenz.

I: Wir gestalten für jeden Enkel ein Kochbuch. Wir kochen zusammen und ich fotografiere die Gerichte, zum Beispiel Bizoccals oder die einheimischen Spezialitäten wie Micluns. Jedes Kind bekommt sein Album als Erinnerung. Die Rezepte sind in Deutsch. Domenic übersetzt und schreibt sie in Romanisch dazu.

D: Die Kinder lernen bis zur vierten Klasse die romanische Sprache. Die hiesigen Enkel lernten deshalb erst später Deutsch. Der Einfluss der Schule ist ziemlich gross. So, dass das Romanisch verdeutscht wird. Unsere Töchter in Zürich sprechen mit den Kindern romanisch. Lustig, was für ein Romanisch, aber immerhin, sie reden.

I: Dann erhalten wir zum Beispiel von einer Enkelin ein Brieflein. Es gibt kein ä, aber weil man es so ausspricht, schreibt sie: «ä na gust sün wo» - «ich freue mich auf euch».

D: Wir beide reden zusammen mehrheitlich deutsch.

I: Manchmal bemerken wir es gar nicht, wenn wir wechseln.

D: Aber mit unseren Kindern habe ich immer romanisch gesprochen, Iris deutsch, die Vater- und die Muttersprache. Das war und ist so geblieben. Ich finde es einfach wichtig, dass man sich die Mühe nimmt, diese Sprache zu pflegen. Heute ist es natürlich nicht mehr so wie vor vierzig Jahren. Es ist nur noch wenig Substanz vorhanden, so dass es keine Rolle spielt, ob du romanisch, deutsch oder italienisch redest.

Aber Iris musste die hiesige Sprache lernen. Die Gemeindeversammlungen werden auf Romanisch abgehalten. Trotzdem, es ist eine Tatsache, dass die Sprache am Serbeln ist. Wenn irgendwo eine Veranstaltung, ein Treffen oder etwas vom Tourismus stattfindet, musst du deutsch sprechen, damit es alle verstehen Aus dem Projekt «Tschütta» in Vnà sollte laut Initianten später eigentlich ein Hotel werden. Das Projekt scheiterte leider. Es ist schwierig, mitzuerleben, wie sich dieses Dorf entvölkert hat. Es wurde mir erst bewusst, als bereits einiges geschehen war. Der Verlust ging schleichend. Früher hatte es eine Menge Landwirtschaftsbetriebe, die viele Menschen ernährten. Die Familien konnten einigermassen recht und schlecht überleben. Und jetzt, anstelle von zwanzig Bauern, sind sie auf vier zusammengeschrumpft. Wenn du am Abend mit dem Hund durchs Dorf spazierst und alles dunkel ist, realisierst du das erst so richtig. Ich war mir als jung gewohnt, dass überall Licht und Leben war, die Schule und Kinder. Bis zur fünften Klasse ging ich noch in Vnà zur Schule.

Für uns ist es hier jetzt ein Paradies, für die jungen Leute jedoch schwierig. Sie müssen in der Region Kontakt finden. Unserer Schwiegertochter macht das zu schaffen. Sie ist nicht gerne so isoliert und arbeitet in Scuol auf dem Büro der Skischule. Deshalb ist sie auch mit Scuol verbunden. Hoffnung, dass sich etwas ändert, gibt es keine. Von den achtundvierzig Leuten, die noch hier leben, sind sicher zwanzig im Pensionsalter. Wenn Leute bei uns einen Kochkurs besuchen, reisen sie für einen Tag von Zürich an. Und in den peripheren Gebieten, denen wir nahe sind, Italien und Österreich, sind die Löhne tief und die Mieten hoch. Auch hier sind die Löhne von den Grenzgängern beeinflusst. Das Oberinntal, das Südtirol hat so viele Menschen, die in der Schweiz arbeiten und gute Löhne verdienen. Doch sie bleiben in ihren Dörfern.

I: In der ersten Zeit lebten wir ja im Maiensäss, abseits vom Dorf. Ich war oft alleine und wollte eigentlich nicht romanisch lernen. Aber es gab Leute, die ein wenig Druck aufsetzten: «Kannst du es endlich?» Ich habe nicht gerne, wenn mich jemand zu etwas zwingen will. Das gibt eher eine Gegenreaktion. Wenn ich mit ihnen in die Beiz ging, verletzte mich das manchmal. Sie nahmen keine Rücksicht, redeten wie sie wollten und ich sass da. Niemand übersetzte für mich. So quasi: «Deine Meinung ist nicht gefragt!» Da ich kulturell interessiert bin, schloss ich mich dem gemischten Chor Ober- Unterengadin «Rudé da chant» an und stellte fest, dass dort fast alle romanisch sprechen und ich wirklich zum Aussenseiter werde, wenn ich mich nicht langsam darum bemühe.

D: Das waren zum Teil auch Sprachfundamentalisten.

I: Ich wusste einfach, dass ich einen Weg finden muss. Sie sangen romanische Lieder und ich wollte das verstehen. Ein alter Pfarrer bot in Scuol Kurse an. Die besuchte ich im Winter und musste im Dunkeln vom Maiensäss durch den Schnee latschen, zuerst nach Vnà. Dann nach Scuol fahren, bei der Rückkehr wieder das Auto im Dorf stehen lassen und nachts hochlaufen. Manchmal hatte ich Angst. Dann kam mir Domenic entgegen. Der Pfarrer konnte mir die Abneigung dieser Sprache gegenüber ein wenig nehmen und kaum sah ich, wie man es schreibt, kapierte ich es. Vorher kam mir das wie chinesisch vor, so schwierig! Dabei ist die Grammatik sogar einfacher als im Deutsch. Dadurch, dass ich die Sprache bereits im Ohr hatte, ging es nachher ziemlich schnell. Zuerst unterhielt ich mich mit den alten Leuten und Kindern vom Dorf. Ich war später auch noch Präsidentin der Musikschule Unterengadin/Münstertal und leitete alles auf Romanisch. Jetzt lese ich regelmässig die romanische Zeitung und schreibe sogar fast besser als ich spreche. So habe ich die Sprache auch lieb bekommen. Zum grossen Glück für die Enkel, die Kinder unseres Sohnes. Sie redeten von der Mutter her nur romanisch. Die Zürcher Enkel sind manchmal ganz erstaunt, wenn ich sage, ich sei eine Zürcherin. Sie meinen immer, ich sei eine von hier und fordern mich oft auf: «Du musst mit uns romanisch sprechen!» Jetzt bin ich sehr froh, dass ich das beherrsche. Von Domenic fühlte ich mich nie dazu gezwungen. Er liess mich einfach gewähren. Die Sprache war für uns kein Eheproblem. Domenic ist ja sehr kommunikativ und hat sich auch mit meinen Geschwistern gut in Deutsch unterhalten. Er hatte manchmal eher Mühe, Gefühle in Worte zu fassen.

D: Es gibt im Romanischen etwa mal mehr Wörter als im Deutschen, um etwas auszudrücken.

I: Aber wenn ich dich heute so mit unseren Gästen kommunizieren sehe, bist du richtig gut geworden. Dadurch haben wir uns gegenseitig befruchtet.

D: Wir haben viele Begegnungen, ...

I: ... auch durch unsere Feriengäste. Wir richteten schon damals, als wir die Siedlung bewohnten, im Untergeschoss des Bauernhauses eine kleine Wohnung ein und boten «Ferien auf dem Bauernhof» an. So begann es mit unserer Feriengästebetreuung. Noch jetzt verbringen Gäste von damals hier in der «Chascharia» Ferien - die einen schon bald fünfzehn Jahre lang. Mit diesem Standbein verdienen wir uns das Feriengeld.

D: Ferien machen, habe ich lernen müssen. Wir hatten vom 1. Mai bis am 1. Oktober Schulferien. Damals musste jeder Betrieb pro Kuh einen Tag hüten. Die Bauern stellten dafür Buben an. Wir verdienten einen Fünfliber pro Tag und noch einen guten Rucksack voll zu essen. Das war damals viel. Ich konnte mit dem ersparten Geld ein Velo kaufen - so mit zwölf, dreizehn Jahren. Während dem Hüten haben wir natürlich geraucht. Aber mein Vater war so allergisch darauf, da er selbst nicht rauchte, so dass wir dafür bestraft wurden. - Ja, das war eine schöne Zeit, damals!

Ich hatte eine Tante in Landquart, die Schwester meiner Mutter. Sie war der Meinung, dass ich auch einmal eine Woche in die Ferien fahren sollte. Im Mai, bevor ich hüten musste. Das war für mich mit Heimweh verbunden. Jedes Mal, wenn die Eltern anriefen, wäre ich am liebsten sofort wieder nach Hause gegangen. Ich weiss noch, wie glücklich ich war, als ich mit der Post von Ramosch hinauffuhr, dass ich diese Tage überstanden hatte.

Ich hatte auch nachher immer wieder Heimweh. Aber nicht nur bezogen auf die Familie, sondern eher auf die Landschaft, den Ort oder die Jahreszeit. Die wechselnden Jahreszeiten haben bei mir schon immer eine grosse Rolle gespielt. Zum Beispiel nach dem strengen Winter. Im Frühling, mit dem Erwachen der Natur, kam bei mir die Kraft. Ich freute mich auf die Arbeit auf dem Feld und das, was sonst anfiel. Im Sommer fing ich mit Elan an zu heuen und im Herbst freute man sich auf die Jagd. Im September, wenn die Tiere von der Alp ins Tal zogen, schlich sich manchmal eine Melancholie ein. Im Oktober, wenn die frischen Kälber geboren wurden, war es für mich wie ein neues Leben, das weiter geht, dem nächsten Frühling entgegen. Jetzt freue ich mich jeweils auch auf den Winter. Wir fahren wieder Ski. Ich mache gerne Skitouren. Iris hat angefangen, mich zu begleiten. Mit zunehmendem Alter merkt man jedoch, dass der Winter hier oben zu lang ist, bis im Mai.

I: Ich bin keine gute Skifahrerin. Aber, um mit Domenic etwas zu teilen, habe ich mich jetzt dazu überwunden. Als Kind lernten wir das nicht. Gerade gestern sind wir wieder mit den Skiern auf die Alp gestiegen und haben den Steinböcken zugeschaut. Dann kamen noch zwei Bartgeier geflogen. Das sind so schöne Momente, die man zusammen erleben kann. Er ist mein Skilehrer und fährt voraus. So weiss ich, dort kann ich auch ein Ränkli probieren. Er macht wunderschöne Kurzschwünge und ich - grosse Bogen (Anm.: Iris sandte uns nach unserer Begegnung ein Bild der beiden Skispuren mit den Worten: «Sie zeigen, dass man ganz unterschiedlich unterwegs sein kann, in gegenseitiger Liebe und Geborgenheit.»). Ich finde gemeinsame Aktivitäten wichtig!

D: Ja, das ist unsere Zeit.

I: Jeder von uns pflegt jedoch auch seine eigenen Hobbies.

D: Der Sohn und ich unternehmen nicht viel gemeinsam. Aber während der Jagd haben wir es schön miteinander. Wir kochen und leben in der Hütte. Jetzt ist auch der Enkel dabei. Wir sind dann mit Unterbruch etwa zwei Wochen unterwegs. Wenn einer etwas schiesst, kehrt er ins Dorf zurück, zum Metzger. Die Jagd ist für mich wieder aktueller geworden. Als wir den Bauernbetrieb führten, hatte ich eigentlich keine Zeit dafür. Nun habe ich während der Jagd keine Verpflichtungen. Das sind lange, schöne Tage. Du gehst am Morgen um fünf Uhr von der Hütte weg. Vielleicht verbringst du den ganzen Tag alleine, auch ohne Hund - der ist auf der Hochjagd nicht erlaubt. Das sind Tage wie Wochen, ohne Ablenkung. Es kann sein, dass du stundenlang hockst und dich fast zum Aushalten zwingen musst. Dann siehst du, wie lange ein Tag sein kann, ganz allein in der Natur, ohne Einfluss der Aussenwelt, der Medien. Das finde ich schön. Heutzutage meint man, man müsse immer erreichbar und verfügbar sein. Ich staune etwa mal, wie du vielleicht zwei, drei Stunden ruhig in einem Gebüsch hocken kannst. Und innerhalb von Sekunden kann sich das ändern. Plötzlich wird es spannend. Dein Herz fängt an zu poppern, du schnaufst und fängst an zu zittern.

Früher jagten hier fast alle Bergbauern. Das waren die einzigen Ferientage, die sie sich gönnten. Für die Familien war es damals noch viel mehr ein Kampf ums Überleben. Die Bauern, wie auch mein Grossvater, waren arm. So kamen sie zu etwas Wildfleisch. Wir selber hatten Respekt vor den Lebensmitteln, mussten jedoch nie hungern. Als Bub gingst du, wenn du frei hattest, mit dem Vater auf die Jagd. Die Frauen mussten zu Hause zum Rechten schauen. Bereits meine Vorfahren waren grosse Jäger. Meine Mutter hatte Mühe damit und kochte nicht gerne Wildfleisch. Auch unser Sohn ist ein grosser Jäger - wahrscheinlich vom Grossvater geerbt. Hüttenleben und geniessen, das ist meins! Und wenn du ein Tier erschiesst, ist das ein Moment, in dem du denkst: «Jetzt entscheidest du über Leben und Tod. Hoffentlich gibst du einen guten Schuss ab!» Mit diesen Gedanken bist du immer hin und hergerissen. Soll ich oder soll ich noch warten, bis das Tier besser dasteht? Das ist so spannend!

In meinem Leben durfte ich so vieles erleben. Wenn du Tiere magst und mit Leidenschaft Bauer bist, kannst du nicht sagen: «Ich bin jetzt pensioniert!» Ich bin Bauer und werde Bauer bleiben, bis ich sterbe. Das ist meine Berufung!

I: Es erfüllt dich auch, dass du die Jungtiere jeden Tag einmal fütterst.

D: Ja, den ganzen Winter über, von Oktober bis Mai. Im Maiensäss, das liegt auf 1800 Meter und liegt eine Stunde zu Fuss entfernt.

I: Die Tiere sind frei, aussenherum steht ein Zaun. Der Stall ist geteilt. Auf der einen Seite können sie im Tiefstreu liegen. Der andere Teil ist so eingerichtet, dass sie fressen dürfen, wann sie wollen. Domenic füllt die Krippe immer ganz. Meistens ist sie noch nicht leer, wenn er am nächsten Tag wiederkommt. Draussen trinken sie am Brunnen, sonnen sich und sind nie krank.

D: Dieses Jahr sind es acht Tiere, da es letzte Saison nicht so viel Heu gab. Ich gehe dorthin, ob es schneit oder stürmt oder strahlendes Wetter ist. Das ist für mich kein Problem, auch nicht bei Lawinengefahr.

Es ist schön, alt zu werden und etwas zu tun, das Sinn macht. Man hat noch Ziele, hat noch Projekte. Das ist spannend!

I: Ja, und es war immer mein Traum, so zu leben. Schon als Mädchen im Zürcher Oberland, wo wir ab der zweiten Klasse wohnten. Fünf Jahre lebten wir im Appenzellerland und dann fünf Jahre in der Stadt Zürich. Meine Eltern führten dort ein Studentenheim. Sie trafen diese Lösung, weil es schwierig war, mit fünf Kindern eine Wohnung zu finden. Aber meine Mutter musste für all diese Leute kochen. Der Vater arbeitete als Bildhauer weiter.

Schon damals kamen wir in Kontakt mit Engadinern, die in Zürich studierten und bei uns ein Zimmer mieteten. Meine Eltern fragten einen Theologiestudenten, ob er etwas Günstiges wüsste, um mit der Familie Ferien zu machen. Er erkundigte sich bei Domenics Tante, die in Vnà die «Pension Arina» führte. Sie besass das Maiensäss, das sie im Sommer an Ferienleute vermietete. So kam ich schon jung mit Vater, Mutter und den vier Geschwistern hier in die Ferien. Ich half den Bauern oft beim Heuen. Das war für mich einfach wunderbar. Hier war für mich die Welt in Ordnung. Meine Vorfahren väterlicherseits kamen von Juf, im Avers, und waren ebenfalls Bauern.

D: Mein Vater und meine Mutter, meine Grossmutter und mein Grossvater stammen alle von Vnà.

I: Das waren für mich jeweils sehr glückliche Ferien. In der Sekundarschule hatte ich Einschlafstörungen. So beschlossen meine Eltern, mich nach Vnà zu schicken, da sie wussten, dass ich sehr gerne hier oben bin. Ich logierte eine Woche lang in der «Pension Arina», bei der Tante von Domenic. In dieser Pension bin ich ihm zum ersten Mal begegnet. Er half einem Bauern in einem Zimmer etwas zu mauern. Ich stand zufällig dort und blickte in diesen Raum. Ich sah ihn nur kurz. Er schaute mich weder an noch redete er mit mir. Ich weiss nicht, ob du dich noch daran erinnern kannst.

D: Nein.

I: Aber ich! Auf alle Fälle schrieb ich nach diesen Ferien zum Aufsatzthema «Wenn ich erwachsen bin» (sie zeigt uns diese Passage): «Mein sehnlichster Wunsch ist, Bäuerin zu werden. Dieser Beruf ist sehr abwechslungsreich, aber er stellt ziemlich hohe Anforderungen. Ich arbeite sehr gern im Feld und in der Natur, auch scheue ich die schmutzige Arbeit nicht. Die Tiere sind auch meine besten Freunde. Ich finde, wenn ein Tier in der Nähe ist, fühlt man sich frisch und kann die Sorgen vergessen.

Eigentlich möchte ich in die Berge ziehen, in ein Bauerndörfchen wie Vnà. Dort darf man `primitiv` leben. Ich finde, es sei viel `heimeliger` in einer alten Küche, wo man mit Holz feuern kann.

In Vnà habe ich mir den Sohn der Familie Riatsch als Mann vorgestellt. Er lernt auch Bauer und hat einen guten Charakter. Zu allem hin sieht er auch noch ganz hübsch aus!»

Ich war damals vierzehnjährig. Das war intuitiv. Ich spürte das einfach so, ohne mit ihm gesprochen zu haben. Ich kannte ihn ja nicht. Und bald darauf vergass ich diese Begegnung wieder.

Dann hatte ich einen Freund, einen acht Jahre älteren. Ich ging damals in die Kunstgewerbeschule. Er ist Bildhauer, ein sehr begabter, in Zürich. Ab und zu arbeitete er mit meinem Vater zusammen. Deshalb habe ich ihn gekannt und mich dann auch in ihn verliebt. Eigentlich wollte er in jenem Frühling zum ersten Mal mit mir in die Ferien fahren, nach Südfrankreich. Diese Liebe wurde immer stärker, vor allem auch von seiner Seite her. Zuerst war es ein wenig labil. Einmal gingen wir auseinander, dann wieder zusammen. Zu diesem Zeitpunkt hatte er aber das Gefühl, dass er mit mir zusammen Ferien verbringen möchte. Doch auf einmal erhielt er einen Auftrag und fand: «Ich kann nicht weg, sonst verliere ich diese Arbeit wieder!» Ich sagte zu meiner Zwillingsschwester: «Komm, wir gehen nach Vnà!» Dieser Bildhauer sagt noch heute ab und zu: «Wäre ich nur mit dir in die Ferien verreist!» (lacht) Auf jeden Fall war das schicksalshaft. Ich kam zurück und erklärte meinem Freund: «Ich kann dir nichts vorspielen. Ich habe mich in einen Bauern verliebt. Ich mag nicht in der Stadt leben, ich muss aufs Land!»

Das Bergbauern war für mich schon immer ein Traum, weil ich so sehr mit den Bergen verbunden bin. Ich gehe auch sehr gerne z`Berg. Und so hat dann diese Liebe hier oben begonnen. Für meine Zwillingsschwester war das nicht einfach. Meine Mutter hat immer erzählt, wir seien wieder ins Unterland gekommen, die eine hätte gelacht, die andere geweint. Wir lebten in einer Symbiose und sie merkte, dass jetzt wirklich etwas passiert. Dass ich mich für einen eigenen Weg entscheide und das für sie ein Verlust bedeutet.

So fing alles an. Domenics tiefer und weicher Blick gefiel mir sehr. Auch seine dunklen Haare. Seine liebenswürdige Aura hat mich angesprungen, wie bei meiner allerersten Begegnung als Sekundarschülerin. Wieder diese Intuition, dass dies «mein Richtiger» ist, auch als Bauer. Er hat einen so lieben, innigen Kontakt zu seinen Tieren.

Ich arbeitete damals noch bei meinem Vater im Atelier, als Schriftenhauerin. Domenic wartete jeweils am Freitagabend in der «Tschütta», der damaligen Dorf-Beiz, bis ich kam. Ich realisierte dann, dass es für mich immer schwieriger wurde, nach dem Wochenende wieder in die neblige Stadt hinunterzufahren.

Ja, das war dann eine echt starke Verliebtheit. Ich weiss noch, meine Mutter hatte grosse Mühe. In der Kunstgewerbeschule galt ich als sehr begabt. Meine Eltern hatten gehofft und hätten es gerne gesehen, dass ich in München noch die Kunsthochschule besucht hätte. Und ich kam nach Hause und verkündete, ich wolle jetzt Bäuerin werden. Meine Mutter machte sich Sorgen. Auch als sie wusste, dass wir in das kleine Häuschen ziehen wollten, in diese Abgeschiedenheit. Ich war einfach voll Idealismus und kam mit diesen 3000.- Fränkli nach Vnà, schwanger. Er hatte seine zwei Kühe. So haben wir miteinander angefangen, unsere Existenz aufzubauen. Kein Elektrisch, kein Telefon, nur ein Kaltwasserhahn. Um unseren Säugling zu baden, mussten wir das Wasser auf dem Herd erhitzen.

D: Dein Vater glaubte an mich, aber deine Mutter hatte Bedenken, dass du mit mir zusammenkommst - eine so andere Kultur. Ich musste mich jahrelang beweisen.

I: Domenic sass auch in dieser Zeit oft mit den Jungen am Stammtisch und sie hatte Angst, dass er nicht mehr davon loskommt. Das war bei uns dazumal schon eine Zerreissprobe. Diese Leute waren damals wie eine Familie und es war Tradition, dass man zusammen am runden Tisch sitzt. Es war für mich manchmal sehr bedrohlich, wenn er erst am Abend spät nach Hause kam. Dass man in die Beiz geht und zusammen trinkt, kannte ich von meinem Vater nicht.

D: Nicht nur das. Es war auch der Mentalitätsunterschied, der Schwierigkeiten verursachte.

I: Das waren kritische Momente. Meine Mutter hatte von Anfang an das Gefühl, das mit dem Alkohol könnte zu einem Problem werden. - Trotzdem! Auf alle Fälle konnten wir immer gut zusammenarbeiten und am selben Strick ziehen. Wir hatten unsere Ziele. Ich war immer optimistischer mit dem Schulden machen auf diesem Hof. Da warst du sehr skeptisch: «Das können wir doch nicht! Wer bezahlt das?»

D: Ja, auch von meiner Herkunft her. Wir beide stammen aus ganz verschiedenen Familien. Ich bin hier aufgewachsen. Deshalb hatte man auch solche Existenzsorgen.

I: Wir konnten schon als Kinder mit den Eltern in die Ferien fahren. Hier hat man immer nur gearbeitet. Aber dadurch haben wir uns auch gut ergänzt.

Die Zeit nach der Geburt unseres ersten Kindes haben wir sehr genossen - das Kind unserer Liebe. Danach hatte ich leider zwei Fehlgeburten. Eines Tages, im Winter, war ich allein im Maiensäss. Mit meinem Meiteli und einem Tiroler Buben, einem etwa 15jährigen, der mir beim Einfüttern half und mich unterstützen sollte. Auf einmal bekam ich starke Blutungen. Ich hob dem Burschen das Mädchen auf die Schultern und forderte ihn auf: «Du musst schnell ins Dorf laufen und Hilfe holen!» Das waren schwere Momente. Ich sehe ihn jetzt noch vor mir. Und ich wusste nicht: «Verblute ich jetzt?» Ich blieb ganz allein zurück, ohne irgendeine Verbindung nach draussen, bis mich ein Pferdeschlitten abholen kam.

Dann, im Sommer darauf, die zweite Fehlgeburt. Ich war verzweifelt. Wir wollten für unser Kind bald ein Geschwisterchen, da wir so abgeschieden lebten. Oft hielt ich mich im Dorf auf, nur damit Nata ein wenig Gesellschaft hatte. Domenic war jeden Tag als Besamer unterwegs und im Stall musste ich vieles selber besorgen. Ich ging auch immer mit dem Rucksack voller Wäsche zu meiner Schwiegermutter, weil wir keine Waschmaschine hatten - Pampers gab es damals noch nicht.

Dazu kam, dass ich oft nicht verstanden wurde. Ich bin eine, die offen reden und Gefühle nicht unterdrücken will. Domenics Familie war es nicht gewohnt, über Gefühle zu sprechen. In den ersten Jahren bewirtschafteten wir den Hof noch gemeinsam, bevor wir uns entschieden, getrennt weiterzufahren. Es gab immer gewisse Spannungen. Wenn ich mit ihnen darüber sprechen wollte, war das für sie wie eine Bedrohung. Im Nachhinein verstehe ich, dass mein «Klären wollen» für sie eine Überforderung war. Dieses Unverständnis war für mich sehr schmerzhaft. Trotz allem trage ich Domenics Eltern im Guten in meinem Herzen. Seine Mutter war eine stille, gutmütige Frau, die ohne Vater aufgewachsen war. Sie lehrte mich, die Engadiner Gerichte zu kochen, was für mich sehr nachhaltig war! Manchmal sind wir sogar gemeinsam zum Gynäkologen nach St. Moritz gefahren!

Als unser ältestes Mädchen vier war, fragte ich mich: «Warum gibt es hier keinen Kindergarten?» Ich wusste, dass vorne das Schulhäuschen leer steht und dachte: «Da könnten wir doch etwas auf die Beine stellen!» Ich fand eine gute Idee: Wenn das Postauto mit den Schülern hinunterfährt, könnte es bei der Rückkehr die Kindergärtler vom unteren Dorf gleich mitnehmen. Und wenn es die Schüler abholt, könnten die Kleinen wieder mitfahren. Unten, in Ramosch, haben sie im Winter wenig Sonne und das sonnige Vnà würde ihnen guttun.

D: Und es kam zustande.

I: Von den anderen Frauen wurde mir nachgesagt: «Die Iris will nur nicht zu ihren Kindern schauen!» Durch meine Initiative für positive

Veränderungen wurde ich oft missverstanden und es wurde schlecht geredet über mich.

D: Eine andere schmerzhafte Geschichte war, als das Maiensäss meiner Eltern, wo ich schon als Junge ausgefüttert hatte, bei der Erbteilung aus der Landwirtschaft ausparzelliert wurde. Es war schon immer eine Leidenschaft von mir, wie meine Vorfahren im Herbst Tiere auszufüttern. Durch den Siedlungsneubau im Dorf wurde mir diese Tradition von der eigenen Familie abgesprochen (beide sind sichtlich bewegt). Über diese leide Geschichte könnten wir ein ganzes Buch schreiben. Es fühlte sich manchmal an wie in der Erzählung «Ueli der Pächter» von Jeremias Gotthelf, nur in der Neuzeit! - Aber was für ein Geschenk, trotz vieler Widrigkeiten konnten wir unseren Traum vom eigenen Maiensäss verwirklichen. So durfte ich nun schon viele Winter mit den Tieren verbringen, wo wir - sie und ich - glücklich und gesund sind.

I: Für uns ist dieser Ort in der idyllischen Umgebung auch eine Oase der Ruhe und schönen Zweisamkeit.

D: Durch dieses tiefgreifende Erlebnis wollten wir unsere Landwirtschaft als Ganzheit weitergeben und haben relativ früh unseren Hof dem einzigen Sohn abgetreten.

I: Das war für uns ein gutes Erlebnis, wie einen Rucksack abgeben. Man muss sich auch bewusst sein, am Schluss gehen wir alle mit nichts! Das Loslassen können, finde ich eine ganz wichtige Geschichte, vor allem bei den Bauern. Wir müssen das noch viel mehr annehmen als andere Menschen in ihren Jobs: Tiere mit Liebe aufziehen und solche, die krank sind oder bei der Geburt bereits tot zur Welt kommen, wieder hergeben, sowie auch zur Schlachtung bringen.

Ich habe viel Schönes und Schweres erlebt, viel lernen und weiterkommen dürfen. Ich konnte auch unsere Kinder gut loslassen und ziehen lassen.

Das Finanzielle kann ich eher ein wenig zur Seite schieben und bin optimistisch, dass wir das schon irgendwie schaffen. Mir ist in erster Linie die Qualität unseres Lebens wichtig. Gerade letzthin sagte ich zu Domenic: «Eigentlich sind wir noch nie so glücklich gewesen wie jetzt. Wir harmonieren gut, gehen zusammen ins Maiensäss, kochen gemeinsam, es ist so friedlich!»

Wir erfüllen uns Reisewünsche, die vor allem ich organisiere. Eine grossartige Erfahrung war der Inka-Weg in Peru. Tagelang sind wir getrekkt, weniger in den Städten, weil Domenic damit nicht viel anfangen kann. Das Machu Picchu war wunderbar, die Landschaften gewaltig. Von diesen Eindrücken kann ich wieder Bilder malen. Es ist ein Geschenk, dass ich diese Begabung ausleben darf.

Manchmal begleite ich ihn ja auf Skitouren, was nicht so meins ist. Er kommt mit mir auf Reisen, was früher nicht so seins war. Hintendrein sagt er immer, wie schön es war. Das ermöglicht einen weiteren Blick aufs Leben und für andere Menschen. Auch das Gefühl, wie sehr privilegiert wir an unserem Plätzchen sind. Wir könnten es nicht schöner haben, gemeinsam so viel erleben zu dürfen! Ebenso ein Geschenk ist es, Grosseltern von neun Enkeln zu sein. Wir freuen uns, wenn sie uns besuchen. Er erlebt es als Grossvater so, ich als Grossmutter anders. - Für mich ist es auch wertvoll, dass Domenic Verständnis hat für meine künstlerische Ader, mich unterstützt und an meine Ausstellungen begleitet. Und letzte Woche sind wir sogar drei Tage wellnessen gegangen, so komfortabel!

D: Ja, das hat uns gutgetan.

I: Wir sagten zueinander: «Jetzt müssen wir schauen, dass wir uns lockern, damit nicht mehr körperliche Beschwerden dazu kommen. Wir wollen hier investieren und nicht beim Arzt!» Jetzt probieren wir es mit Wellnessen und Baden...

D: ... und Skifahren.

I: Als die Kinder klein waren, war es sehr schwierig, künstlerisch tätig zu sein. Obwohl ich merkte, dass ich das nicht ewig unterdrücken konnte. Wenn ich unterwegs war, sah ich dies und jenes, das ich gerne umgesetzt hätte. Irgendwann hat es sich ergeben, dass wir den Rhythmus so hinbekommen haben, dass Domenic mich am Morgen schlafen liess, bis um acht Uhr. Er stellte den Kindern den Zmorge bereit. Vormittags war ich im Stall. Dann sofort duschen, den vier Kindern einen Zmittag kochen, am Nachmittag den Haushalt und noch einen Spaziergang mit dem Hund machen. Um vier half ich den Kindern bei ihren Aufgaben oder, wenn er später nach Hause kam, fing ich an, die Tiere zu füttern. Nachher war Zeit zum Znacht. Den Abend verbrachten wir als Familie. Bis es im Haus ruhig wurde, war es zehn Uhr. Erst dann konnte ich mich hinter meine Holzschnitte setzen. Diese kann man gut nach einer schwarz-weissen Zeichnung ins Holz ausschnitzen. Dazu musste ich Ruhe haben - hier am Wohnzimmertisch! Nicht wie jetzt, wo mir ein Atelier zur Verfügung steht.

Es ist schön, dass wir diese Situation als Paar so gemeistert haben. Wir konnten bei Regen auch mal am Nachmittag zusammen ins Bett und Zeit haben füreinander. Nachts war ich manchmal bis zwei Uhr künstlerisch am Wirken. Er war der Morgenmensch.

D: Ich bin immer noch der Morgenmensch...

I: ...und wir kommen gut aneinander vorbei. In der Liebesbeziehung sind wir viel lockerer. Die Sexualität ist entspannter und schöner, auch ein Geschenk! Früher dachte man immer, uh, jetzt muss man das oder dorthin und war unter Druck. Dass wir es geschafft haben, wirklich loszulassen, die täglichen Momente gemeinsam zu geniessen und in schwierigen Zeiten füreinander da zu sein, ist schön! Vielleicht noch etwas. Ich weiss nicht, ob du gernhast, wenn ich das erzähle (schaut ihn fragend an). Aber es ist eine lustige Geschichte. Als wir am Anfang so verliebt waren, kam ich mal mit dir auf die Jagd. Und die Liebe war so stark, dass wir uns einfach unter offenem Himmel geliebt haben, am Berg oben, so in einer Delle, gell (beide lächeln)? Wir meinten, die ganze Welt gehöre uns, niemand sähe das. Und prompt beobachtete uns ein Jäger mit dem Fernrohr.

D: Damals hat man noch nicht gefilmt.

I: Und, das war so dumm, er erzählte es weiter, ...

D: ... im ganzen Engadin!

I: Gerade letzthin, im Oktober, an einem Markt in Tschlin, sprach mich ein Bauer an: «Gell, von euch wissen wir, wie ihr es getrieben habt, dazumal (Domenic lacht laut)!» Was mich dann sehr befremdet hat. Ist Liebe mit dem eigenen Mann so verwerflich? Wie oft wenden Menschen etwas Schönes ins Gegenteil, um jemanden zu schädigen oder ins Lächerliche zu ziehen!

Diese Schlechtmacherei war oft schwierig. Eine Zeitlang, beim vierten Kind, wuchs es mir fast über den Kopf. Ich verzweifelte nahezu, bis ich merkte: «Bei mir geht's jetzt darum, das Selbstwertgefühl zu verlieren!»

Ich unternahm jedes Jahr zwei, drei Tage alleine etwas, um die Batterien zu laden, wieder Kraft zu tanken, um für die Familie da zu sein. In München besuchte ich bei einer Freundin, die Astrologie studiert hatte, einen Kurs. Das half mir, vieles aus einer anderen Perspektive zu sehen. Gegebenheiten von dem her zu betrachten, dass jeder unter einem Stern zur Welt kommt und den Weg gehen muss, der ihm gegeben ist. Dass man nicht aus seiner Haut schlüpfen kann, sondern sich selbst treu bleiben soll. Und ich sagte mir:» Schliesslich hast du vier Kinder aufgezogen und geholfen, einen Bauernbetrieb aufzubauen!»

Ich hatte bereits als Mädchen Oboe gespielt. Erst als die Kinder grösser waren, begann ich wieder damit. Zu jener Zeit ging ich immer mit einem Stück Alpkäse bepackt zur Musikstunde. Ich hatte einen Lehrer, der dazu bereit war, weil ich es sonst gar nicht hätte bezahlen können. «Jetzt geht sie auch noch nach Zürich in den Unterricht!», empörten sich einige. Da wusste ich sofort: «Jetzt reicht`s!» Ich nahm eine neue Haltung an: «Redet ihr, was ihr wollt, ich gehe meinen Weg! Weder nach links noch rechts höre ich hin. Ich mache nur noch, was für mich stimmt!» Und das strahlst du aus. Dann geschah eine Veränderung. Seitdem lassen mich diese Menschen in Ruhe oder ich kann sie ausblenden.

Mit meinem künstlerischen Wesen bin ich eher Aussenseiterin und manchmal unverstanden. Aber ich habe gelernt, wegzuhören, um mich zu schützen. Mich interessieren die Wahrheiten im Leben, und die gibt`s!

Beim Kochen geht es auch immer um Kunst. Fein kochen! Ich möchte mich an jedem Abend fragen: «Hast du wirklich gelebt?»

Wenn ich etwas Schlechtes gegessen habe, ist es schade um diesen Tag. Ich will gut essen, auch wenn es nur ein Salat ist. Die Qualität unserer Lebensmittel liegt mir sehr am Herzen, daher sind wir beinahe Selbstversorger. Als leidenschaftliche Gärtnerin koche ich fast nur mit unserem Gemüse und das ist unverkennbar fein.

So kam es auch, dass mich eine Landfrau anfragte, ob ich bereit wäre, mich für die Fernsehsendung «Landfrauenküche» zu melden. Sie suchten eine kreative Köchin. Ich fand, ich könnte es ja versuchen. So begann für mich ohne irgendwelche Erwartungen ein neues Kapitel, das sogar mit dem Gewinn gekrönt wurde.

D: Das ist nicht schlecht (beide strahlen).

I: Domenic hatte noch viel mehr Freude als ich. Er hat immer ein wenig unter Minderwertigkeitskomplexen gelitten. Seit dieser Sendung ist er in seinem Auftreten selbstbewusster.

D: Nicht nur das, die Landfrauen sind mir nahe. Sie haben mehr meinen Lebensstil als den von Iris.

I: Ja, ich bin keine typische Landfrau. Ich war ein bisschen ambivalent bei dieser Sache. Auch die Frage: «Warum soll ich da gewinnen? Die anderen haben ja auch gut gekocht!». Dass das so herauskam, ist nur zufällig. Es ist nicht wie bei einem Skifahrer, bei dem es um Hundertstel geht.

D: Vielleicht ist es auch um Hundertstel gegangen. Das wissen wir nicht.

I: Auf jeden Fall war das nie mein Ziel.

D: Es hat auch etwas bewirkt! Die Leute kommen zu uns zum Essen.

I: Oder wir kochten mal im Berner Oberland in einer SAC Hütte. Auf dem Weg dorthin begegneten wir einem Mann, der fand, ...

D: ... du seist schon die richtige, die gewonnen habe.

I: Er habe immer gesagt: «Die muss gewinnen!»

D: Für mich war das schön und ich begegne den Teilnehmerinnen der Landfrauenküche auch immer noch gerne. Vorletztes Jahr hatten wir im Herbst ein Treffen auf der Meiersalp beim Schnebelhorn, dem höchsten Berg des Kanton Zürich.

I: Domenic ist viel mehr der Tradition verpflichtet. Ich stamme aus einer Künstlerfamilie und war nirgends so verwurzelt wie er. Er liebt die ländlichen Traditionen. Ihm zuliebe trat ich als Landfrauenköchin zweimal im Engadiner Kostüm auf. Obwohl ich beim Casting betont hatte, nicht in Tracht mitmachen zu wollen, da ich bis anhin noch nie eine getragen hatte. Es kostete mich Überwindung, über meinen Schatten zu springen, um Domenic diesen Wunsch zu erfüllen. Er glänzte wie ein Marienkäfer vor Stolz, dass er die Gelegenheit hatte, sich zum ersten Mal in seinem Leben mit mir in geliehener Tracht zu zeigen. Ich bereue es nicht, auch wenn hinter vorgehaltener Hand gemunkelt wurde. Es war für uns einmalig und lustig, fast wie ein Streich. Aber auch eine Wertschätzung fürs Engadin!

Nie hätte ich mir ausmalen können, was diese Landfrauengeschichte alles auslösen könnte! Wir durften so viel Wertschätzung erfahren, auch von uns ganz unbekannten Menschen. Besonders schön finde ich, dass Nachhaltigkeit entstanden ist, indem sich Leute glücklich schätzen, bei mir gut zu essen oder meine Rezepte kochen zu lernen. Auch die unterdessen durch die Fernsehsendung berühmten «Iris Engadinerli» (Anm.: eine selbst entwickelte gebackene Süssigkeit) ziehen immer weitere Kreise. Sie werden von einem Bäcker im Unterengadin hergestellt und weitherum verkauft.

Ja, und nachdem wir den Hof übergeben hatten, war ich auch zwölf Jahre als Biokontrolleurin unterwegs. Ich war damals erst achtundvierzig, eine arbeitslose Bäuerin. So durchlief ich noch diese Ausbildung. Bio ist ein Teil von uns, weil ich überzeugt bin, dass das der richtige Weg ist - eine tolle Lebensqualität! Jedes Jahr besuchte ich Weiterbildungen und war im ganzen Kanton in allen Tälern tätig: Schanfigg, Domleschg, Hinterrhein, überall. Ich habe viel erlebt. Ähnlich wie Domenic mit seinen Bauern, haben auch sie mir von ihren Schicksalen erzählt. Als ich im Fernsehen gewonnen hatte, sagten Prättigauer Bauern am Telefon: «Wir haben schon eine «huere Narrefreud», dass du gewonnen hast!» Das hat mich berührt.

Den Bauern konnte ich viel mitgeben, auch an Tipps. Ich fragte immer nach: «Wie geht das?» oder «Was machst du gegen Durchfall der Kälber?». So konnte ich vieles sammeln und weiter streuen. Ich war nicht Kontrolleurin, um ihnen eines mit dem Hammer auf den Kopf zu schlagen, wenn sie es nicht richtig gemacht hatten. Ich ermunterte sie: «Probiere es doch noch so oder so!». Das schätzten sie sehr. Es war nicht immer einfach. Es gab Tage, da fuhr ich zwei, drei, vier Stunden Auto, auf verschiedensten Strassen - manchmal auch zu schnell und habe einige Bussen eingesackt (lacht). Aber es war auch ein Geschenk. Gerade letztes Mal, als wir am Wellnessen waren, kam eine junge Frau auf uns zu, sie habe uns schon länger beobachtet. Sie glaube, wir seien die vom Fernsehen: «Meine Eltern kennen Sie, Sie haben bei uns in St. Antönien Biokontrolle gemacht.» Sie hätten sich so gefreut über diese Sendung und würden seither immer die «Iris-Engadinerli» backen, überall mit Erfolg. Das ist doch schön!

Es ist mir wichtig, im Leben etwas weitergeben zu können. Dort zu investieren, wo es eben guttut und zum Wohle aller ist. Zu spüren, wo der Boden dafür fruchtbar ist. Auch zu erleben, wie die Teilnehmer in meinen Malkursen unsere Farbenwelt intensiv entdecken und bewusster wahrnehmen.

Anmerkung: Kurz vor Fertigstellung der Verschriftlichung dieses Gesprächs vernehmen wir, dass Iris in der SRF-Sendung «Mini Schwiiz, dini Schwiiz» mit Vnà für das Unterengadin teilnimmt. Dort hören wir, dass der Komponist des berühmten Liedes «Dorma bain», Nuot Vonmoos, in diesem Dörfchen geboren wurde und im vor 43 Jahren gegründeten Heimatmuseum rund vierhundert kleine und grosse gesammelte Schätze - ausschliesslich aus Vnà - auf ihre Art die Geschichte dieses Ortes erzählen. Der «dicziunari rumantsch» - ein begehbares Wörterbuch - macht einen Dorfrundgang zum Erlebnis. Er ermöglicht Vergleiche von Ausdrücken in den Sprachen Romanisch, Italienisch, Deutsch und Englisch. Die entsprechenden Schilder sind an verschiedenen Häusern im ganzen Dorf angebracht. Iris hat das Schild, das bis dato an ihrem Haus hing, mit ihrer Gastgruppe zum Museumsbesuch mitgebracht: «as revoltar» - auflehnen. Sie tauscht es bei dieser Gelegenheit in ein neues um: «filosofar» - philosophieren. Dazu schreibt sie uns ein paar persönliche Zeilen:

«Ein philosophisches Verständnis vom Leben kommt bei mir eindeutig vor dem Materiellen und ist für mich elementar. Die stillen Stunden vor Mitternacht verbringe ich mit Lesen, Musizieren, Nachdenken und dem Auseinandersetzen mit aktuellen Themen.

Ich versuche, jedem neuen Tag einen Sinn mit tieferer Bedeutung zu geben. Meine feine Intuition, auf die ich mich schon so oft in schwierigen, auch lebensbedrohlichen Situationen verlassen konnte, die mich geführt hat, gibt mir das Gefühl, ein Puzzleteil eines grösseren Ganzen zu sein. Dass ich dadurch verborgene Dinge und das Mystische um uns herum bewusst wahrnehme und meine eigenen Wahrheiten entdecken kann.

Wir sind geboren, um unseren eigenen Weg zu gehen, als einzigartige Individuen mit all den Stärken und Schattenseiten. Darum braucht es die Stille, um sich zu spüren, sich mit Harmonien und Disharmonien auseinander zu setzen, seine eigenen Grenzen, auch die der Herkunft anzunehmen. Es braucht Mut und Kampfgeist, um sich selbst treu zu bleiben - auch wenn Mitmenschen einem manchmal lieber anders hätten - im Wissen, dass das Leben uns bis zuletzt fordert.»

Nur wenig später trifft ein Mail ein mit einem grossen persönlichen Bild von Christian Kohlund und Iris. Einen Tag zuvor hatte er vor ihrem Haus eine Szene für den «Zürich-Krimi» gedreht. -

I: Ja, wir sind zwei so verschiedene Menschen - er, seit Geburt hier in den Bergen stark verwurzelt und eher zurückhaltend, ich, vom Unterland, oft umgezogen und weltoffen - und sind immer mehr zu einer wunderbaren Einheit geworden. Obwohl es nicht ohne Auseinandersetzungen ging. Es braucht auch Überwindung, um miteinander über aktuelle Probleme zu reden, anstatt sie unter den Teppich zu schieben. - Eine gelebte Beziehung vergleiche ich mit einem Feuer. Zuerst, in der Verliebtheit, funkt und lodert es. Danach muss man es aufmerksam pflegen, damit es nicht ausgeht, immer wieder mit einem Stück Holz nähren und so lebendige Wärme erhalten.

D: Ich schätze an Iris vor allem ihre Unterstützung in schwierigen Situationen. Ihre Stärke gibt mir auch mehr Selbstvertrauen. Aus meiner Familie habe ich Bescheidenheit und Schüchternheit mitbekommen.

I: Domenic ist in all den Schwierigkeiten, auch mit seiner Familie, immer uneingeschränkt zu mir gestanden. Auch wenn es ihm viel abverlangt hat. Mein Kämpferherz war ihm manchmal peinlich. Erst im Nachhinein wurde ihm bewusst, dass sich mancher Kampf gelohnt hat. Dass ich in unserem Leben eher die Strategin bin für unsere Ziele, gibt ihm auch Sicherheit. - Er ist der sentimentale, zärtliche, sehr fürsorgliche Mann und Vater, für den ich heute noch voll und ganz JA sagen kann. Ich schätze sein warmes, liebes Wesen. Ich kann ihm ganz vertrauen und in all meinen Aktivitäten auf sein Verständnis und seine Hilfsbereitschaft zählen.

In meinem Herzen hat jedoch nicht nur eine Person Platz. Ich begleite auch andere Seelenverwandte mit aufrichtigen Gefühlen, transparent. Eifersucht ist kaum ein Thema in unserer Beziehung. Unseren Körperkontakt, unsere Körpersprache empfinde ich harmonisch in gegenseitiger Geborgenheit. Wir mögen uns noch immer riechen und sind uns bis heute treu geblieben.

D: Dass man einander Freiräume gibt, ist wichtig. Jeder unternimmt auch etwas für sich. Ich gehe manchmal allein ins Maiensäss.

I: Ich bin eine leidenschaftliche Berggängerin und erfülle mir einmal im Jahr mit einem Bergführer persönliche Erstbesteigungen vom Ortler, Bernina, Palü, Roseg und so weiter. Ich liebe solche Herausforderungen und, oben angekommen, die Freiheit mit dem weiten Horizont zu spüren. Für Domenic sind diese Gipfel zu ausgesetzt, aber er gönnt mir diese Freude. Ich glaube, es ist ganz wichtig für eine Beziehung, dass jeder eigene Ziele hat, diese umsetzt und nicht aufschiebt. So hat man auch immer wieder frischen Gesprächsstoff und hält einander lebendig. - Auch Freundschaften pflegen, unabhängig vom Partner, mit jemand anderer Interessen teilen, kann für die Beziehung bereichernd sein.

D: Das Leben kommt mir manchmal vor wie ein Traum. Nie hätte ich als Junger geglaubt, was wir alles erreicht haben: Meine Tätigkeiten mit Leidenschaft ausführen, vier Kinder geschenkt bekommen, einen Hof, ein Maiensäss sowie unser Stöckli, «die Chascharia». Das alles erfüllt mich mit grosser Dankbarkeit!

I: Wir fühlen uns so wohl und geborgen in unserem Zuhause und dürfen dieses Glück mit vielen unserer Feriengäste teilen. Möge uns noch lange die Gesundheit geschenkt sein, um auch für andere Menschen und die grosse Familie da zu sein.

Die Kunst des Lebens - lebe deinen Traum!

Vom Nobelquartier in die Industriestadt

GABI UND BEAT BÖCKLI-BRETSCHGER | HEIRAT 1979

Während fünf Jahren lebten mein Mann und ich in Winterthur. In dieser Zeit kamen wir durch verschiedene Veranstaltungen mit dem «Bistro Dimensione» in Berührung. Eine Institution, die sich so vorstellt:

*«Das **Bistro Dimensione** ist ein Ort, wo alle herzlich willkommen sind. In freundlicher Atmosphäre gibt es ein liebevoll zubereitetes Menu mit marktfrischen Produkten zu vernünftigem Preis.*

*Das Projekt **Bistro Dimensione** integriert Menschen mit kürzerer oder längerer psychischer Beeinträchtigung. Es ist ein Ort der Begegnung mit unterschiedlichsten Kontaktmöglichkeiten und bietet Menschen die Chance, im Team mitzuwirken und schrittweise wieder in die Arbeitswelt zurückzufinden. Selbständigkeit, Selbstvertrauen und soziale Kompetenz werden gefördert und entwickelt.*

Unser Team besteht aus Männern und Frauen, die zwischen 18 und 65 Jahre alt sind und aus verschiedensten Berufen stammen. Mit Freude engagieren sie sich für das Projekt. Vor allem jüngere Erwachsene nutzen das attraktive, individuell ausgerichtete Angebot. Im Dimensione findet auch Kultur statt. In der Regel organisieren wir ein wöchentliches Konzert und alle sechs Wochen werden unsere Wände mit neuen Bildern geschmückt, die auch von Ihnen stammen könnten.»

Mich interessierte, was für Menschen hinter diesem Konzept stehen. Dies führte mich unter anderem auf die Fährte von Gabi und Beat Böckli. Meiner Anfrage folgte eine positive Antwort.

Bei wunderbar sonnigem Wetter werden wir anfangs Mai vom Gastgeber mit der Giesskanne in der Hand und einem warmen Lächeln willkommen geheissen und gleich über eine kleine Wiese zum hinter dem äussersten Anwesen des Reiheneinfamilienhauses liegenden Sitzplatz geführt. Dort - in eine Lektüre vertieft - seine Frau. Nach dem freundlichen Willkomm zeigt sie uns das urige, gemütliche Aussenreich, das durch den Baumbestand und eine schützende Hecke Geborgenheit ausstrahlt. Auf dem Grundstück steht ebenfalls ein Gartenhaus, das zur Freude aller auch schon als Übernachtungsort des Grossvaters mit seinen Enkeln diente.

Schon bald stecken wir mitten in einer lebendigen Unterhaltung. Die beiden haben im Sinn, am darauffolgenden Tag mit dem Nachtzug nach Ljubljana, der Hauptstadt Sloweniens zu verreisen.

Die stechende Sonne veranlasst uns, in den Innenraum zu wechseln. Auf dem Weg dorthin fällt als erstes ein alles andere überragender Kontrabass auf. Mitten im Wohnzimmer steht ein reich befrachteter Notenständer, was vermuten lässt, dass hier gerne und viel musiziert wird. Die Intimität des gemütlichen Esstisches, an dem wir Platz nehmen, ergibt eine passende Voraussetzung für das nun einsetzende, auf die langjährige Beziehung des Paares fokussierte Gespräch.

Gabi (G): Ich weiss noch gut, wie wir uns kennen gelernt haben. Ich stamme aus einer etwas behüteteren Familie. Am Oberseminar schloss ich mich der Basisgruppe an, eigentlich nicht aus wahnsinnig politischen Gründen. Einfach, weil ich ein wenig ausbrechen wollte. Beat gehörte auch zu dieser Vereinigung. Sie bestand aus Oberseminaristen, die ein wenig linker sein, ein wenig lässiger unterrichten wollten als die anderen.

Beat (B): 68er-Zeit.

G: Dann standst du oben an der Treppe, so strahlend. Ich fand dich lässig und so haben wir uns kennen gelernt, gell? An einem Treffen der Basisgruppe, genau.

B: Wir haben uns als Gruppe regelmässig getroffen, miteinander Weekends verbracht, zum Beispiel Freinet-Pädagogik studiert und ja, wollten anders an die Sache herangehen. Auch Schule ohne Noten war ein Thema. Wir hatten Visionen: «Die Welt muss doch gerechter werden!» Das floss bis in die Schule hinein. Wir hatten eigentlich hohe Ideale, die wir dann nicht ganz so umsetzen konnten.

G: Du hattest eine Pfadigruppe und hast mich in ein Lager eingeladen. Das war für mich sehr schön. Von zuhause aus habe ich sowas nicht gekannt.

B: Das war schon Nachpfadi. Wir waren bereits zwanzig, haben abends getanzt und Feste gefeiert, sind Ski gefahren und haben

Skitouren gemacht.

B: Und etwas, mit dem wir uns, so glaube ich, als erstes zusammen beschäftigt haben, ist Musik. Zwei Wochen im Massenschlagzimmer - mit zwei Blockflöten. Damals habe ich noch nicht Kontrabass gespielt. Mein Musikdiplom am Oberseminar schloss ich mit Blockflöte ab.

B: Passiert ist es dann bei der Wanderung einer Politgruppe in Bivio. Dort war es, im Herbst 1976, in einer Telefonkabine (beide lachen spitzbübisch).

G: Er hat mich, glaube ich, umarmt. Und ich muss einfach sagen, von diesem Moment weg habe ich nie mehr eine Sekunde an Beat gezweifelt. Keine Minute lang war die Frage, ob das der richtige Mann sei. Ab 1976 war es für mich hundertprozentig sicher. Kein anderer Mann mehr - das ist auch ein wenig langweilig, ...

B: ... einfach sehr treu. Ich habe das Gefühl, für andere Leute sind wir relativ brav.

G: Ich wusste, jetzt bin ich angekommen. Das war speziell, finde ich. Ich bin in Zürich, am Zürichberg, aufgewachsen und habe vorher immer ein wenig das und jenes ausprobiert. Aber für dich war klar: »Das ist gut, wir bleiben zusammen!« Und so sind wir zusammengeblieben. Es war auch nachher nie eine Frage, ob das jetzt eine richtige Entscheidung war oder doch nochmals ein anderer Mann oder eine andere Frau. Nicht, dass wir nie streiten oder so. Wir waren fünfundzwanzig, also noch verhältnismässig jung, ...

B: ... mh... ja, vierundzwanzig, sehr jung. Geheiratet haben wir dann 1979.

G: Es ist verrückt, wir kommen aus sehr verschiedenen Familien. Meine Mutter stammt aus dem Baslerteig. Mein Vater praktizierte als Arzt in Zürich und die Eltern von Beat waren wirklich Arbeiter. Mich hat es am Anfang sehr fasziniert, zu euch in die Familie zu kommen - das Einfache, Herzliche. Bei uns war immer alles so kompliziert.

Aber du hast meine Eltern von Anfang an eingenommen, im Flug, mit deiner herzlichen Art! Sie hätten zwar lieber gehabt, du wärst

Akademiker. Aber du, als Person, das war kein Problem. Dein Vater, das war manchmal mühsam, hat immer vom Herrn Doktor geredet, wenn er von meinem Vater sprach. Er fand: «Hei, mein Sohn heiratet eine Arzttochter!»

B: Unsere Eltern kamen gut miteinander zurecht. Ich glaube, sie waren auch ein-, zweimal zusammen in den Ferien, ohne uns. Meine Eltern waren etwas jünger.

G: Aber dein Vater war immer ein wenig unterwürfig.

B: Ja!

G: Das war ein bisschen schwierig! Aber sonst war es eigentlich mega unkompliziert. Das ist wirklich wie ein Wunder.

Dann zog ich von Zürich nach Winterthur. Die Leute begriffen es damals nicht ganz, dass ich vom Zürichberg nach Winterthur kam, in eine Industriestadt. Wir hatten bei uns zuhause etwas einen Dünkel. Mein Vater war in der Constaffel-Zunft, und wir verkehrten eigentlich nur mit Leuten von der Goldküste (Anm.: rechtes Zürichseeufer).

B: Umso erstaunlicher ist es, wie deine Eltern mich aufgenommen haben. Also, erstens ein Primarlehrer, zweitens ein Arbeiterkind und drittens steht er politisch noch links. Das hat nicht ganz dafürgesprochen. Und ich hatte nie das Gefühl, dass deine Eltern Vorbehalte gehabt hätten.

G: Wir haben eigentlich schon immer zusammengehalten.

B: Bist du denn nach Winterthur gekommen, weil du schwanger warst, oder entschieden wir das vorher? Weißt du das noch? Du warst nach Zürich orientiert, ich nach Winterthur.

G: Ich glaube, als ich schwanger geworden war. Damals war das halt schon noch so, dass die Frau mit Arbeiten aufhörte. Ich überlegte das nicht. Das Schöne ist, dass ich das Gefühl habe, dass du nie an diesem Entscheid gezweifelt hast. Ich dachte vielleicht noch eher: «Uh, ist das richtig, was ich da mache?» Aber wenn du etwas machst, stehst du immer hundertprozentig dahinter. Das stimmt schon, oder?

B: Ja, ich habe gewisse Eigenschaften. Ich kann dann schlecht loslassen und bleibe dran, bis es fertig ist.

G: Aber bei mir bleibst du auch dran, bis es fertig ist? Das meine ich jetzt.

B: Du hast eben gesagt bei allem.

G: Aha, ja (beide lachen)!

B: Das ist interessant. Eigentlich habe ich von Gabi eine Hausaufgabe bekommen.

G: Was?

B: Dass du von mir eine Liste möchtest mit allen Eigenschaften, die ich an dir schätze. Die ist immer noch in Bearbeitung (lacht). Ich finde das wahnsinnig schwierig. Wenn du dich verliebst, ist das so umfassend. Da kannst du nicht nur zwei, drei Eigenschaften nehmen. So vieles spielt eine Rolle, bis zum Äusseren natürlich auch. Wenn ich denke, was für einen Weg wir zusammen gemacht haben. Schon damals bei den Skitouren war es so. Die meisten benutzten den Lift und lösten eine Tageskarte. Und wir waren eine kleine Gruppe, die fand, es wäre doch spannender, zuerst hochzulaufen und die Anstrengung zu spüren. Es gibt nämlich ein lässiges Foto, eine Schwarzweissaufnahme aus dieser Zeit. Da waren wir noch kein Paar, aber die Skitour unternahmen wir zusammen.

Wenn ich jetzt zurückdenke, kommt das Äussere wahrscheinlich relativ früh. So mit 18, 20, 22 hat es eine eher grosse Bedeutung. Nachher spielt anderes, das dann immer wichtiger wird, eine Rolle. So ganz genau habe ich mir das eben noch nie überlegt.

G: Ich finde, das Strahlen, das hast du immer noch. Und das Dastehen und Anpacken. Ich konnte meine Skier hinhalten und Beat hat die Felle montiert. Er war immer zuverlässig. Bei allem, was er gesagt hat, habe ich mich darauf verlassen können. Es war für mich das Ankommen. Ich war kein 68er-Kind. Aber in Zürich waren viele Verunsicherungen und bei Beat habe ich mich so sicher gefühlt. Auch die Lebensfreude, die du gehabt hast. Ich bin eine 53erin. In Zürich wurde viel diskutiert über Verfremdungseffekt in der Literatur. Es war zum Teil so schwierig und so kompliziert. Hier, bei dir in Winterthur, fand ich es einfacher. Einfacher, freudvoller, auf eine

Art befreiend.

B: Es herrschte eine Aufbruch-Stimmung! Du bist in die 68er Zeit hineingerutscht und hattest das Gefühl, jetzt musst du das und jenes machen. Zu dieser Zeit haben wir schon noch an die Revolution gedacht. Das verbindet auch. Alles zusammen: Gemeinsame Ideale, gemeinsame Hobbies, gemeinsame Zeltferien. Man hat den Plausch, wenn es ganz einfach ist. Waren wir am Anfang je einmal in einem Hotel?

G: Nein.

B: Schon früh haben wir dann zusammen ein Auto gekauft. Jeder gab die Hälfte dran. Wir haben auch gewagte Sachen gemacht.

G: Das ist zwar nicht so alternativ!

B: Ja, aber damals gab es noch keine Ökobewegung. Und das Geld haben wir irgendwie von Anfang an in einen Topf geworfen. Wir haben vielleicht auch einfach viel, viel Glück gehabt. Es könnte auch schieflaufen, wenn du einander so vertraust. Wenn du nie etwas regelst und nichts besprichst. Vielleicht haben ja nicht beide dieselbe Art, Geld auszugeben oder zu leben. Das funktioniert bei uns auch heute immer noch so.

G: Die Situation ist speziell. Ich habe Geld geerbt. Mit diesem konnten wir das «Dimensione» kaufen. Aber das ist auch aus demselben Topf, oder nicht? Man kann es gar nicht so richtig auseinanderhalten.

B: Ja, wir haben auch nicht gleich viel Geld in die Ehe mitgebracht, ein ziemlich krasser Unterschied.

G: Die Konten lauten auf mich, nur eines haben wir gemeinsam. Es ist eigentlich kein Problem. Hie und da frage ich Beat vielleicht schon: «He, Beat, warum brauchst du schon wieder so viel Geld?» Du fragst mich nie. Ich kann so viel Geld ausgeben, wie ich will. Aber es ist nie ein Problem, oder?

B: Nein, ich glaube, ich kann es ja auch begründen, und ich kaufe mir alle drei Jahre ein Paar neue Hosen. Das ist mir nicht wichtig. Vielleicht eher, dass ich für ein Projekt oder eine wichtige Abstimmung, die bevorsteht, spende. Da war zum Beispiel «no billag». Ich sagte zu Gabi: «Da müssen wir unbedingt Geld spenden. Es geht um den Zusammenhalt der Schweiz.» Wegen sowas könnte man ja auch aneinandergeraten.

G: Wir haben anderes, das uns herausgefordert und dadurch auch zusammengeschweisst hat. Ich denke noch oft, so bis fünfzig haben wir wirklich normal gelebt und die Kinder grossgezogen. Mit fünfzig hattest du eine schwere Krankheit. Die hat uns in den Jahren, wo andere Leute aufbrechen können, angebunden und sehr krank gemacht, auch mich. Sie hat uns zurückgebunden und wir haben gelitten. Du warst vielleicht ein Jahr krank. Aber es hat lange nachgewirkt, sicher drei, vier Jahre.

B: Also physisch vielleicht ein halbes Jahr und die psychischen Nachwirkungen eineinhalb, zwei Jahre.

G: Ich denke oft, ich habe eine Schwester, die etwas über fünfzig ist. Sie blüht richtig auf. Und uns holte mit fünfzig ein solcher Hammer zurück!

B: Für mich war es schwierig, ich hatte einen Zwölffingerdarmdurchbruch.

G: Du hast es überdeckt.

B: Ich hatte die Symptome für diese Krankheit, aber ich habe weitergewirkt und gedacht: «Komm, das schaffst du!» Physisch habe ich es geschafft, aber psychisch nicht. Dann haben sich bei uns die Rollen vertauscht. Ich war antriebslos, kein Selbstvertrauen, keine Freude mehr am Leben. Ich dachte: «Ich komme nicht mehr aus dieser Depression heraus!» Vorher plante ich schon die Ferien fürs nächste Jahr. Es ging immer alles schnell. Stürmisch und schnell! Auch beim Velo fahren, ich immer voraus und Gabi etwas langsamer hinterher. Und plötzlich war es umgekehrt. Gabi mit dem Velo voraus und ich hinterher. Musik, nur noch wenig Freude. Noch ein wenig bergsteigen. Ich erschrak natürlich wahnsinnig, dass mir so etwas passiert. Meine Mutter hatte eine lange Altersdepression und ich habe es nie ganz verstanden, weshalb man das nicht wegbringt. Bis ich es dann selbst erlebte. Für dich war es eine schwierige Zeit. Der jüngste Sohn im 1. Gymi, ...

G: ... er ist ein Nachzügler. Und ich hatte das Gefühl: «Jetzt musst du die Familie zusammenhalten!»

B: Die älteren Söhne zogen in dieser Zeit gerade aus.

G. Ja, im Sommer. Wenn ich keinen jüngsten Sohn gehabt hätte, würde ich jemandem empfehlen, sich zu separieren, wenn der Partner unter einer solchen Depression leidet. Aber das ging nicht. Wir mussten für ihn die Familie aufrechterhalten. Das war ein grosser Einbruch. Wahrscheinlich schweisste uns das schlussendlich zusammen.

B: Ja, wenn du so etwas überstehst! Es gibt Ehen, die scheitern daran, weil es für den gesunden Partner zu viel wird. Er muss auf Distanz gehen, sonst wird er ebenfalls krank. Du hattest diese Symptome auch und ebenfalls eine Therapeutin gebraucht.

G: Ja.

B: Du musstest dir Sorge tragen.

G: Ja, und im Nachhinein glaube ich, so zwischen 50 und 54 sind wichtige Jahre. Und wir waren damit beschäftigt, gesund zu werden. Für viele ist dieses Alter nochmals ein neuer Start. Wir haben das verpasst. Aber wir haben es jetzt nachgeholt. Vieles mussten wir verschieben.

B: Das war brutal. Dieser Einbruch geschah innerhalb von zwei, drei Wochen. Oder nicht?

G: Dass du zu viel gearbeitet und die Symptome nicht bemerkt hast, ging schon länger zurück.

B: Ja, schon, aber der Absturz kann plötzlich kommen und dann geht es rasant! Wirklich! Was für mich ganz schlimm war, eine Art Gefühllosigkeit. Es gibt mehrere Kriterien für Depressionen. Du hast so eine Checkliste und ich habe alle zehn Punkte erfüllt. Da erschrickst du. Freude hast du keine mehr, aber du hast auch keine Trauer. Ich spürte keine Trauer, als meine Mutter starb. Du bist so abgestumpft. Ich habe mir richtig gewünscht, weinen zu können. Das hätte etwas Befreiendes gehabt.

G: Ich kann mich erinnern, dass es während deiner Depression Momente gegeben hat, die unheimlich schön waren. Ein paar wenige.

Aber dann hatten wir Ruhe. Wir waren weg von der Welt. Manchmal gingen wir am Samstagabend zum Nachtessen in die «Krone». Weisst du noch?

B: Ja.

G: Rundum hat das Leben pulsiert und wir waren ausserhalb. In der Krankheit selber gab es schöne Augenblicke (lächelt).

B: Spazieren! Gemeinsame Spaziergänge. Ist verrückt, machen wir jetzt auch nicht mehr, fast nie. Interessant!

G: Eigentlich haben wir viel Gemeinsames, aber nicht so in Ruhe, wie wenn man ausserhalb des Lebens ist.

B: Du meldest dich ja ab vom Leben. Ich war als Lehrer krankgeschrieben. Der Lohn läuft weiter und du kannst dich mit anderen Sachen befassen. Ja, in dem Sinn hatte es vielleicht auch etwas Schönes, ...

G: ... ein paar besondere Momente. Was sich genau daraus ergeben hat, weiss ich nicht, aber es schweisst sicher zusammen.

B: Mir persönlich hat es natürlich geholfen, ein neues Projekt zu beginnen. Ich realisierte plötzlich: «Hei, dieses Haus gehört uns!» Es war eine Bar drin, ...

G: ... das «Dimensione».

B: «Könnten wir da nicht etwas ausrichten?» Das Lokal war damals tagsüber geschlossen. Ich habe in dieser Zeit selbst erlebt, wie wichtig die Arbeit ist. Eine Zeitlang ging ich als Handlanger zu einem Kollegen, ohne Lohn. Von dem Moment an fandst du auch, es gehe schon wieder aufwärts. Einfach am Morgen weg, nicht den ganzen Tag herumhängen.

G: Ich war froh, ja.

B: Ich wurde müde und konnte nachts wieder besser schlafen. Dann habe ich wieder angefangen, als Lehrer zu arbeiten. Aber die Idee, vielleicht könnten wir etwas bewirken, das anderen Menschen ebenfalls hilft, blieb wach. Es ist einfach brutal, wenn du nicht arbeiten kannst. Du wirst von den Leuten auch ständig gefragt: »Arbeitest du wieder?» Und du musst sagen: »Nein!». Für die Allgemeinheit bist du krank. Das ist immer ein Hammer!

Dadurch ist das «Dimensione» gewachsen. Ich denke, ohne diese Erfahrung wäre ich wahrscheinlich Lehrer geblieben. Krankheit als Chance, eigentlich. Es gibt ganz viele Bücher zu diesem Thema.

Dann habe ich wieder zwei Jahre unterrichtet, Teilzeit, etwa fünfzig Prozent. Meine Krankheit hat natürlich in diesen elf Jahren, während denen ich mit Menschen mit psychischen Einschränkungen gearbeitet habe, schon enorm zum Verständnis beigetragen. Das wäre vorher nicht der Fall gewesen. Ich hätte wahrscheinlich vorgeschlagen: «Komm, reiss dich zusammen! Mach morgen eine schöne Wanderung oder eine Schiffsreise, dann geht's wieder besser!» Aber das sind Ratschläge, die dir überhaupt nichts nützen. Du nimmst die Depression immer mit, egal, wo du hingehst. Ich denke, von daher konnte ich profitieren. Aber sie ist ganz, ganz weit weg.

G: Deine Depression?

B: Ja, Ich habe wirklich nicht mehr alles präsent, obwohl es so intensiv war. Als es mir schon ein klein wenig besser ging, war ich einmal in der Klinik. Dort traf ich einen Mann. Mit ihm pflege ich immer noch ein bisschen Kontakt. Zuerst verlor er den Job, dann Spannungen in der Ehe, die Frau verloren, die Kinder verloren, ganz klassisch. Ich sah, wie dieser Mensch litt. Und ich hatte noch alles: den Job, die Frau, die Kinder. Ich merkte, dass es einem noch viel schlechter gehen kann. Wir haben auch schon miterlebt, dass Beziehungen nach solchen Krisen auseinander gegangen sind. Es ist nicht selbstverständlich, dass man das schafft.

Ich hatte dann noch Prostatakrebs und Herzbeschwerden. Man hat Angst, dass sich diese Diagnose wiederholt, dann der psychische Taucher. Das ist dann glücklicherweise nicht mehr eingetroffen. Du hast dir mehr Sorgen gemacht als ich. Bei beiden Eingriffen. Ich hatte immer eine gewisse Gelassenheit: «Das kommt schon gut!» Ich war optimistisch.

G: Ja, es war beide Male so. Der Arzt sagte beim ersten Mal, falls du Ableger hättest, würde es dir gar nicht gut gehen. Wenn nicht, könne man operieren. Das waren sechs Wochen, in denen Ungewissheit herrschte. Ich machte mir schaurig Sorgen. Du hast gearbeitet und ich war im Engadin. Wahrscheinlich hast du dich mit Arbeit zugedeckt.

Und jetzt, letzthin, mit dem Herz. Seit einiger Zeit hast du zwei Stents. Ein befreundeter Arzt sagte uns ziemlich klar, dass es mit der Verengung der Blutgefässe sehr gefährlich sei. Dass es einen Herzinfarkt geben und dieser zum Tod führen könnte. «Macht schnell vorwärts!» In dieser Zeit, bis der Eingriff im Spital erfolgte, habe ich mir wirklich Sorgen gemacht. Schaurig! Du dir viel weniger, ich weiss nicht warum. Aber ich denke, das ist normal. Die Sorgen waren berechtigt, oder nicht? Unser befreundeter Arzt schickte uns jeden zweiten Tage eine SMS: «Habt ihr jetzt schon einen Termin?» Du gingst sehr gelassen daran heran und sagtest: «Die helfen mir und das ist gut!» Und jetzt machst du wieder verrückte Skitouren.

B: Nicht gerade den Mount Everest. Ich fragte den Arzt: «Wie hoch hinauf kann ich es mit meinen zwei Stents wagen?» und er: «bis 7000m». - Ja, wir haben eine bewegte Zeit hinter uns. Alle fünf Jahre hatte ich wieder eine Operation.

G: Wobei, das kannst du nicht vergleichen mit damals, 2005, mit dieser langen Zeit! Mit dieser Unsicherheit, die uns so den Boden unter den Füssen weggezogen hat.

B: Ich habe ja auch Gewicht verloren und war gesundheitlich ganz schlimm dran. Prostataoperationen gibt es viele. Ein Zwölffingerdarmdurchbruch kommt bei uns praktisch nicht mehr vor, das ist etwas ganz Seltenes.

Manchmal fragen wir uns schon: «Was gibt uns eigentlich den Boden?» Wir sind Mitglieder in der reformierten Kirche. Wir sind sogar mal ausgetreten.

G: Du!

B: Du nicht? Stimmt, nur ich bin ausgetreten! In dieser Politzeit. Und als es um die Konfirmation unserer Kinder ging, bin ich wieder eingetreten. Du kannst nicht die Kinder konfirmieren lassen und sagen: «Ich gehöre nicht dazu!» Es ergab sich ein sehr gutes Gespräch mit der Pfarrerin. Ich kann mich noch gut daran erinnern.

Ich bezeichne mich als Agnostiker - ich weiss nicht, ob es einen Gott gibt. Wir gehen auch sehr selten in die Kirche.

G: Nie!

B: Aber ich bin nicht dagegen. Ich respektiere jeden, der mit dem Glauben schafft, dort Kraft holt und damit etwas erzielt. Ich bin auch schon von Leuten gefragt worden, ob ich die Arbeit im «Dimensione» aus einem christlichen Engagement heraus mache. Für mich ist das ein soziales Engagement.

G: Aber woher nimmst du dann den Boden?

B: Das ist auch eine Form von Glauben: Gerechtigkeit! Menschen eine Chance geben, die es jetzt schwierig haben in unserer Gesellschaft. Aber es ist nicht der Glaube, der uns die Kraft gibt für das Engagement. Oder schon?

G: Nein, nein, überhaupt nicht. Aber was dann?

B: Der Glaube an eine bessere Welt! Dass dies möglich sein muss. Aber vielleicht nicht mehr mit einer Revolution, sondern in ganz kleinen Schrittchen. Dort, wo man lebt. Dass man da etwas bewirkt. Deine Fürsorge für deine Mutter finde ich ein gutes Beispiel. Das ist genau so wichtig! Auch das ist ein Engagement, braucht zwar Kraft, gibt aber wieder Boden. Was wir dort zusammen machen, verbindet uns. - Mit der Spiritualität warst du schon fast ein wenig weiter. Weißt du noch, mit dieser Gruppierung?

G: Ja, aber das hat mich nicht ergriffen. Im «Dimensione» ergreifen mich manchmal einzelne Menschen oder einfach auch, wenn ich dort bin und das Gefühl habe, sie sind so gerne da. Das ergreift mich! Aber ich weiss nicht, ob das allein mir die Kraft gibt. Du hast im «Dimensione» wahnsinnig viel gearbeitet. Es ist schon schön, zu sehen, wie sie zusammenhalten und es gut haben miteinander. Da ist ein irakischer Flüchtling, der kommt: «Hello Chef!», jeden Morgen.

B: Oder letzthin die Rumänin. Sie hat an einem Konzert gekocht. Ich habe im Bistro gearbeitet. Als sie fertig war, kam sie rüber. Eine junge Frau, das Kind im Heim. Sie setzte sich, lauschte der Musik und sagte: «Ich bin das erste Mal in einem Konzert. So etwas habe ich noch nie erlebt!»...

G: ... und umarmte uns am Schluss. Ja, das war herzig. Das finde ich ergreifend. Manchmal bekomme ich fast Hühnerhaut. Eine super Stimmung mit wirklich guten Begegnungen (lächelt).

B: Aber was gibt uns den Boden? Das sind schwierige Fragen.

G: Ich weiss es eigentlich auch nicht. Wir sind viel draussen. Das finde ich sehr schön. Ob das reicht? Ich gehe neuerdings botanisieren, ziemlich intensiv. Aber es ist natürlich auch eine Flucht. Ich renne mit Gräsern umher und bestimme diese. Ich half mit, die Blumen Flora des Kanton Zürich zu bestimmen. Manchmal denke ich: «Wieso machst du das? Was treibt dich dazu?» Ich weiss es nicht. Musik! Manchmal finden im «Dimensione» so schöne Konzerte statt. Da habe ich auch Gänsehaut. Aber ich weiss nicht, was für mich wirklich der Boden ist.

B: Du hast mit zwei Frauen angefangen, die Südgrenze der Schweiz abzulaufen, immer den nächsten Weg zur Grenze Italien oder Schweiz. Bis etwa vor drei, vier Jahren. Du hast noch Löcher. Die füllen wir jetzt zusammen. Das sind die etwas Schwierigeren, die zähen und das schweisst einem schaurig zusammen. Im letzten Sommer hingen wir sogar mal zusammen an einem Seil. Man muss Probleme gemeinsam lösen. Es gab auch schwierige Situationen. Und wenn man die dann zusammen meistert - das bedeutet uns viel!

Die Kinder geben uns auch Boden, finde ich. Wir haben drei tolle Söhne! Fünf Enkel, und die kommen gerne zu uns. Diejenigen unseres ältesten Sohnes betreuen wir jetzt schon lange.

G: Aber ich möchte ihnen eine lebenswerte Welt zeigen können. Manchmal macht es mir ein wenig Angst, wie das weiter geht. Die politische Entwicklung zieht schon auch ein wenig den Boden unter den Füssen weg. Das ist vielleicht der Anlass, diesen Kindern noch besser zu schauen. Dass es ihnen hier und in ihrem Umkreis gut geht. Aber den Glauben daran, dass es wirklich besser wird und sie ein gutes Leben haben, habe ich - wenn man die Zeitungen aufschlägt oder so - nicht immer.

B: Sie haben hier in der Schweiz gute Chancen. Stell dir vor, wir sind ja mega privilegiert.

G: Es ist schon sehr schön, ihnen gute Werte mitzugeben; aber manchmal denke ich: «Hoffentlich nützt das etwas! Hoffentlich ist diese Welt so, dass sie ihr Leben so führen können!» Darum habe ich vorhin gemeint, ob für mich die Natur eine Flucht sei! - Ich finde, wir haben es schaurig gut in der Familie, aber es ist wie eine Insel.

B: Nein, eine Insel, nur so für uns, das wäre fast ein wenig egoistisch. Wir tun das für uns, für unsere Söhne, für unsere Enkel. Aber wir befassen uns ja noch mit anderem, nach aussen. Wir sind SP Mitglied. Ich war auch schon aktiver. Aber wenn wir das Gefühl haben, es sei wichtig, engagieren wir uns finanziell für eine gute Sache. Die Entsolidarisierung unserer Gesellschaft bereitet mir Angst. Dass man alles privatisieren will. Die bürgerlichen Parteien wollen für die zwanzig- bis dreissigjährigen die IV streichen. Die müsse man in die Arbeit integrieren. Das ist ja im Grunde genommen auch richtig. Aber junge Menschen in die Arbeit integrieren, ist teurer als die IV Rente. Das sehen wir jetzt selber in unserer Arbeit. Nur schon in der Schweiz! Die Vermögen gehen auseinander. Die Reichen werden reicher, die Armen ärmer. Wir gehören auch zu den Reichen, das ist uns bewusst. Aber die Schere geht auf, auch weltweit. Das ist nicht förderlich für den Frieden. Du meinst auch das, oder?

G: Ja!

B: Das macht Angst. Und da setzt natürlich unser Engagement an.

G: Das ist minim.

B: Es gibt schon Leute, die noch mehr bewirken.

G: Als Aussenperson besuche ich manchmal das «Dimensione» und muss staunend merken, dass du für sehr viele Leute wie ein zweiter Papi bist. Ich habe noch nie, nie etwas Negatives gehört. Manchmal finde ich dich ein wenig forsch und denke: «Uh, ertragen das die Leute?» Aber ich höre sie immer nur sagen, der Beat habe ihnen so viel geholfen. Ich bin auch ein Teil davon, aber nicht ein Sichtbarer. Das ist vielleicht manchmal ein bisschen schwierig. Oft habe ich stundenlang abgewaschen oder Stühle geschleppt.

B: Wir haben auch schon Undankbarkeit erlebt, gell?

G: Als Beizer erlebst du halt auch undankbare Sachen. Aber zu spüren, dass ich Beat an etwas Gutes ausleihe, tut wohl. Ich habe das Gefühl, dass du für viele jemand Wichtiger gewesen bist. Jetzt bist du ja tagsüber nicht mehr dort. Aber ich denke, du hast so viel gesät, dass es schon noch eine Weile hinhält.

B: Ja, und man muss sagen, wir haben auch einen ganz, ganz guten Vorstand. Alleine hätte ich das nicht erreichen können. Am Anfang waren wir ein Jahr lang zu zweit, mit einer Kollegin. Wir konnten uns jedoch keinen Lohn auszahlen. Wir kamen gerade so knapp über die Runden. Dann gründeten wir einen Trägerverein mit einem Vorstand. Darin ist auch jemand aus der Wirtschaft vertreten. Das vereinfacht vieles.

Niemand hat mir zugetraut, dass ich es schaffe, mit der Pensionierung auszusteigen: «Beat, du tauchst sicher jeden Tag auf und kannst nicht loslassen!»

G: Es hat viele tolle Leute dort und es lebt weiter. Du hattest einfach die Möglichkeit, dies auch finanziell zu tragen.

B: Es gab Stimmen, die fragten: «Wie habt ihr das fertiggebracht? Wir möchten in Luzern so etwas aufbauen oder in Zug.» Ich fragte sie nach einem Raum, der Höhe der Pensen und kam zum Schluss: «Das könnt ihr vergessen! Unrealistisch!» Also, wir sind wirklich privilegiert. Wir können für den Trägerverein auch eine relativ niedrige Miete verlangen und mein Lohn war elf Jahre lang nicht so hoch.

G: Und du hast viel gearbeitet!

B: Ja, ich habe viel gearbeitet. 50% Freiwilligenarbeit. Dabei habe ich die Wertschätzung einfach anders bekommen als durch den Lohn! Aber im Hintergrund sind wir finanziell privilegiert. Das wäre auch anders, wenn du noch schulpflichtige Kinder hättest und im Monat 5000.- bis 6000.- Franken verdienen solltest. Wir konnten trotz dem tiefen Lohn immer noch in die Ferien fahren. Dank der Familie, aus der Gabi herkommt. Ich finde es auch schön, dass deine Mutter dieses Projekt von Anfang an unterstützte, ideell. Dass man so intensiv in ein Projekt einsteigt, kannte sie von ihrer Familie her nicht.

G: Ich glaube, das ist schon auch ein bisschen bürgerlich. Die bürgerlichen Frauen in Basel widmeten sich solchen Wohltätigkeits-Projekten.

B: Die Frauen schon, aber die Männer nicht. Die mussten arbeiten und Geld verdienen. - In Bezug auf Sinnhaftigkeit finde ich das Beispiel mit deiner Mutter wichtig. Dieses Engagement macht für uns Sinn. Die Mutter ist weit über neunzig, praktisch blind und lebt noch in ihrem Haus. Dort engagierst du dich sehr. Ich könnte ja sagen: «Spinnst du? Was tust du dort? Die kann doch ins Altersheim oder in ein Pflegeheim ziehen!» Das könnte uns auseinanderbringen. Ich finde, dort ziehen wir am selben Strick und haben auch ein wenig Spannungen mit deinen Geschwistern. Die sehen das zum Teil anders. Für die zwei Polinnen, die dort angestellt sind, erledigen wir alles: die Anstellungsverträge, AHV, Steuern.

G: Das ist ziemlich aufwändig, fast ein zwanzig Prozent Job.

B: Die Polinnen bekommen mehr als in einer Institution und die Mutter bezahlt auch ein bisschen weniger. Wir verrechnen unsere Arbeit nicht. Das ist für uns sinnstiftend und deine Mutter fühlt sich wohl. Sie möchte zu Hause bleiben.

G: Ja, da unterstützt mich Beat fest. Das ist, glaube ich, bei den Partnern meiner Geschwister nicht so. Die sagen, die alte Frau solle ins Heim. - Das ist natürlich lässig, du begleitest mich oft! Aber es zehrt an den Kräften, die siebenundneunzigjährige Mutter und die Enkelkinder. Manchmal ist es mir auch ein wenig viel, das muss ich schon sagen. Du bist so mittendrin, hast Enkel, Söhne, dich selbst, uns. Es ist eine weite Spanne. Eigentlich finde ich, mit fünfundsechzig würde eine Ebene weniger reichen. Darum müssen wir uns auch manchmal eine Oase schaffen.

Unsere nächsten Ferien machen wir zu viert. Aber am schönsten ist es zu zweit, da bringen wir manchmal noch so einen verzaubernden Moment hin. Letzthin waren wir an der GV der Alternativen

Bank in Basel und hatten die Idee: «Komm, wir fahren doch noch in den Jura und übernachten in St. Ursanne!» Das fand ich mega schön. Das gibt es selten (beide strahlen)!

Zu viert ist es auch lässig. Es ist natürlich anregend mit Freunden. Du kommst ins Gespräch. Aber das Allerschönste ist als Paar! Mit anderen zusammen muss man sich immer anpassen. Wir bekommen auch eher Krach. Ich habe dann das Gefühl, du erdrückst mich ein wenig. Oder was meinst du?

B: Ja, ich bin schneller im Erzählen. Wir haben zusammen etwas erlebt und ich lasse dir zu wenig Raum, um auch davon zu berichten.

G: Ja, aber das passiert wirklich nur bei anderen Leuten. Dann geraten wir manchmal schon heftig aneinander. Zu zweit geschieht das nie. Es ist immer wieder dasselbe Muster.

B: Das kennst du auch von meinem Vater her. Du bist ein gebranntes Kind. Meine Mutter erlebte das krass. Das war wirklich nicht gut.

G: Er erzählte dann so Geschichten und sie kam gar nicht zu Wort.

B: Solche Sachen nimmt man von seinen Eltern mit. Man möchte sie gar nicht haben. Aber sie sind da.

G: Die feinen Inseln finde ich am schönsten zu zweit. Trotzdem ist es wertvoll, mit anderen Leuten zusammen zu sein.

B: Alleine ein Projekt zu haben, finde ich ebenso wichtig.

G: Wir stecken fast etwas viel zusammen.

B: Wir musizieren gemeinsam, Appenzeller Streichmusik, seit dreissig Jahren. Da braucht es eine Bassgeige und eine Geige, dazu noch eine zweite Geige und ein Hackbrett. Das schweisst uns auch zusammen. Manchmal bin ich eine Woche ohne dich unterwegs, mit anderen Musikern. Da erlebe ich von deiner Seite her eine enorme Grosszügigkeit. Es gab mal eine Phase, in der ich fast zehn Jahre lang oft Musik machte. Jeden Freitag, manchmal noch am Samstag. Und du warst mit unseren Buben allein.

G: Ja, das fand ich gar nicht lässig.

B: Da warst du sehr entgegenkommend! - Wenn wir zusammen

musizieren, entstehen in den Proben schon auch Diskussionen. Aber es ist spannend. Ich finde es toll und ist etwas, für das wir plötzlich mehr Zeit haben. Jetzt können wir morgens um zehn eine Probe planen. Wir müssen nicht mehr am Abend üben. Letzthin wurde der Cellist ebenfalls pensioniert.

G: Ja, das ist lässig!

B: Wenn uns jemand engagieren möchte, haben wir das Privileg zu sagen: «Die Spesen reichen. Eine Gage brauchen wir nicht!». Andere Musiker müssen davon leben. Die benötigen dann tausend oder zweitausend Franken.

G: Die Musik macht das Leben reich! Das ist eine ganz spezielle Erfahrung!

B: Letzthin haben wir mal - das schaffen wir ganz selten - nachts um neun angefangen zu musizieren. Weißt du noch?

G: Ja.

B: (beide strahlen) Wir übten für ein Konzert und vergassen die Zeit. Auch in unserem Alter kann man sich noch so ereifern. Es war eigentlich Nachtruhe angesagt und plötzlich fingen wir an zu musizieren. Als jung würde das noch öfters passieren. Bei uns ist die Hürde höher. Die Vernunft sagt dann: «Ab ins Bett!» Das fand ich toll!

G: Wenn wir zusammen unterwegs sind, erleben wir das ebenso. Auf einer Velotour oder beim Wandern kommen wir in einen gemeinsamen Fluss. Ich erwähne jetzt wieder die Haselwurz, die wir letzthin gemeinsam suchten. Da kamen wir in einen Flow, findest du nicht auch?

B: Haselwurz ist eine Wildpflanze. Man muss graben, damit man die Blüte findet, weil sie unter den Blättern im Laub drin ist. Da haben wir im Wald gewühlt (lacht)!

G: Musik ist eigentlich nur etwas. Es ist eine ganz tolle Möglichkeit. Aber es gibt natürlich noch anderes.

B: Erfreulich ist, dass wir es gemeinsam tun. Malen ist auch etwas Intensives, aber das machst du weniger zu zweit oder zu fünft. Ich finde es positiv, dass wir das unseren Söhnen mitgeben konnten, unterschiedlich, zwar. Sie sind mit Schweizermusik aufgewachsen und mit Volksmusik aus Rumänien und dem Balkan. Der älteste und der jüngste musizieren immer noch. Letzterer setzt jetzt ganz darauf. Das finde ich schön. Das ist auch ein Teil vom Sinn und vom Boden, dass du den Kindern etwas weitergibst, das sie erfüllt. Oder Skitouren. Sie mussten mit auf Skitouren...

G: ... und alle drei haben Spass daran.

B: Man muss Glück haben mit den Partnerinnen, dass sie das auch teilen.

G: Wir kamen schon relativ jung zusammen. Bei uns hat sich vieles ineinander verflochten. Ich habe oft das Gefühl, dass wir fest am gleichen Strick ziehen, oder findest du nicht?

B: Ja.

G: Man entwickelt sich miteinander. Manchmal denke ich: «Was wäre, wenn ich einen anderen Mann geheiratet hätte? Das wäre ja schrecklich!» Aber man gestaltet das Leben zusammen. Immer wieder setzt der einen drauf und dann wieder der. Und wenn es die gleiche Richtung ist, ist es gut.

Ich empfinde unsere Verschiedenheit stark. Du bist ein wenig intensiver und schneller, ich ein wenig zurückgezogener, scheuer. Das ist das, was eine Chance ist und manchmal Konflikte gibt. Ich meine, dass wir plötzlich Lust haben, in die gleiche Partei zu spenden, ist überhaupt nicht selbstverständlich. Man verliebt sich ineinander. Ich wusste damals nicht, dass Beat mal SP Gemeinderat wird. Dass ich das gut finde, ist schon schön.

B: Ich denke auch, wenn wir Ferien oder eine Wanderung planen, buchst du irgendein Hotel, meistens ein günstiges. Das ist mir egal. Eigentlich ist es von der Biografie her so, dass du ein Vierstern nehmen könntest und ich eher ein Zweistern. Jetzt ist es meistens umgekehrt. Ich denke, man hätte auch ein besseres wählen können. Aber das ist uns gar nicht wichtig. Weil ja... - das Leben hat andere Inhalte.

Man kommt zusammen, man ist verliebt, jedes bringt seine Persönlichkeit mit, seine Geschichte und in dieser Zeit entwickelt man sich dauernd weiter. Das könnte sich ja auch auseinander entfalten. Es gibt viele, die sich dadurch auseinanderleben. Mit sechzig oder siebzig trennen sie sich.

G: Ich sehe das bei meinen Geschwistern. Wir sind zusammen aufgewachsen. Jetzt leben sie hundert Prozent anders als ich. Gell, das kann man schon sagen? Deshalb denke ich manchmal, wie es jetzt wäre, wenn ich einen anderen Mann geheiratet hätte. Sicher hatte ich das auch ein Stück in mir drin. Das ist für mich ein Glücksfall (strahlt)! Manchmal bin ich schaurig glücklich, weil ich das Gefühl habe, dass wir es schaffen, in den wesentlichen Dingen in die gleiche Richtung weiterzugehen. Das ist nicht selbstverständlich!

B: Es braucht schon eine Balance, dass der eine den anderen nicht erdrückt und überhandnimmt.

G: Oft leben wir einfach aus dem Bauch heraus, findest du nicht auch? Wir besprechen gar nicht so viel. Du bist ein sehr Aktiver, ein Handlungsmensch. Zu deinem vierzigsten Geburtstag bekamst du einen Liegestuhl geschenkt. Aber ich glaube, du bist noch nie drin gelegen, oder? Gibt es eine Arbeit, packst du einfach immer an oder man kann sagen: «Beat mach!» Wir sind nicht so kopflastig. Vieles passiert einfach so.

B: Du auch, ständig kommen die Mails unserer Kinder, ob wir dann und dann hüten könnten. Du sagst immer ja. Immer!

G: Wir besprechen nicht so oft miteinander, wie es weiter geht. Wir handeln einfach, oder?

B: Doch, zum Beispiel war mal die Idee, dass wir hier raus gehen. Über dem Restaurant «Dimensione» liegt eine Wohnung. Wir könnten in der Stadt wohnen, in einer kleineren Wohnung, einer schönen, ...

G: ... ja, einer sehr schönen!

B: Wir fanden, dann bräuchten wir kein Auto mehr. Das hatten wir eigentlich geplant, aber nie umgesetzt. Und jetzt haben wir uns entschieden, hier zu bleiben. Wir haben es mit den Nachbarn gut, dann die Kinder, die Enkelkinder, die Kühe. Und irgendwie haben wir uns da wiedergefunden. Das gibt Gesprächsstoff.

G: Ja, das schon.

B: Wir wissen von verschiedenen, die führen diese Diskussionen auch. Das sind schwierige Gespräche. Recht happig, ob man etwas aufgibt und nochmals einen Schritt wagen soll oder nicht.

Ich würde einfach sagen, das tönt jetzt vielleicht ein wenig plump (hat Tränen in den Augen), aber mir spielt es eigentlich gar keine Rolle, wo ich wohne, wenn ich mit Gabi zusammen bin!

Ob Nobelquartier oder Industriestadt - Heimat ist kein Ort, sondern das Gefühl der Verbundenheit!

Wo Bescheidenheit und Glück sich die Hand reichen

LISBETH UND SAMI PIEREN-INNIGER I HEIRAT 1974

Schon länger zurück sahen mein Mann und ich den Dokumentar-
film «z`Alp», später auch die Fortsetzung «Alpzyt». Mit grossem
Interesse verfolgten wir die Szenen mit dem Geschehen rund um
die Alp und waren berührt von diesen Menschen, dem einfachen
Leben, ihrem Tagewerk, der Natur und den Tieren.

Diese Filme von Thomas Rickenmann riefen bei mir auch Kindheitserinnerungen wach. Verwandte aus Frutigen sömmerten jährlich
auf der Golitschenalp Tiere. Als Teenager besuchten wir sie mit unseren Eltern und stiegen von der Elsigenalp zu ihnen hinauf. Die
Erlebnisse zusammen mit Onkel, Tante, den sechs Cousins und
Cousinen, die Übernachtung im Heu, das nahe Zusammenrutschen
während einem heftigen Gewitter, all das ist mir noch heute in lebhafter Erinnerung!

Auch die Engstligenalp hat seit unserer Jugend bleibende Spuren
hinterlassen. Wie wir später herausfanden, waren sowohl mein
Mann als auch ich in den 60er Jahren mehrmals mit unseren Eltern
in Adelboden in den Sommerferien, von wo aus wir jeweils diese
Alp besuchten.

Vielleicht auch deshalb hat das Ehepaar Pieren, eine der drei Prota-
gonisten Familien in diesem Film, sofort unser Herz erobert.

Dass meine Anfrage auf offene Ohren stösst, freut mich deshalb
ganz besonders. «Kommt möglichst bald! Wir sind vor einer Woche
z`Alp und in den schönsten Bergfrühling hineingekommen!», er-
muntert mich Lisbeth beim darauffolgenden Anruf.

Im Juli ist es so weit. Auf der gemütlichen Fahrt ins Berner Oberland
können wir uns auf den Besuch bei «unseren» Älplern einstimmen.
Wir sind gespannt, wie sich die neuen Eindrücke mit unseren Erinnerungen decken werden. An der Talstation angekommen, erfahren wir und staunen, dass die Seilbahn in nur sieben Minuten den
eindrücklich steilen Höhenunterschied bewältigt. Der Ausblick zeigt
uns den schmalen Weg in den stotzigen Felswänden, den die Älpler
mit ihren Kühen jeweils beim Alpaufzug und -abzug zu meistern
haben. Nicht umsonst ist dies einer der spektakulärsten Alpaufzüge
der Schweiz. Jedes Jahr ziehen um die 500 Stück Vieh auf dem ge-

wundenen Weg auf die Hochebene, wo sie ungefähr zehn Wochen auf den saftig grünen Sommerweiden verweilen.

Passend zu unserem Besuch haben wir unsere Schlafsäcke eingepackt und ein Zimmer in der allereinfachsten Kategorie gewählt, in einer Alphüttli-Dépandance vom Berghotel Engstligenalp. Das winzige Zimmerchen mit den nur 15 cm hohen und 60 cm breiten Betten, den dünnen, mit Militärwolldecken bestückten Maträtzli, fordern unsere nicht mehr ganz jungen Knochen heraus! Trotzdem, nach einem gemütlichen Nachtessen, einem gemächlichen Abendrundgang über die näher gelegenen Alpweiden, dem Bestaunen des wunderschönen Wildstrubel-Massivs, einem nochmaligen Blick auf die steilen Felswände und gewundenen Wege ins Tal hinunter, geniessen wir einen ruhigen und erholsamen Schlaf.

Die ersten Sonnenstrahlen breiten sich bereits wieder über die Alpweiden aus, als wir uns am nächsten Morgen frisch gestärkt auf den Weg machen. Unterwegs überholt uns in flottem Tempo ein Moped. Die Fahrerin wird von einem munteren Border Collie in gestrecktem Galopp begleitet. Murmelpfiffe lassen uns aufhorchen. Ansonsten ist es, ausser dem Geläut der Kuhglocken, ruhig in dieser abgeschiedenen Welt. Bei Pierens angekommen, liegt auf der vollen Breite des Treppenaufgangs zur Wohnung der besagte Border Collie. Es stellt sich heraus, dass die Tierärztin ihre Herrin ist. Wir werfen einen Blick in den Stall. In der vergangenen Nacht hat eine Kuh Zwillinge geboren. Die junge Frau holt mit Samis Unterstützung die Nachgeburt heraus, da dies nicht bereits auf natürlichem Weg geschah.

Anwesend ist auch eine Mutter mit ihren beiden Kindern. Bereits seit elf Jahren verbringen sie als Familie im Sommer ihre Ferien auf dieser Alp und logieren bei Sami und Lisbeth. Mit grossem Interesse verfolgten sie in der vergangenen Nacht die Geburt und schauen jetzt gespannt dem Tun der Tierärztin zu. «Nehmt genug Abstand, es kann spritzen!», weist diese sie an. Leider war eines der beiden Kälblein zu schwach, um zu überleben.

Nach diesem unvorhergesehenen Zwischenhalt ruft uns Lisbeth zu:

«Chömit nume uechi!» Sie ist noch mit Käsen beschäftigt. Dabei geht ihr eine frisch pensionierte Frau, die durch einen der Filme auf sie aufmerksam geworden war, zur Hand. Sie weilt für vier Wochen hier, um in Haus und Stall und beim Heuen zu helfen.

Es riecht nach Caramel. Zur Feier des Tages hat Lisbeth am frühen Morgen frische Nidletäfeli gekocht, die sie nun auf dem Blech mit einem scharfen Messer in kleine Quadrate schneidet. Sie munden einfach himmlisch!

Schon bald sitzen wir für das geplante Gespräch in der heimeligen Stube, die das Paar, wie auch Bad und Küche, mit ihren Feriengästen teilen. Die beiden strahlen in ihrer Schlichtheit und der Bescheidenheit der geliebten Alphütte eine wohltuende Zufriedenheit und stilles Glück aus.

Lisbeth (L): Wie wir uns kennen gelernt haben, ist einfach einmal passiert (lacht), im dichten Nebel. Ich war im Nachbarhaus bei meinem Grossvater Sennerin. Das ist auch so eine Doppelhütte mit zwei Familien, wie die unsrige. Ich war jung und kannte den Berg noch nicht so gut. Es war dicker Nebel und ich konnte die Kühe nicht finden. Sami war hier, noch in der alten Hütte, Senn. Er ist einer, der gut auf das Geläut hört und wusste, wie die Glocken von Grossvaters Kühen tönen. Er merkte, dass sie noch nicht zurückgekommen waren. Er fragte meinen Grossvater, ob er mir wohl helfen sollte. Es war bereits acht Uhr abends. Er kam mit, um sie zu suchen. Erst am Abend um elf Uhr war es so weit. Und so hat das mit uns beiden langsam angefangen (lacht).

Sami (S): Ich hatte bisher noch niemanden. Es war für mich die Erfüllung eines grossen Wunsches, als ich merkte, dass das zusammenpassen könnte. Zuerst mussten wir uns auch ein wenig kennen lernen.

L: Wir haben einen Altersunterschied von elf Jahren. Und jetzt sind wir schon mehr als 45 Jahre zusammen.

S: Und ich habe meine Frau je länger, je lieber (beide lachen herzlich). Es wird immer tiefer.

L: Ja, und wir sind aufeinander angewiesen.

S: Gerade in einem Bauernbetrieb ist es wichtig, dass man einander hilft. Es ist anders, als wenn du jeden Tag auswärts arbeiten gehst.

L: Wir haben sieben Kinder. Er hat mir jeweils geholfen, sie zu Bett zu bringen und ich habe im Stall Hand angelegt. So war das gegenseitig. Es war auch sehr wichtig, dass ich melken und er kochen konnte, wenn eines von uns krank war.

Ich habe mir schon immer einen Bauern gewünscht. Ich habe das Bauernblut in mir und arbeite auch gerne mit Tieren. Und ich hatte einfach auch das Gefühl, das sei der richtige!

Meine Mutter hatte eine Bauernseele. Mein Vater war Geschäftsmann. Ich kam, erst dreijährig, als Pflegekind zu meinem Onkel. Wir waren zehn Kinder und es hiess einfach, wenn der Bruder deines Vaters keine Kinder hat, gibst du ihm eines. Das lief damals so. Er war Bauer. Später kam noch mein Bruder dazu. Dadurch wurde unsere Mutter ein wenig entlastet. Sie hatte natürlich nichts zu sagen. Damals befahlen einfach die Männer. So bin ich in den Bauernstand hineingewachsen. Mit zwölf wollte mich meine Mutter wiederhaben und holte mich zurück. Meine Schwester war bereits fertig mit der Schule, als ich auf den elterlichen Hof kam und bald etwas Schönes erfuhr. Meine Mutter wurde mit sechsundvierzig nochmals schwanger und ich durfte ein Bébé erleben (lacht). Ich war damals dreizehn und genoss das. Es war für mich etwas Wunderschönes, ein Schwesterlein zu bekommen. Das hatte ich mir immer gewünscht! Ich wusste früher nicht, wo die Kinder herkommen. Es hiess einfach: «Die schenkt der liebe Gott!» Und ich weiss noch, wie ich manchmal in den Wald ging, weil ich dachte: «Wer weiss, vielleicht hat der liebe Gott irgendwo eines hingelegt?» (lacht). Mein Mueti hat mich dann aufgeklärt und mir anvertraut, dass es ein Kind erwarte. Ich hatte eine Riesenfreude!

S: Und ich bin in einem Bauernbetrieb aufgewachsen. Schon als Kind half ich meinem Onkel hier auf der Alp, weil die Tiere meines Vaters auch hier waren. In der siebten Klasse lernte ich von meinem Onkel das Käsen. Er war ein lieber. Ab August molken wir die Kühe jeweils zusammen hoch oben, unter dem Tschingellochtighorn, auf 2400m über Meer. Er hatte die grosse Bränte (Rückentraggefäss) und ich eine kleine. So habe ich das Älplerleben kennen gelernt. Ich hatte immer Freude auf der Alp, auch heute noch. Wir hatten dort oben einen Stall. Aber wenn es gäbig Wetter war, molken wir sie gleich auf der Weide. Das wäre heute mit den Melkmaschinen gar nicht mehr möglich. Die Kühe würden nicht stillhalten. Sie sind das nicht gewohnt.

L: Es war immer schön, wenn er die Milch von dort oben herunterbrachte. Auf der Milch schwammen grüne Hälmchen und Blättchen. Sami wusch die Milchmelter (Melkkübel) im Gräbli und versteckte sie unter einem Stein, damit man sie nicht herunter- und dann wieder hinauftragen musste und die Kühe sie nicht finden konnten. Aber es gab gleichwohl guten Käse (lacht).

S: Das war lange möglich, bis 1998/99, als es mit meinen Knien schwierig wurde. Der Weg hinauf dauert fast eine Stunde, dann mit der Milch am Rücken wieder zurück. Zum Glück habe ich damals aufgehört. Jetzt sind nur noch die Rinder dort. Etwa zweimal in der Woche steige ich zu ihnen hoch und schaue, ob sie zwäg sind. - Durchschnittlich sind wir im Sommer ungefähr zehn Wochen hier. Unsere Alpauffahrten und -abfahrten sind gefährlich, wenn du nicht auf den Schöpfer vertraust. Überhaupt den ganzen Sommer über, jeden Tag.

L: Du darfst dich jemand Höherem anvertrauen, damit du bewahrt bleibst. Das hast du ja nicht selber in der Hand.

S: Und auch wissen, wenn etwas geschieht, dass es sein Wille ist. Es ist jedoch nie etwas passiert. Dafür sind wir sehr dankbar!

L: Ich glaube, das letzte Tier, das tief abstürzte, war, als ich noch ledig war.

S: Das ist lange her, ...

L: ... ein Rind. Dort, oberhalb der Katzenkehren, wo die engen Kurven sind, hat sie etwas geritten.

S: Eines hockte dem anderen auf, das drehte sich um und so stürzte eines über den Zaun, hinab in die Tiefe.

L: Aber seither, das war 1971, war nie mehr etwas Schlimmes. Mein Grossätti wurde 1895 geboren und ging auch immer hier z`Alp. Ich weiss noch gut, wie er sagte: «So alle dreissig Jahre musst du damit rechnen, dass etwas passiert.» Jetzt ist es schon länger. Damals meinte er: «Äs isch ume einisch nache gsi!» Das ist gnädig, wenn du denkst, mit so vielen Tieren. Sie sind sich daran gewöhnt, weil sie diesen schwierigen Weg jedes Jahr zurücklegen. Wir schauen auch, dass wir genügend Leute haben. Zwischen drei, vier Tieren muss immer eine Person sein, die treibt, ...

S: ... damit es nicht staut und man die Kontrolle behält.

L: Wenn eines stierig ist, muss man es fergen (an einem Strick führen) und der Sicherheit wegen entweder voraus- oder hinten nachlaufen. Lahme Tiere, ganz selten auch Kühe, die vielleicht hier auf der Alp noch sein können, aber der Fluhweg für sie zu happig ist oder wenn sie am Fuss verletzt sind, fahren mit der Bahn ins Tal hinunter. Auch die Kälblein.

S: Ich hatte bisher nie Angst. Auch damals nicht, im Herbst 2012, als es geschneit hatte. Da fragten einige Bauern, ob wir es überhaupt riskieren dürften. Aus Erfahrung wusste ich, dass wir es wagen können.

L: Mit dreissig Zentimetern besteht keine Lawinengefahr. Mit sechzig wird es gefährlich. Weiter unten lag weniger Schnee.

S: Wir lassen die Tiere jeweils im Herbst ein, zwei Tage und im Frühling drei Tage an der Talstation ausruhen, bevor wir weitermarschieren. Heutzutage verladen die Bauern von Frutigen die Tiere. Der Hauptstrasse entlang ist es so weit, dass du keine Chancen hast. Diejenigen von der alten Adelbodner Strasse gehen zu Fuss. Dort hat es weniger Verkehr.

Es ist schön, dass durch die beiden Filme von Herrn Rickenmann so viele Leute miterleben können, wie es bei uns auf der Alp zu und her geht. Es war auch speziell, wie sie uns dafür auswählten. Wir waren mit den Kühen an der Talstation. Es hätte genauso gut ein anderer Bauer sein können. Aber die waren alle bereits weg. Am Abend wartete ich auf zwei Kühe, die mir jemand bringen wollte.

Es war so ein richtig regnerischer Tag. Überall sah man nur noch Schirme. Da kam plötzlich ein Mann die Strasse hinaufgelaufen und fragte mich: «Dürfen wir am nächsten Morgen, wenn ihr hinauf geht, Fotos machen oder filmen?» Ich sagte ihm, er dürfe schon mitlaufen. Nur, ich wusste überhaupt nichts von seinem Vorhaben. Erst ein Jahr später hat er mir seine Pläne kundgetan. Sonst hätte ich vielleicht nicht eingewilligt. Ich will mich nicht zur Schau stellen. Ich bin kein Schauspieler. Er fragte, wann er am nächsten Tag wieder hier sein solle. Morgens früh um fünf Uhr filmte er weiter. Später kam er, so zwischendurch, immer wieder. Etwa nach einem Jahr kreuzte er einmal bei uns zuhause auf. Er erzählte uns, dass eine Frau aus Zürich sehr fasziniert war vom Alpaufzug. Da sie Herrn Rickenmann kannte, schlug sie ihm vor, das wäre doch mal etwas zum Filmen. Und so sind wir reingerutscht.

Der erste Film heisst: «z`Alp». Dort geht es darum, wie wir stufenweise vom Heimbetrieb (1150m ü. M.) auf die Alp ziehen. Zuerst in den Wäfler (1300m), dann auf die Weide (1600m), nachher ins Unter Birg (1400) und schlussendlich der Alpaufzug zur Engstligenalp (2000m). Wir zügeln immer dem Gras nach, damit im Tal das Heu wachsen kann.

L: Als der erste Film in den Kinos gelaufen war, schrieben die Leute dem Filmemacher, dass sie schon auch wissen möchten, was auf dieser Alp sonst noch alles läuft und in die Sennhütten hineinsehen. So begleitete er uns auch in den darauffolgenden drei Jahren. Manchmal war er zwei, drei Tage hier, filmte, was gerade aktuell war und stellte uns Fragen. Er wollte zum Beispiel auch wissen, ob Sami mir etwas Liebes tue. Ich erzählte ihm dann, dass er mir immer ein Blumensträusschen bringe, wenn er nach den Rindern schaue. Weil da so schöne Blumen wachsen. Dieses Geschichtchen wollte er gerne filmen.

S: Das wurde dann gespielt (beide lachen).

L: Er musste die Kleider anziehen, die er jeweils trägt, wenn er bei den Rindern ist und mir ein Sträusschen holen. Das wurde in den Film eingeflochten. Alles andere ist ganz natürlich und nicht gestellt. Wir haben diese Zeit als sehr gut erlebt.

S: Wir gingen praktisch nur unserer Arbeit nach. Daraus entstand der Film: «Alpzyt»

L: Bevor der Film in den Kinos anlief, zeigte er ihn uns. Auch unsere Kinder schauten mit, damit nichts enthalten ist, was jemanden verletzen könnte. Manchmal erzählt man einfach etwas. Es war uns wichtig, selber zu beurteilen, was an die Öffentlichkeit gelangen kann. Auch was das Käsen anbelangt, sollen das die Leute richtig mitbekommen. Der Alpkäse wird auf dem offenen Feuer beheizt, der Bergkäse mit Gas. Auch auf der Voralp. Man muss wissen, dass, wenn er als Alpkäse deklariert ist, manchmal auch kleinste Ascheanteile drin hat. Das kann passieren, wenn man das Chessi vom Feuer nimmt. Es gibt Bauern, die wollen nicht so viel Holz auf die Alp mitschleppen. Hier wächst zu wenig, du musst alles mit der Bahn hoch transportieren lassen. Deshalb produzieren sie den Käse lieber mit Gas. In einigen Hütten ist es auch schwierig zum Feuern, da der Rauch wegen Nebel oder Föhn nicht hochsteigen kann. Dieser Käse hat dann ein anderes Label.

S: Es gibt sehr viele Leute, die uns auf den Film ansprechen. Gerade gestern kam wieder eine Frau ...

L: ... und erzählte, sie habe ihn gesehen und wolle Käse kaufen.

S: Der Film brachte viele Kinoeintritte und wurde nachher auch im Fernsehen gezeigt.

L: Herr Rickenmann hatte damit einen Riesenerfolg und sagte, dass dies nicht bei jedem Film der Fall sei. Er ist ein sehr anständiger, stiller, lieber Mann.

S: Und er bewältigt alles allein, nebst dem Zusammenschneiden. Dazu hat er eine Person, die ihn berät. Das war auch für uns ein Vorteil. Wenn ein ganzes Gremium gekommen wäre, wären wir überfordert gewesen. Und es ist interessant, die Leute auf der Alp haben verschieden reagiert.

L: Die einen sagten etwas dazu, andere nicht.

S: An der Filmpremiere in Adelboden erschienen viele.

L: Fast alle kamen. Eigentlich hätte es um acht beginnen sollen. Am

Schluss wurde es viertel vor neun. Immer noch mehr Stühle mussten ins Kino hineintragen werden.

S: Das war selten so voll.

L: Es ist ein Heimatfilm, das Leben in einer sehr ursprünglichen Form.

S: Ein Grossvater erzählte mir, dass seine Grosskinder ihn immer wieder sehen möchten.

L: Es gibt auch lustige Szenen. An einer Stelle kommt der «Bucher» (Anm.: ein landwirtschaftliches Fahrzeug) zu fahren, ohne Sami. Einmal sah ich einen Polizisten, der behauptete: «Also mit euch hatte ich auch schon zu tun!» Und ich antwortete: «Ich glaube nicht! Aber vielleicht im Film?» Er studierte und sagte: «Ah, genau!» und beide lachten. Er hatte mein Gesicht wiedererkannt.

S: Er erzählte, seine Jungs wollten den Film immer wieder anschauen. Es gibt viele, die sich darüber freuen, dass unsere Alp bekannt wurde und sie noch manches lernen konnten.

L: Sami ging es auch darum, zu zeigen, wie wir hier auf der Alp bauern. Wir führen hier zum Beispiel den Mist anders aus als auf einer anderen Alp. Dort verteilen sie die Jauche.

S: Wir haben fast keine Erde. Früher war hier eine Schwemmebene, deshalb hat es Kies. Da sickert die Gülle gleich durch.

L: Und fort ist sie. Deshalb machen wir kleine Haufen aus Mist und Stroh, das verfault dann. Daraus wird wieder Erde und rund herum wächst Gras. So wurde durch den Film bekannt, dass wir es hier im Steingebiet anders handhaben müssen. Manchmal fragen die Touristen, wie die Kühe es anstellen, dass auf jedem Misthäufchen noch Stroh liege.

S: Deutsche Touristen sagten auch schon, wir hätten wohl Kühe, die ihr Geschäft ganz exakt machen. Die ganze Alp sei so regelmässig gepunktet (lacht). Weil unsere Alp geschützt ist, haben wir sogar Jaucheverbot, und die Kühe fressen das Gras gegen den Herbst hin bis zum allerletzten Häufchen auf.

Es ist schön, wenn der Bauernstand wieder mehr geschätzt wird. Wir haben seit Jahren Familien, die bei uns Ferien machen. Sie leben in Bern. Die Kinder kommen in den Stall und lernen dabei vieles. Das älteste Mädchen hilft jetzt schon beim Melken mit. Sie haben eine Riesenfreude an dem neugeborenen, kleinen Kälbchen und dass sie das letzte Nacht miterleben durften.

L: Gerade gestern sagten wir zu ihnen: «Es ist einfach interessant, wie die Gebärmutter plötzlich denkt: «So, jetzt ist die Frucht reif, jetzt stosse ich sie ab.» Auch bei den Vögelchen, die letzthin ausgeflogen sind, ...

S: ... wir hatten Rotschwänze, die im Stall genistet haben.

L: Es regnete und die Mutter blieb mit ihren Jungen da. Am nächsten Tag war das Wetter schön, die Mutter schubste sie einfach aus dem Nest und sie mussten fliegen lernen.

S: Jetzt sehen wir sie ab und zu. Ein Bekannter von der Vogelwarte sagte mir, dass die Vogeleltern sie noch eine Woche bis zehn Tage bemuttern. Am ersten Tag sassen die Jungen nur auf dem kleinen Vordach und die Mutter besorgte ihnen die Nahrung. Jetzt tun sie das bereits selbst.

L: Die Natur zeigt uns vieles vor.

S: Das haben wir auch schon bei der Gluggere (Henne) beobachtet. Nach einer gewissen Zeit schiebt sie die Jungen weg. Sie erzieht sie zur Selbständigkeit. Auch die Katzenmutter gibt den Jungen ein Tätschli mit dem Tälpli (Pfötchen), wenn sie saugen wollen und die Zeit mit der Milch vorbei ist. So merken sie, dass sie nicht mehr gefragt sind und selbständig werden müssen. Die Natur ist so interessant!

L: Ja, dieses Älplerleben verbindet uns. Das ist uns in die Wiege gelegt worden.

S: Wir sind zum grossen Teil verschont geblieben von schlimmen Schicksalsschlägen. Meine jüngste Schwester starb jedoch an einem Pseudokrupp, da die Medizin damals noch nicht so weit fortgeschritten war.

L: Drei unserer Kinder kamen im Sommer zur Welt. Das hat uns auch zusammengeschweisst. Wir konnten nicht gut rechnen (lacht herzhaft). Unser Junge kam am 13. Juli 1981 zur Welt, unser zweites Mädchen am 17. Juli 1983 und unser drittes am 21. Juli 1987. Gestern war sein Geburtstag. Währenddem ich im Spital war, musste er jeweils käsen.

Das war herrlich, mit den kleinen Kindern hier auf der Alp. Überhaupt hatten wir mit unseren sieben Kindern eine schöne Zeit! Als sie im Schulalter waren, mussten sie zum Teil von hier oben über die Fluh hinunter ins Tal laufen und mit den Velos nach Adelboden ins Schulhaus Ausserschwand fahren. Manchmal durften wir sie auch für ein paar Tage der Schwester anvertrauen. Damals hatten sie acht Wochen Ferien. Im Frühling konnten wir sie mit Alp-Dispens aus der Schule nehmen, weil sie dann nicht mehr viel verpassten. Aber wir bemühten uns, dass sie im Herbst beim Schulanfang immer dabei waren.

S: Sonst verliert das Kind den Anschluss. Heute ist der älteste auch Bauer, aber noch gelernter Schlosser.

L: Die zweitälteste machte die Lehre zur Arztgehilfin. Sie heiratete einen Bauern und lebt im Sommer auf der Otterenalp.

S: Das ist nördlich von Adelboden gegen das Diemtigtal.

L: Die anderen durften auch alle einen Beruf erlernen. Der eine Sohn ist Zimmermann und bildete sich an der Holzfachschule in Biel weiter, der andere Spengler. Er machte später noch das Flugbrevet. Eine Tochter ist Krankenschwester und eine Verkäuferin. Sie machte anschliessend noch eine Lehre in der Pflege. Der Rücken machte ihr jedoch mit dem Herumheben von schweren Patienten einen Strich durch die Rechnung. Nun arbeitet sie bei der Post. Der jüngste hat den Maurerberuf erlernt.

Das Privileg war, dass die Kinder in den hier ansässigen Betrieben eine Lehrstelle bekamen. So mussten wir sie nicht auswärts geben. Das war auch besser erschwinglich.

Sami hatte 1989 eine Diskurshernie und war im Spital. Auch das hat uns zusammengeschweisst. Er musste eine lange Liegekur machen. Damals haben sie noch nicht operiert. Zusätzlich hatte er einen Nervenzusammenbruch. Er war den ganzen Winter über im Bett. Zum Glück kam alles wieder gut. Er durfte jedoch nicht mehr auf dem Bau arbeiten. Diese Arbeit ist für seinen Rücken zu schwer. Mit einer kleinen IV Rente kamen wir gerade so über die Runden. Mit dem Vermieten der Alphütte reichte es.

S: Wegen des Skilifts können wir sie auch im Winter vermieten, das ist gefragt.

L: Unterdessen ist Sami schon den 55. Sommer hier, ich fünf Jahre weniger.

S: In dieser Zeit hat sich mit dem Schnee und dem Gletscher auf dem Wildstrubel viel verändert. Der ging ziemlich weit zurück. Je länger, je mehr. - Dass wir einmal nicht mehr z`Alp gehen können, steht sicher vor der Tür.

L: Wir haben entschieden, uns nicht zu sorgen. Wenn es dann soweit ist, schauen wir, ob wir einen Sennen finden oder einen Käser - das gibt es heute auch - oder ob unser Sohn das übernehmen möchte. Je nach Situation merken wir, wenn es nicht mehr möglich ist. Vielleicht kommt auch mal eine Krankheit, das weiss man nicht.

S: Wenn ich die Arbeit hier nicht mehr schaffe, ist es klar. Im Winter können wir ja immer ein wenig auf der faulen Haut herumliegen (schmunzelt spitzbübisch).

L: Nein, du gehst viel holzen...

S: ... und füttere die Rinder meines Sohnes. Ich muss immer hinfahren, da sie nie daheim im Hausstall sind, sondern in verschiedenen Ställen. Nach dem Alpabzug gibt es auch einiges aufzuräumen. Das Geläut wird geputzt, die Riemen eingeölt und wieder aufgehängt. Ich mache auch Pfähle zum Zäunen und habe immer Arbeit. Ich schätze es, dass ich in meinem Alter den Takt selbst bestimmen darf. So kann ich auftanken, um den strengen Sommer wieder durchzustehen. Ich glaube, ich könnte sonst nicht durchhalten. Und im Frühling, wenn die Sonne wieder länger da ist, bekommst du neue Kräfte.

L: Ja, und wenn wir im Tal unten sind, schauen wir auch immer die verschiedenen Status im WhatsApp an. Was andere erleben oder wenn sie in den Ferien sind. Das ist jeweils 24 Stunden aktiv und etwas Schönes, bevor wir ins Bett gehen (beide lachen). Wir schauen selten fern. Am Abend sind wir eigentlich zu müde. Das Wunschkonzert hören wir uns jedoch immer zusammen an. Hier besteht im Moment gerade kein Internetempfang. Zuhause haben wir das Festnetz.

S: Im Sommer brauchen wir das Handy viel öfter, wenn wir mit den Junioren kommunizieren wollen.

L: Im Winter vor allem, um SMS zu schreiben.

S: Jetzt freuen wir uns gerade riesig. Das zweite Grosskind wurde am Dreikönigstag 2020 geboren und heisst Naomi Zoé.

L: Sonst hat jedes seinen Auftrag. Der Tag hier oben ist sehr ausgefüllt. Und wenn es unten im Tal Frühling wird, weiss ich einfach, Sami muss zäunen, und ich verziehe mich in den Garten.

S: Wir setzen uns wieder zusammen, wenn ich Zeit habe.

L: Ja, und das Helfen ist uns wichtig! Auch wenn die Kinder einmal eine Krise haben, helfen und unterstützen wir einander. Wir lassen keines fallen. Eigentlich ist unsere Familie das erste, nicht die Kirchgemeinde. Ich habe oft gesagt: «Was soll ich Geld fortschicken, in die Mission, mein Kind braucht eine Brille und hat kein Geld?» Das dünkt mich wichtig, zuerst kommt das Nächste.

S: Ein Wunsch ist, dass unsere Söhne eine Frau bekämen und eine eigene Haushaltung hätten. Auf das Rentnerdasein hin wäre das eine Entlastung. Sie leben teilweise noch bei uns.

L: Im Moment sind vier zuhause.

S: Manchmal kann man ja nur staunen, wie Wünsche plötzlich in Erfüllung gehen.

L: Auf der Alp besuchen mich auch immer wieder Frauen. Eine, ihr Sohn hat uns hier geholfen, hat mich im Winter einmal nach Frutigen ins Tropenhaus eingeladen. Das war so schön, fast wie im Paradies (lacht). Mal so einen Tag zu haben, war wohltuend. Aber sonst nehme ich im Winter einfach an meinem Lismerchränzli der Kirche teil. Dort stricken wir und erzählen einander das neuste.

S: Und ich habe meinen Posaunenchor in Achseten, wo wir zusammen eine schöne Gemeinschaft pflegen. Da spielen auch Frauen mit. Dieser Verein besteht schon seit 1901, aber natürlich nicht mehr mit denselben Bläsern (lacht). Manchmal sind wir nur noch wenige und plötzlich kommen solche, die schon früher einmal dabei waren, weil sie wieder eine frische Initiative haben. So hat er bis jetzt überlebt. Wir sind zusammengewürfelt, eine Allianz aus verschiedenen Kirchen. Das ist meine Oase. Jedes Mal hält jemand anderer eine kurze Andacht, das finde ich sehr lehrreich. Wir spielen auch in den Gottesdiensten. Im Sommer, bei Berggottesdiensten, helfe ich nicht mit. Früher gingen wir gemeinsam in einen Gesangsverein. Der existiert heute bei uns und auch an vielen anderen Orten nicht mehr.

L: Die Jungen wollen nicht mehr an einen Verein gebunden sein. Auch unsere Jungen nicht. Die beiden Töchter, die in der Pflege arbeiten, haben sowieso Samstag und Sonntag nicht oft frei, um aufzutreten.

S: Ja, die Berufswelt ist happig, überall juflets (eilt es).

L: Ich staune, wie die Kinder einander im Sommer helfen. Wir haben versucht, ihnen mitzugeben, dass keines das andere fallen lässt. Dass man einander hilft auf dieser Welt.

Schon als Kind habe ich gelernt, dass man teilt. Einmal war mir jedoch nicht danach zumute. Eine Ferienfrau schenkte mir eine grosse Cailler Schokolade, eine ganz lange mit hellblauem Papier. Ich dachte: «So, die esse ich jetzt selber!» Und ich ass und ass (lacht schallend). Als ich nach Hause kam, überlegte ich mir, dass sie mich fragen würden, wieviel ich denn bekommen hätte. So versteckte ich den Rest irgendwo in einem Schober - aber fand sie nie mehr! Ich habe mich daran fast zu Tode gegessen. Das war mir eine Lehre! Darum finde ich es immer schön, zu teilen, wenn du jemand anderen in Not siehst. Auch wir Älpler helfen einander. Einmal gab es ein Unwetter, ...

S: ... ein Hagelwetter, da unten, am Tschingellochtighorn. Der Graben überlief und der riesige Bach strömte hinunter.

L: Schnell kamen uns die Bauern der anderen Seite zu Hilfe. Mit Schaufeln und allerhand anderen Geräten. Damit unser Land nicht überschüttet wird. Bis am Abend um zehn kämpften sie. Wir liessen beim Traktor die Lichter brennen und die Maschine laufen, ...

S: ... damit sie genug hell hatten.

L: Später hoben sie dann mit einem Bagger den Bach aus. Das war so eindrücklich, wie diese Bauern uns zu Hilfe eilten. Sie sahen dieses Riesenunwetter und liessen uns damit nicht allein. Wir sind hier nur vier Parteien. So gehört man zusammen.

Ein andermal stieg ein trächtiges Rind weit hinauf und die Bauern wechselten sich Tag und Nacht schichtweise ab, um bei ihm Wache zu halten. Es war verletzt und konnte nicht mehr gehen.

S: Weil es sehr neblig war, konnte der Heli nicht fliegen.

L: Der Nebel ist hier jeweils stockdick. Normalerweise hebt er sich nach drei Tagen. Dann konnte dieses Tier endlich geholt werden. Es war ein sehr beeindruckendes Erlebnis, wie auch in dieser Situation alle einander geholfen haben.

S: Ja, wir haben ein schönes Verhältnis. Bei solchen Ereignissen merkt man, wie die Alpschaft zusammenhält.

L: Ich empfinde hier noch so einen Frieden.

S: Das ist uns auch zuhause ein Anliegen. Wir haben gute Nachbarn und sind miteinander im Frieden. Das ist ein Geschenk.

L: Man braucht einander. Auch schon wurden wir von den Nachbarn mitten in der Nacht gerufen, weil es ihnen nicht gelang, das ungeborene Kälblein herauszuziehen. Es ist selbstverständlich, dass man einander hilft.

S: Ich empfinde es auch als ein Geschenk, so lange miteinander unterwegs zu sein. - Als ich in den ersten Jahren alleine auf der Alp war, habe ich Gott immer wieder um eine Frau gebeten. Das war für mich dann eine Gebetserhörung. Deshalb wissen wir auch beide, dass wir zusammengehören...

L: ... und dass wir gemeinsam diesen Weg gehen wollen. Man hat sich einander in der Kirche versprochen und vor der ganzen Gemeinde bezeugt, dass wir es mit Gottes Hilfe probieren, ewig.

S: Zum Beispiel: Unser drittes Kind wurde anfangs Oktober geboren. Zu dieser Zeit waren wir kurz vorher von der Alp heruntergekommen und zuhause. Den ganzen Sommer hindurch hatten wir eigentlich keine Einnahmen. Die Bauern, deren Tiere wir betreut hatten, bezahlten dann im Herbst, irgendeinmal. Das, was wir zugute hatten, war noch nicht da. Als unser Sohn geboren wurde, hatten wir noch zwanzig Franken. Aber Gott hat für uns gesorgt.

L: Tausend Franken waren auf der Bank. Das war für uns eine Sicherheit. Aber das wollten wir lieber nicht anknabbern.

S: Ja, aber im Haus war wir nicht mehr vorhanden.

L: Ich glaube, es war gerade so viel Geld da, dass es reichte, um ein Brot zu kaufen.

S: Und ich dachte: «Wie kommt das, wenn wir jetzt die Hebamme bezahlen müssen?»

L: Aber es löste sich wunderbar. Wir hatten Ferienleute, die schenkten uns zur Geburt von Erwin fünfzig Franken. Nachher verkaufte Sami noch eine Kuh. Damit konnten wir die Frau bezahlen, die uns in dieser Zeit den Haushalt besorgte. Wir hatten hier auch ein Herbstlager. Mit diesem Erlös war es uns möglich, die Rechnungen zu begleichen.

S: Die Hebamme und alles.

L: Aber wir konnten keine grossen Sprünge machen.

S: Wir haben immer wieder erlebt, wie Gott für uns sorgt.

Als ich 1989 wegen einer Diskurshernie einen Spitalaufenthalt hatte, war es zwar schlimm. Aber im Frühling kamen Arbeitskollegen, die uns den Mist aufs Land verteilten und die Hofstattarbeit erledigten. Das taten sie gratis, halfen uns einfach. Sie besuchten mich auch immer im Spital. Ich hatte sehr treue Arbeitskollegen!

L: Unser Trudi war damals gerade zweijährig. Das war gut so. Mich dünkt, immer, wenn etwas Schweres gekommen ist, hatten wir ein kleines Kind. Zwei Jahre zuvor hatte Sami den Fuss gebrochen. In dieser Zeit war Erika jeweils bei ihm und hat ihm so eine kurze Weile beschert. Sie haben zusammen Bilderbücher angeschaut und erzählt. Das gab eine schöne Abwechslung. So konnte ich gleichwohl im Stall arbeiten und den Haushalt besorgen.

S: Es war für mich nicht einfach, so viel Arbeit zu sehen und nicht helfen zu können. Das kostete mich viel Überwindung. Später halfen dann auch die Kinder. Das war immer eine riesige Unterstützung. - Und der Humor hat bei uns halt auch einen grossen Platz. Wir necken uns manchmal gegenseitig.

L: Der wurde uns ja auch geschenkt, um manchmal etwas Schweres zu überbrücken. Ein Mann sagte mir mal - ich glaube, er hat drei Frauen verloren - wenn er nicht von Gott den Humor bekommen hätte, hätte er das nicht geschafft. Dass man ab und zu etwas Lustiges sagt, anstatt einen Suurnibel (ein saures Gesicht) zu machen.

S: Das stellt das andere gewissermassen wieder auf.

Wir sind einfach unserem Gott sehr dankbar, dass er uns durch die vielen Jahre hindurch getragen hat - als Ehepaar und als Familie - und wenn Krankheiten kamen, wir wieder genesen durften. Das macht uns so dankbar. Auch dass er meinen Rücken so wunderbar geheilt hat. Ich habe heute praktisch keine Probleme mehr damit. Ich hatte diese Schwierigkeiten schon als Kind. Wir haben jeweils Kartoffeln gepflanzt. Beim Auflesen musste ich immer knien. Das ertrug ich kaum und heute geht es mir so gut. Das ist ein Riesenwunder, ohne Operation! Durch diese Zeit hindurch durfte ich innerlich wachsen - das habe ich sicher gebraucht - und Vertrauen fassen zu unserem Schöpfer.

L: Auch die Zärtlichkeit ist noch da. Es gibt jeden Tag ein Müntschi (beide lachen spitzbübisch). Wenn ich den Jungen etwas auf den Weg mitgeben könnte, würde ich ihnen sagen, sie sollten die Liebe nie hinter den Ohren hervor lassen. Man sagt doch «über beide Ohren verliebt»! Deshalb müssen sie aufpassen ...

S: ..., dass sie bleibt.

L: Ja, das ist wichtig (beide lachen herzlich). Wir verstehen uns normalerweise ohne Worte. Man spürt, was das andere braucht.

S: Wir tauschen uns schon aus und sind auch nicht immer gleicher Meinung. Aber das ist nicht schlimm.

L: Wir handhaben es einfach so: Sami befiehlt im Stall und ich hier, im Haushalt. So hat jedes sein Ressort. Das funktioniert gut. Wir reden einander nicht drein. Das sagte uns schon der Ziviler bei der Trauung: «Frau, du befiehlst im Haushalt und du, Mann, kannst in der Landwirtschaft befehlen!» An das haben wir uns gehalten.

S: Er hat uns gut beraten.

L: Sami hat eine lange Erfahrung mit den Tieren und ich versuche, ihm zu gehorchen. Wenn er fertig ist, hilft er mir manchmal noch das Chessi (Käsekessel) zu lösen oder den Boden aufzuwischen oder den Käse abzuputzen. Wir haben eigentlich gar nicht Zeit, zu stürmen (streiten) (beide lachen herzhaft).

S: Wir haben auch keinen Grund.

L: Nein, wir haben keinen Grund. Nein! Man muss einander doch beistehen, bis man fertig ist. Wenn das Wetter passt, gehen wir ins Tal hinunter und helfen heuen. Am Abend kommst du wieder hinauf und besorgst den Stall. Nachher fällst du todmüde ins Bett. Man kommt gar nicht zum Streiten. - Ich sagte auch schon: «Wir brauchen nicht einmal Ferien zu planen. Wir haben gar keine Zeit, um zu gehen!» (lacht). Manchmal hätte ich zwar schon den Wunsch, einmal nach Kanada zu reisen, um meinen Bruder zu besuchen oder meine Schwester in Kalifornien. Das wäre schön! Sämi, das siebte Kind, ist ein Nachzügler. Deshalb haben wir damals beschlossen, nicht wegzugehen. Nachher begannen die Kinder mit der Lehre. In dieser Situation bist du auch lieber hier. Und jetzt ist es einfach so geblieben, bis heute. Es muss nicht erzwungen sein. Aber, wenn es einmal eine Gelegenheit gäbe, wäre es schön, zusammen dorthin zu reisen.

S: Kontakt haben wir.

L: Ja, meine Schwester war kürzlich da, als wir auf die Alp zügelten und der Bruder besuchte uns hier auch vor nicht allzu langer Zeit. Sie vergessen die Schweiz nicht.

S: Im Film heisst es doch im Untertitel «Nicht Ferien, aber schöner». Und das stimmt!

L: Gerade gestern hatten wir Zeit zusammen. Es war herrlich!

S: Die Kühe kamen von alleine, ...

L: ... das passiert noch oft. Weil wir sie nicht holen mussten, waren wir wirklich zeitig fertig, sind da draussen g`höcklet und haben es genossen. - Auf einmal gab es ein Gerumpel im Stall. Sami schaute nach. Weil die hochträchtige Kuh stand, platzte die Fruchtblase voll auf den Boden. Alle anderen Kühe erschraken so sehr, dass sie aufsprangen. Ich dachte, es sei vielleicht eine Kuh losgekommen. Plötzlich rief er mir: «Du musst mir helfen!» Wir banden sie von den anderen Kühen fort, damit sie Platz hatte zum Gebären.

S: Es waren Zwillinge. Das eine wollte von Anfang weg nicht atmen.

L: Es hatte grosse Mühe. Wir leerten drei Kessel kaltes Wasser über ihm aus - Schockwirkungen. Plötzlich begann es zu schnaufen. Aber es hat immer wieder gebrüllt. Das hört man nicht gern. Das heisst, dass das Tier irgendwo Schmerzen hat.

S: Irgendwie hat etwas nicht ganz funktioniert. Das gibt es einfach manchmal.

L: Ich habe nicht das Gefühl, dass es das Fruchtwasser war, an dem es gestorben ist. Fruchtwasser können sie ja langsam abbauen. Es war eher etwas mit dem Herz nicht intakt. Sami schaute am Morgen um ein Uhr nochmals nach ihm. Es fühlte sich schon kalt an.

S: Das andere ist gesund und hat jetzt am Morgen Milch getrunken. Als die Ärztin da war, half sie ihm aufzustehen. Aber es ist ein Zwilling, eine Frühgeburt. Wenn die Kälbchen noch zwei, drei Wochen länger im Mutterleib bleiben, sind sie schon viel kräftiger. Dieses ist eine gute Woche zu früh gekommen. Bei Zwillingen ist es noch gerne so, dass sie entweder auf den Termin kommen oder zu früh.

L: Im Alltag ist uns einfach wichtig, das haben wir auch unseren Kindern schon empfohlen, dass man die Meinungen beiderseits stehen lässt. Man kommt aus zwei verschiedenen Familien zusammen. Ein einfaches Beispiel: ein Apfelkuchen. Meine Tochter schneidet Schnitze und ihr Mann reibt die Äpfel. Das kann man doch so stehen lassen. Oder man einigt sich auf etwas. Ich sagte unseren Jungen ab und zu: «Es ist wichtig, dass ihr etwas in den Bauch bekommt, damit ihr nachher wieder Kraft habt!» Der eine formulierte es einmal so: «Weißt du, wenn du Hunger hast, fragst du nicht noch lange, ob es gut ist. Du bist froh, wenn du etwas bekommst:». Es gibt nicht richtig und falsch.

S: Man hat so seine Mödeli, die man vom eigenen Zuhause

mitnimmt.

L: An einem Frauentreff hörte ich mal: «Wenn verschiedene Meinungen sind, lasst sie auf dem Tisch. Lasst sie stehen, aber wischt sie nicht unter den Tisch. Es zeigt sich mit der Zeit, welche besser ist. Vielleicht sind beide gut.» Wir sagten ab und zu, wenn wir uns nicht einig waren: «Wir lassen alles auf dem Tisch.»

S: Manchmal denkt man am nächsten Morgen anders.

L: Es hat keinen Sinn zu sagen: «Ich habe recht!» Das ist auch eine Weisheit, die wir den Kindern mitgegeben haben. Ein Bauer sagte einmal: «Wie man es macht, es ist recht!»

S: Das sind Prozesse, die man lernen muss. Oder lernen darf, das ist noch heilsamer.

L: Wir sind auch aus zwei ganz verschiedenen Familien und haben uns zusammengefunden. Obwohl, ich muss sagen, es ist nicht so extrem, wie wenn eines von beiden aus einem anderen Land kommt. Eine unserer Töchter lebt mit einem Thailänder zusammen. Das ist schwieriger, ...

S: ... mit anderen Sichtweisen. Die Kultur ist ganz unterschiedlich. Das ist eine Herausforderung für eine Beziehung.

L: Aber wir mischen uns nicht ein. Ich habe ihm auch schon gesagt: «Du bist mir lieb, so wie du bist!»

S: Und ich habe das Gefühl, er schätzt uns auch. Er hat andere Familienverhältnisse erlebt. Jeder Mensch hat die Sehnsucht im Herzen, geliebt und angenommen zu sein.

L: Die Liebe ist das wichtigste in unserem gemeinsamen Leben.

S: Ja!

L: Die Liebe! Sie kittet!

S: Und am Abend ins Bett gehen und sagen können: «Ich bin zufrieden!»

L: Die Liebe ist das, was trägt. Wenn du weißt, du liebst jemanden, dann vergibst du ihm und hilfst ihm! - So reicht man sich die Hand zum Glück!

Der Bürgerkrieg begann vor unserem Schlafzimmerfenster!

Hans und Margrit Rothenberger-Gnehm I Heirat 1973

Hans und Margrit Rothenberger lernten wir bereits in jungen Jahren kennen. Frisch verheiratet, wohnten wir als junge Paare einige Jahre in Männedorf.

Im Verlauf unseres Lebens haben sich unsere Wege immer wieder gekreuzt. Eindrücklich und in lebhafter Erinnerung bleibt mir, als sie von der reformierten Kirche in einem Gottesdienst zum ersten Mal nach Afrika ausgesandt wurden.

Durch ihre Rundbriefe nahmen wir regen Anteil an ihren vielfältigen Erlebnissen und Erfahrungen. So blieben wir über all die Jahre freundschaftlich verbunden.

Nach insgesamt fünfzehn Dienstjahren in Afrika wählten die beiden mit der Pensionierung Zürich Altstetten als ihren Wohnsitz. Dort leben sie seit einiger Zeit in einer christlichen Wohngenossenschaft 50+, zusammen mit vierzehn anderen Paaren und sechs Singles. Sie sind immer noch aktiv im Deutschunterricht zur Integration von Migranten und in der kirchlichen Arbeit, geniessen jedoch vor allem die vielfältigen Möglichkeiten zur Bewegung in der freien Natur, welche die Schweiz bietet. - Beide gaben gerne ihre Zustimmung zu diesem Buchprojekt.

Hans (H): Wie wir uns kennen gelernt haben, ist natürlich schon eine Geschichte für sich.

Margrit (M): Ja, für ihn hat es vorher angefangen.

H: Also, wie vorher? Aha! Ja, in dem Sinn, dass ich viel früher in dich verliebt war als umgekehrt. Wir haben in Küsnacht zusammen das Lehrerseminar besucht, das heisst, ich war zwei Klassen über ihr. Kennengelernt haben wir uns in der Schülerarbeit der VBG (Anm.: Vereinigte Bibelgruppen in Schule, Universität und Beruf). Ich komme aus einem konservativen christlichen Milieu. Einem Milieu, das eher in sich geschlossen ist, getrennt von der «bösen» Welt. Am Semi hat sich dann für mich die Tür zu einer anderen Welt geöffnet - durch die Mitarbeit in der VBG auch in eine andere Christen-Welt. Ich lernte junge Christen kennen, die weltoffener waren. In unserer Gruppe tauchte eine Mitstudentin auf, bei der ich das Gefühl hatte: «Die passt gar nicht in diesen frommen Kuchen!» Sie ging oft an Partys und tanzte fürs Leben gern, so ganz anders als ich. Das hat mich irgendwie fasziniert.

M: Er hat mir Eindruck gemacht, weil er in der Bibel so bewandert war. Ich habe mich schon immer für Glaubensfragen interessiert, seit dem Konfirmationsunterricht; aber vieles habe ich nicht gewusst. Einmal habe ich ihn gefragt, wie das denn mit der Prädestination (Vorherbestimmung) sei. Darüber hat mir Hans eine fünfseitige Abhandlung geschickt.

H: So habe ich meine Gefühle sublimiert (lacht). Anstelle eines Liebesbriefes habe ich ihr eine theologische Abhandlung geschrieben. In unseren Kreisen war es nicht üblich, mit einem Mädchen eine Freundschaft zu pflegen, einfach so. Man lernte eine Frau kennen und dann heiratete man sie. So kam es für mich auch nicht in Betracht, Margrit offen meine Liebe zu erklären. Nur geheim, in meinen Träumen, Vorstellungen und Sehnsüchten.

M: Ich bemerkte damals nichts davon und das war auch gut so. Hans kam dann einmal als Skileiter mit uns ins Klassenlager und ich habe festgestellt, dass er sehr gut Ski fährt. Ich hatte aber nie irgendwie das Gefühl, er hätte Interesse an mir. Aber in der Bibelgruppe habe ich ihn geschätzt.

H: Er fuhr besser Ski, als dass er tanzte (lacht).

M: Ja, ich weiss noch (lacht), zusammen mit einer Kollegin habe ich für den Schlussabend die Schnitzelbank geschrieben und vorgetragen. Darin kam die Strophe vor: «Was machst du mit dem Knie, lieber Hans (singt es vor), mit dem Knie, lieber Hans, beim Tanz?» Ich tanzte gerne, aber mit ihm war es schwierig. Unsere Knie kamen uns immer in den Weg.

H: Das Tanzen galt bei uns als «weltliches» Vergnügen und so habe ich es nie gelernt. Das Seminar schloss ich zwei Jahre vor Margrit ab und hatte kaum Aussicht, sie nachher je wieder zu sehen. Das war für mich wirklich ein Prozess des Loslassens. Ich habe diese Beziehung bewusst in die Hand von Gott zurückgegeben - im Vertrauen, dass Er, wenn es gut ist, uns wieder zusammenführen kann.

Sieben Jahre lang hatten wir keinen Kontakt mehr.

M: Ja, und in diesen sieben Jahren hätte ich eigentlich sehr gerne eine Beziehung angefangen. Ich hätte wirklich gerne geheiratet und war dann in verschiedenen VBG-Lagern. Einerseits aus Interesse an Glaubensfragen, andererseits habe ich immer gehofft: «Vielleicht lernst du dort jemanden kennen!» Aber es hat nie geklappt. Denen, die mir gefallen hätten, gefiel ich nicht und umgekehrt. Dann las ich in einem Buch, dass es wichtig sei, im Vertrauen zu leben, dass Gott für mich das Beste bereithalte. Und dass ich Ihn nicht ständig bestürmen müsse: «Gib mir doch endlich einen Mann, ich möchte jetzt heiraten!» So habe ich zu Gott gesagt: «Also gut, wenn du mich ledig haben willst, kannst du mir auch als ledige Frau Erfüllung schenken.» So ging ich nicht mehr auf Männersuche. Jetzt musst du weitererzählen.

H: Als wir uns später wieder begegneten, hat mich das sehr angesprochen, dass sie sich als Frau, auch in ihrem Singlesein, gefunden hat. - Das kam so: Ich arbeitete in Erlenbach als Reallehrer. Am Seminar in Küsnacht, im Nachbarort, betreute ich in dieser Zeit als Berater die Schülerbibelgruppe. Über Weihnachten-Neujahr planten wir ein Skilager im Parpaner-Oberberg. Dafür suchte ich eine Köchin. Im VBG Büro gaben sie mir den Tipp, eine gewisse Margrit Gnehm anzufragen. Die sei auch Lehrerin und habe schon in Lagern gekocht. So fragte ich sie an. Das war nach sieben Jahren wieder mein erster Kontakt mit ihr.

M: Ich sagte dann zu meiner Freundin, mit der ich die Wohnung teilte: «Diesen Hans, den kenne ich. Bei dem ist keine Gefahr, dass ich mich in ihn verliebe. Also könnte ich den Job übernehmen. Aber lieber nicht allein!» So fragte ich Margrit, eine andere Freundin an, ob sie mir helfen würde. Zusammen sagten wir zu.

H: Und bei mir haben sich am Vorbereitungstreffen gleich wieder die alten Gefühle für Margrit gemeldet. Ein Tag vor der Abreise bekam ich jedoch von ihrem Vater einen Telefonanruf. Sie sei sehr krank im Bett und könne leider nicht ins Skilager kommen. Das war für mich ein Tiefschlag. Meine Gedanken hatten inzwischen mehr um meine wiedergefundene Liebe als um die Organisation des Skilagers gekreist.

M: Ich verbrachte die Nacht vor der Abreise bei meinen Eltern in Erlenbach, um dort meine Skiausrüstung zu holen und näher bei Zürich zu sein. Aber am Abend bekam ich wie angeworfen einen heftigen Grippeanfall und musste mit Fieber ins Bett. Ich dachte: «So kannst du unmöglich in diesem Lager das Kochen übernehmen!» Meine Eltern riefen den Arzt, der mir eine Spritze verpasste. Es war wirklich eigenartig - am nächsten Morgen war alles wie weggeblasen und ich fühlte mich wieder super.

H: Und so ist Margrit am Morgen doch am Bahnhof gestanden - auferstanden. Die beiden Margriten haben zusammen gekocht und ich war beschäftigt mit der Lagerleitung. Wir hatten keine Zeit für persönliche Gespräche.

M: Aber im Verlauf des Lagers merkte ich, wie ich mich in Hans verliebe. Ich weiss noch, wie ich mit meiner Freundin nach dem Lager zur Postautostation hinuntergelaufen bin und ihr bekannte: «Du glaubst es nicht, ich habe mich voll in den verliebt!» Ich hatte gehofft, Hans würde mir beim Abschied auch ein Zeichen der Zuneigung geben. Aber nichts! Gar nichts! So bin ich wieder ins Züricher-Oberland zurückgekehrt, habe weiter unterrichtet und gedacht: «Das gibt's ja nicht!».

H: Ich habe mich, wie es sich gehört, bei den beiden Köchinnen bedankt mit einem (sie lacht schallend), ...

M: ... schau mal, er hängt dort (sie steht auf und holt einen riesigen hölzernen Kochlöffel)! Den habe ich per Post bekommen! Schön verpackt. Mein Gedanke war, da ist vielleicht doch etwas dran. Aber dann habe ich erfahren, dass meine Freundin auch einen solchen Löffel erhalten hat, genau gleich gross.

H: Margrit hat sich in einem kleinen Brieflein bedankt. Der Inhalt war unbedeutend. Aber das 'H' von Hans in der Anrede war sehr schön verziert. Ich dachte: «Da ist vielleicht doch etwas dran.» Und ich wagte das Coming-Out. In einem Brief habe ich Margrit all meine Gefühle für sie gestanden, die ich schon am Seminar für sie hatte und jetzt aufs Neue entflammt waren. - So hat unsere Beziehung angefangen und wir begannen, uns regelmässig zu treffen.

Es hat mich sehr berührt, dass mein Name für jemand anderer so kostbar ist, dass er verziert wurde. Ich hatte eher eine gespaltene Beziehung zu mir selbst, hatte auch immer etwas den Komplex, dass meine Nase zu ausgeprägt geraten sei. Ich hätte nie gedacht, dass sich jemand so in mich verlieben würde.

M: Und ich hatte lauter Freunde mit grossen Nasen (lacht).

H: Nachdem ich als Reallehrer einen Klassenzug beendet hatte, beschloss ich, mir eine Auszeit zu nehmen. Ich wollte Klarheit finden, ob ich den Lehrerberuf zu meiner Lebensaufgabe machen sollte oder noch etwas anderes dran sei. So meldete ich mich für einen Jahreseinsatz im CEVI-Jugendzentrum (Anm.: CVJM - Christlicher Verein junger Menschen) auf dem Hasliberg. Während dieser Zeit waren Margrit und ich vor allem brieflich in Beziehung. Nur sporadisch trafen wir uns im Unterland, sie vom Zürcher- und ich vom Berner Oberland her. Sie im Citroen 2 CV und ich im roten Fiat 500. In dieser Zeit haben wir uns verlobt...

M: ... und dann geheiratet.

H: Aber zuerst schob ich noch eine Krise und stellte alles in Frage. Als Hochzeitsvorbereitung verbrachten wir zusammen mit einem befreundeten Ehepaar in Rasa, im Tessin, eine Woche Ferien. Da wurde mir plötzlich bewusst, auf was ich mich mit einer Heirat einlasse. Wie kann ich Margrit versprechen, ihr treu zu bleiben, «bis dass der Tod uns scheidet»? Und was, wenn meine Gefühle für sie dann plötzlich weg sind? Ich versuchte mit Margrit über meine Verunsicherung zu sprechen. Aber sie stellte unsere Heirat gar nicht in Frage.

M: Nein, im Gegenteil! Es war für mich eine schwierige Erfahrung, als du plötzlich zurückkrebsen wolltest.

H: Dann hatten wir ein Schlüsselerlebnis. Wir waren unterwegs, im Herbstwald von Rasa, bedrückt und schweigsam. Wir trafen auf eine alte Frau, die am Brennholz sammeln war.

M: Ihre Traghutte war schon fast gefüllt damit.

H: Spontan bot ich der Alten an, die Last für sie nach Hause zu tragen - was ich alsbald bereute. Die Hutte war sehr schwer, ohne richtige Tragriemen, nur mit zwei Stricken, die über den Schultern einschnitten. Ich schnaufte hinterher, während die Frauen vorne miteinander italienisch parlierten.

M: Ich habe gar nicht gemerkt, wie schwer Hans trägt und war in unserer gedrückten Stimmung froh, dass ich mit jemandem schwatzen konnte.

H: Aber in ihrem Häuschen fachte die Nonna ein Feuer an und bot uns einen Kaffee an. Es war richtig gemütlich und die trüben, sorgenvollen Gedanken waren bald verflogen. Vorher waren wir verunsichert, aufeinander fixiert und auf die Gefühle, die wir füreinander empfanden. Jetzt waren wir durch eine gemeinsame Aufgabe gefordert und haben dadurch wieder zueinander gefunden. Später liessen wir den Vers aus dem Matthäusevangelium 6. 33 in unsere Eheringe eingravieren: «Trachtet zuerst nach dem Reich Gottes und seiner Gerechtigkeit und so wird euch alles andere zufallen!» Auch die Erneuerung unserer Liebe zueinander.

M: Und das ist dann in der Ehe so gewesen, auch nach Dürrezeiten. Nach der Heirat stieg Hans vollamtlich in die Arbeit als Jugendsekretär beim CEVI ein. Ich habe am Anfang noch halbzeitlich als Lehrerin gearbeitet, aber daneben im CEVI mitgeholfen. So hatten wir auch einen gemeinsamen Fokus.

H: Wir haben uns, frisch verheiratet, in Männedorf niedergelassen. Der Start ins Eheleben, verbunden mit einem neuen Umfeld und neuen Arbeitsstellen, forderte uns richtig heraus. Und schon bald kam die erste Ernüchterung. Für unsere Hochzeitsreise hatten wir in Holland eine ziemlich grosse Segeljacht gemietet. Damit gondelten wir auf den Seen und Kanälen von Friesland herum. Mit Segeln hatten wir jedoch wenig Erfahrung. Und in den Kanälen kam es zu Stresssituationen. Wenn man sich einer Brücke näherte, musste man ins Horn blasen, damit der Wärter die Brücke hochzieht. Wenn dieser nicht rechtzeitig reagierte, musste man das Boot ausbremsen, d.h. den Motor anwerfen und den Rückwärtsgang einschalten.

Unser alter Kahn hatte einen sehr unzuverlässigen Motor. Der streikte manchmal in den dümmsten Momenten. Das gab Stress und ich schrie auf über diesem Sch...motor.

M: In meinen Ohren hat er geflucht. Mir hat es richtig abgelöscht. Wirklich abgelöscht!

H: Da hat sich das Bild vom noblen Prinzen verflüchtigt (beide lachen schallend)! Das war's dann, «Honeymoon over!».

Ja, ich hatte meinerseits die Erwartung an Margrit, dass sie meine geistige Muse sei. Dass wir immer anregende, inspirierende Tischgespräche hätten. Aber dann sassen wir oft am Tisch und wussten einander nicht viel zu sagen. Wie ist es denn bei dir gewesen? Du warst auch nicht mehr so zufrieden.

M: Hm, ja, ich war in einer unbefriedigenden Situation. Ich unterrichtete halbzeitlich in der Schule und wollte meine Stunden gut vorbereiten. An den abendlichen Anlässen mit dem CEVI hätte ich an sich auch gerne teilgenommen. Aber am nächsten Tag musste ich wieder früh aus den Federn.

H: Item, ich glaube, es war so ungefähr nach 6 Monaten, als Margrit mir mitteilte: «Ich pack` jetzt meine Sachen und gehe wieder zu meinen Eltern».

M: Es war einfach eine völlige Krise, ...

H: ... an und für sich eine heilsame Krise. Dietrich Bonhoeffer schreibt in seinem Büchlein «Gemeinsames Leben» über das Zusammenleben: «Der Traum von der Gemeinschaft zerstört die Gemeinschaft.» Es war nötig, dass wir uns von unseren idealisierten Vorstellungen verabschiedeten, um uns anzunehmen, so wie wir eben sind. Ich muss aber sagen, bei Margrit hatte ich nie das Gefühl, ich müsste einem Traumbild entsprechen oder könnte ihren Ansprüchen nicht genügen. Ich denke, das ist sehr wichtig. Ich habe gerade von einem Ehepaar gehört, wo die Frau immer meint, ihr Mann müsste mehr an sich arbeiten. Sowas würde mir ablöschen. Ich fühlte mich bei Margrit so angenommen, wie ich bin, ohne dass ich eine Rolle hätte spielen müssen.

M: Schön, ja (lächelt).

H: Wir hatten ja auch das Traumbild, dass wir in allem so harmonisch, Hand in Hand, zusammenarbeiten würden. Mit dem CEVI hatten wir vereinbart, dass Margrit mir auch im Sekretariat helfen würde.

M: Dazu war ein Tipp-Kurs mit einer alten Olivetti Kugelkopf-schreibmaschine nötig. Das war noch kein Computer, bei dem man einfach Fehler löschen konnte.

H: Sie hat jeweils die Einladungen für Anlässe getippt, manchmal mit Fehlern. Sie hatte dann das Gefühl: «Das kann man ja lesen! So kann man das schon verschicken.»

M: Nein, ich habe versucht, es zu korrigieren, mit Tipp-Ex und so. Aber es sah dann eben nicht so schön aus.

H: Und ich, als Perfektionist, konnte das nicht akzeptieren.

M: Ich sagte: «Dann mach's doch selbst!»

H: So entstanden Konflikte. Die Vermischung der ehelichen und beruflichen Rollen war schwierig. Ich fand dann eine andere Teilzeit Sekretärin.

M: Wir trennten auch unsere Verantwortungsbereiche in der CEVI Arbeit. Ich habe mich auf die örtliche und Hans auf die regionale Jugendarbeit konzentriert. Für mich war das gut so. Ich wusste, das ist mein Arbeitsfeld, für das ich verantwortlich bin. Nach einem Jahr beendete ich meine Arbeit in der Schule. Ich hatte viele Kontakte mit Jugendlichen und den Konfirmanden vor Ort. Das gefiel mir. Junge trafen sich bei uns in einer «Hausgruppe», auch regelmässig zum Mittagessen oder zum Znacht. Das war mein Bereich. Da hat sich Hans auch nicht eingemischt. Bei grösseren Anlässen in Männedorf half er mit und ich meinerseits war an regionalen Wochenendtreffen dabei. So hat die Zusammenarbeit funktioniert.

H: Ja, wir hatten verschiedene Arbeitsweisen, z.B. auch in der Vorbereitung von gemeinsamen Vorträgen. Ich habe den Aufbau klar strukturiert und bei Margrit sah er mehr aus wie ein wildwüchsiger Garten, da eine Idee und dort eine Idee. Das passte überhaupt nicht in mein Konzept.

M: Und er ist dann gekommen und hat wie der Gärtner alles abgeschnitten. Ich fand: «Also hör mal, dann mach es doch alleine!» Das war wirklich sehr schwierig.

H: Wir merkten, dass es besser ist, wenn jeder seinen Teil auf seine Art gestalten kann. Nach dem Motto der Engländer: «Good fences make good neighbours.» – «Gute Zäune machen gute Nachbarn.»

M: Männedorf wurde für mich zu einer sehr schönen Zeit. Wir konnten gute Beziehungen aufbauen mit Leuten, mit denen wir bis heute in Kontakt geblieben sind.

H: In unserem gemeinsamen Leben hat sich mehr oder weniger ein Siebenjahres - Rhythmus eingestellt. Nach sieben Jahren in der Jugendarbeit haben wir uns gefragt, wie es weiter gehen soll. Für unsere Mitarbeiter im CEVI organisierten wir regelmässig Weiterbildungswochenenden. Eines widmeten wir dem Thema «Mission», weil wir den Eindruck hatten, dies sei für die meisten kein Thema mehr. Dabei hat es uns selbst den Ärmel reingenommen. Wir haben begonnen, uns ernsthaft mit einem Einsatz im Ausland auseinanderzusetzen. Ich hatte schon immer den Wunsch, einen anderen Kulturkreis nicht nur zu bereisen, sondern darin zu leben.

M: Ich hatte eigentlich auch Lust darauf. Aber beim Thema Mission hatte ich Fragezeichen. Man hörte von Kulturzerstörung und weiss was alles. Ich musste dieses Thema für mich ganz neu anschauen.

H: Wir haben dann mit einer Missionsgesellschaft Kontakt aufgenommen und als Vorbereitung zwei Jahre lang am 'Institut Emmaus' im Welschland eine theologische Ausbildung absolviert.

M: Das heisst, vor allem du. Wir hatten damals schon zwei Kinder und ich war meist mit diesen beschäftigt. Mit einer anderen Mutter habe ich mich mit Kinderhüten und Kochen abgelöst. So konnte ich dann doch noch einzelne Kurse besuchen. Vom Französischen her war diese Vorbereitungszeit sehr hilfreich. Anschliessend, 1982, war die Ausreise nach Afrika geplant.

H: Wir hätten jedoch fast einen Rückzieher gemacht. Vom CEVI her war ich mich an einen anderen Frömmigkeitsstil gewöhnt als in dieser Missionsgesellschaft.

M: Ja, die Lieder konnte ich am Anfang fast nicht hören. Für mich waren die einfach zu fromm. Aber die Leute, die haben mir Eindruck gemacht.

H: In diese Unsicherheiten hinein kam eine Anfrage vom CVJM-Jugendzentrum Hasliberg, wo ich meinen Jahreseinsatz gemacht hatte. Sie suchten einen theologischen Mitleiter und Berater. Das hätte uns eigentlich mehr entsprochen.

M: Mitten in diesem Entscheidungsdilemma haben meine Eltern ihren Besuch angekündigt.

H: Margrits Vater hat sich nie in unsere Entscheidungen eingemischt. Das habe ich ihm hoch angerechnet. Aber als er von unseren Plänen hörte, einen Missionseinsatz in Afrika zu machen, fand er das völlig verantwortungslos. Vor allem wegen unserer beiden Kinder und dem dritten, das Margrit damals erwartete. So sahen wir ihrem Besuch mit gemischten Gefühlen entgegen. Wir dachten, er werde nochmals versuchen, uns von unseren Auslandplänen abzubringen. Selbst waren wir auch immer noch verunsichert.

M: Bei uns angekommen, überreichte er uns eine Einladung zu seinem 70igsten Geburtstag. Darauf stand, er wünsche keine Geschenke. Wer trotzdem etwas spenden wolle, könne für die Missionsgesellschaft einbezahlen, mit der seine Tochter mit Familie an die Elfenbeinküste ausreisen werde...! Ja, so blieb uns nichts anderes übrig, als es zu tun. Wir deuteten dies als eine klare Antwort von Gott.

H: Danach begann ein Vagabunden-Leben mit Vorbereitungskursen in der Schweiz und in England. Immer als kleine Familie; unser drittes Mädchen war inzwischen auch zur Welt gekommen. Im Sommer 1982 reisten wir schliesslich aus, an die Elfenbeinküste, in Westafrika.

M: Am Anfang war die Zeit in Afrika für unsere Kinder sehr schwierig. Vor lauter Heimweh haben sie nur Heidi-Kassetten gehört. Vor allem die Szene, wo Heidi bei der Klara in Frankfurt war, Heimweh hatte und immer weinen musste, wenn es die Tannen rauschen hörte. Diese Szene haben sie sich immer wieder angehört.

H: Auch an der Elfenbeinküste sind wir zu Beginn als Familie viel herumgereist. In dieser Orientierungszeit haben wir die verschiedenen Mitarbeiter und Einsatzorte der Mission besucht und kennen gelernt. Dies war hilfreich, um uns eine Bild von der Arbeit zu machen und unseren eigenen Platz zu finden...

M: ... und, um von den Einheimischen zu lernen: Wie kauft man ein? Wie kocht man? Wie begrüsst man sich? usw. Wir mussten das Leben in dieser anderen Kultur zuerst erlernen.

H: Das war spannend, aber auch spannungsvoll. Wir waren ausgereist, um der Kirche zu helfen, die Jungschararbeit aufzubauen. Die funktionierte dort jedoch etwas anders, als ich es gewohnt war. Die jungen Leiter begrüssten mich zu Beginn in militärischer Achtungsstellung: «Chef, on te salue!». Das war für mich schon etwas schräg.

M: In der Schweiz waren wir immer per du mit den Jungen und pflegten einen kollegialen Umgang. Aber hier verstanden sie diesen Führungsstil nicht.

H: Sie waren sich vielmehr an hierarchische Strukturen gewöhnt. Die Chefs haben ihre Unterchefs und diese wiederum die Kinder in militärischem Ton herumdirigiert. Am liebsten defilierten sie militärisch im Schritt auf der Strasse, der Chef mit der Trillerpfeife voran. Meinen kollegialen Umgangston konnten sie nicht einordnen. Wenn ich anderseits Forderungen stellte, sagten sie, ich sei kolonialistisch und verstehe als Weisser ihre Kultur nicht. Einzelne respektierten mich darum auch nicht mehr als Chef und widersprachen mir offen, sogar in Gegenwart der Kinder. Da wusste ich echt nicht mehr, wie weiter.

M: Nach eineinhalb Jahren hatten wir den Eindruck, wir könnten unsere Sachen packen und wieder nach Hause zurückkehren.

H: An der Jahreskonferenz der Mission kam dann aber die unerwartete Anfrage, ob wir bereit wären, ein Institut zur Ausbildung von einheimischen Pfarrern aufzubauen.

M: Die Anfrage traf mich in einer besonderen Situation. Ich war damals schwanger und erwartete das vierte Kind. Da starke Blutungen eintraten, musste ich ins Spital. Dort stellten sie den Tod des

Kindes fest. Es musste eine Kürettage gemacht werden. Auf dem Operationstisch lag noch ein blutbeflecktes Leintuch. Das wollten sie einfach umschlagen. Zum Glück hatte meine Begleiterin ein frisches mitgebracht. Beim Erwachen aus der Narkose hatte ich einen Traum: Ich lief mit Hans durch eine Stadt. Wir überlegten uns, was wir beruflich machen könnten. Wir kamen bei einem Metzger vorbei. Der Boden war blutbefleckt vom aufgehängten Fleisch. Hans sagte: «Ich glaube, ich werde Metzger!». Im selben Moment spürte ich in mir eine solche Liebe zu Hans, dass ich bereit gewesen wäre, sogar Metzgersfrau zu werden.

H: Als ich Margrit später die berufliche Anfrage überbrachte, war sie schon darauf vorbereitet. Es war ihr dann doch lieber, dass ich eine Predigerschule als eine Metzgerei übernehme.

Das war bei Margrit speziell, dass sie überall hin mitgezogen ist. Sie war überhaupt nicht kompliziert. Ich meine, wir haben zum Teil unter sehr einfachen und prekären Verhältnissen gehaust und gelebt. Aber sie hat immer eine positive Einstellung dazu gefunden.

M: Das war auch eine kreative Herausforderung. Wir mussten uns immer wieder neu zurechtfinden.

H: Die Zeit am Pfarrerseminar erlebten wir sehr ganzheitlich, als Ehepaar und auch als Familie. Die meisten der Studenten waren bereits verheiratet und brachten ihre Kinder mit. Wir lebten auf dieser ehemaligen Missionsstation wie in einem kleinen Dorf, mit Wohn- und Schulgebäuden und einer Kirche.

M: Für unsere drei Mädchen war dies ein kleines Paradies. Wir sahen sie manchmal den ganzen Tag nicht. Sie gingen bei den Studentenfamilien ein und aus, trugen ihre kleinen Kinder herum und assen aus ihren Töpfen. Es fehlte nie an Spielkameraden.

H: Auch Margrit und ich haben uns gut ergänzt. Ich unterrichtete mit anderen Lehrern zusammen die regulären Studenten und Margrit war verantwortlich für die Schulung der zukünftigen Pfarrfrauen.

M: Am Anfang habe ich auch unsere beiden grösseren Kinder in der Schule selber unterrichtet. Unsere Älteste hat dabei ein lustiges

System entwickelt, um mit der Rollenteilung von Mutter und Lehrerin klarzukommen. In der Schweiz hatte sie die erste Klasse bei Frau Jucker begonnen. In Zuénoula hat sie am ersten Schultag ihren Schulsack gepackt, mir einen Kuss gegeben und sich verabschiedet: «Tschau Mueti!». Dann lief sie ums Haus herum, kam zur Hintertür wieder herein und begrüsste mich mit «Grüezi Frau Jucker.» Ich habe das Spiel mitgemacht, und so war ich während dem Unterricht immer Frau Jucker. Irgendwie hat ihr das geholfen und sie hatte in der Schule nie Probleme, von mir Dinge anzunehmen.

Unserer zweiten Tochter hingegen gelang diese Rollentrennung nicht. Sie hatte Mühe, von mir als Lehrerin etwas anzunehmen. Häusliche Konflikte übertrugen sich leicht auch ins Schulzimmer und umgekehrt. Ich kam an meine Grenzen. In unserem Rundbrief haben wir diese Notsituation erwähnt. Meine Nichte hatte gerade das Lehrerseminar abgeschlossen und schrieb uns, dass sie zu uns reise. Bei ihr besuchte unsere Tochter gerne und problemlos die Schule. Für die ältere Schwester war dann der Trick mit Frau Jucker nicht mehr nötig. Wir hatten später noch andere junge Lehrerinnen aus der Schweiz, welche unsere Jüngste zusammen mit dem Sohn von Mitarbeitern aus Deutschland unterrichteten. Dies war eine grosse Hilfe.

H: Mit zehn Jahren wollte unsere Älteste an die Internatsschule unserer Mission wechseln. Wir hatten uns zwar bei unserer Bewerbung ausbedungen, dass wir unsere Kinder nicht dorthin schicken müssen. Da jedoch alle ihre Altersgenossen von der Mission dort waren, kam unsere Älteste von sich aus mit diesem Wunsch. Das Internat war englisch geführt, hatte aber auch eine deutsche Klasse mit einer Schweizer Lehrerin.

M: Die Schule war zwar nur achtzig Kilometer entfernt, aber die Buschstrasse dorthin war sehr schlecht. Die Schüler kamen auch aus den verschiedenen umliegenden Ländern und so war die restriktive Besuchsordnung für alle gleich. Während eines Trimesters konnten wir die Kinder an einem Wochenende an der Schule besuchen, ein zusätzliches durften sie zu uns zu Besuch kommen. Die langen

Trennungszeiten fielen vor allem unserer Ältesten am Anfang nicht leicht. Oft hat sie beim zu Bett gehen geweint und musste von der Lehrerin getröstet werden. Als dann später auch ihre beiden Schwestern nachkamen, war es einfacher. Sie konnten sich gegenseitig unterstützen.

H: Für uns Eltern war es ebenfalls schwierig. Wir gaben unsere Kinder weg und hatten dadurch nur noch bruchstückhaft Anteil an ihrer Entwicklung. Ohne Kinder waren auch wir als Ehepaar wieder aufeinander geworfen. Ich denke, es hat uns geholfen, dass wir mit den Studenten zusammen wie eine grosse Familie lebten. Wir haben ihre Freuden und Nöte mitbekommen und geteilt. Sie schreiben uns heute noch an mit «Chers parents», obschon sie selbst zum Teil schon Grosseltern geworden sind (beide schmunzeln).

M: Ohne die eigenen Kinder setzte ich mich vermehrt an der Bibelschule ein. Bei unseren Besuchen in den Dorfkirchen der Region war mir aufgefallen, dass an keinem Ort Sonntagsschule für die Kinder angeboten wurde. Das zu fördern, lag mir am Herzen. So bildete ich im Grundkurs der Bibelschule die Studenten zu Sonntagsschulhelfern aus. An verschiedenen Wohnhöfen der Christen begannen wir, an schulfreien Nachmittagen Kinderstunden zu halten. Diese bereitete ich mit den Studenten im Unterricht vor und begleitete dann immer eine Gruppe bei ihrem Einsatz. In den Nachgesprächen und Auswertungen des Nachmittags lernten sie schnell. Während dem Praktikum begannen sie in ihren Dörfern auch mit Sonntagsschule und bildeten selbst Helfer aus. Während den regulären Kursen konzentrierte ich mich ungeteilt auf den Unterricht der Ehefrauen der Studenten. Diese kamen mit ganz verschiedenen Voraussetzungen. Da waren diejenigen, die nie die Schule besucht hatten. Sie mussten zuerst in ihrer Muttersprache lesen und schreiben lernen. Andere hatten ein paar Jahre Primarschule hinter sich, lasen und verstanden Französisch. Wer den Primarschulabschluss hatte, konnte der Klasse der Männer folgen. Es war eine herausfordernde Arbeit, den Unterricht so zu gestalten, dass alle Frauen davon profitieren konnten. Das habe ich sehr gerne gemacht.

H: Es war für uns ein Privileg, dass wir als Ehepaar im selben Arbeitsfeld tätig sein konnten, wenn auch in verschiedenen Bereichen. Es war nicht wie hier in der Schweiz, wo der eine Partner oft kaum eine Ahnung davon hat, was der andere tut.

M: An den Sonntagen fuhren wir mit einem Auto voll Studenten in die umliegenden Dörfer. Mit ihnen hatten wir die Predigt oder Sonntagsschullektion vorbereitet, die sie dann in den Kirchen hielten. Am letzten Ort hat Hans jeweils selbst gepredigt. Oft wurden wir anschliessend zum Essen eingeladen. Auf der Rückfahrt sammelten wir die Studenten wieder ein und werteten mit ihnen ihre Erfahrungen aus. Dabei haben wir selbst viel über das Denken und Leben dieser Menschen gelernt.

H: Ja, und dann waren in unserem gewohnten Siebenjahres-Rhythmus wieder sieben Jahre um. Unsere Kinder waren im Internat an der deutschsprachigen Abteilung im Schweizer Schulsystem unterrichtet worden. Jetzt, als unsere Älteste fünfzehn wurde, stellte sich für uns die Frage: «Soll sie auf das amerikanische System umsteigen - mit allen Konsequenzen? Oder sollen wir für ihre weitere Ausbildung in die Schweiz zurückkehren?» Wir haben uns dann für letzteres entschieden.

M: Wir wollten nicht, dass die Kinder später irgendwo in England oder Amerika weiter studieren müssten.

H: Aber sie wollten eigentlich gar nicht in die Schweiz zurück. Die Elfenbeinküste war ihnen zur Heimat geworden und sie wären lieber dortgeblieben. Wir haben dann im WC eine Liste aufgehängt. Dort mussten alle eintragen, wenn ihnen etwas einfiel, auf das sie sich in der Schweiz freuen könnten.

M: Wir selber wollten eigentlich auch nicht weg! Es tat mir weh, die Leute zurückzulassen. Da waren so viele Beziehungen gewachsen. Es war ein schwerer Abschied. Der Verstand sagte einfach: «Es ist gut, wenn wir in die Schweiz zurückkehren!» Umso mehr, als sich eine gute Nachfolgelösung für die Leitung des Pfarrerseminars und der Sonntagsschularbeit ergeben hatte.

H: Als wir zurückkamen, konnten wir in das 'Oertli' in Uetikon a.S. ziehen. Das war eine Wohngemeinschaft mit ehemaligen CEVI-Leuten, die wir fast alle kannten. Es war ein grosses Geschenk, dass wir aus dem intensiven Gemeinschaftsleben in Afrika wieder in einer gemeinschaftlichen Gruppe unterkommen konnten.

M: Das war wirklich ideal! Vor allem, weil wir beide mit der Rückkehr eine Krise hatten.

H: Ich mehr als Margrit. In der Schweiz mussten wir uns wieder in das Leben eingliedern und Arbeit suchen. Wir haben uns gemeinsam als Lehrer beworben, ...

M: ... für eine Doppelstelle. Zum Glück haben wir die nicht bekommen. Das wäre gar nicht gut herausgekommen!

H: Nein, wirklich nicht (beide lachen herzhaft)! Für mich war die Suche nach einer Lehrerstelle schwierig. Zum Teil kam ich bis in die Endrunde. Aber dann hiess es, sie hätten sich doch für einen jüngeren entschieden. Ich empfand auch Vorbehalte, weil ich in der Mission tätig gewesen war. Es waren da wohl Befürchtungen, ich würde die Schüler christlich indoktrinieren. Ich habe auch gemerkt, dass mir nach dem Leben im weltweiten Horizont die Rückkehr in die enge Schulstube nicht leichtgefallen wäre.

Schliesslich bin ich im Heimatbüro unserer Mission eingestiegen. Meine Aufgabe war es, Abklärungen mit Missionskandidaten zu führen und sie für ihren Einsatz vorzubereiten. Die Arbeit in einem festen Bürobetrieb mit Vorgesetzten fiel mir jedoch schwer. Als Lehrer, CEVI-Sekretär und Ausbildner in der Mission hatte ich immer eigenverantwortlich gearbeitet und war im direkten Kontakt mit den Leuten. Ich fühlte mich plötzlich wie ein Vogel mit gestutzten Flügeln im Käfig. Auch in meinem Glauben bahnte sich eine Krise an. Ich konnte innerlich die frommen Worte und Lieder immer weniger füllen. Es war der Anfang einer Depression. Ein befreundeter Arzt hat mich dann bei einem Psychiater eingewiesen. Das war wahrscheinlich die schwierigste Zeit in meinem Leben.

M: Auch die Kinder schoben ihre Krise bei unserer Rückkehr. Die älteren beiden waren damals voll in der Pubertät. Was sie erfahren hatten, konnten sie ja gar nicht mit den anderen teilen. Sie erlebten sich als Aussenseiter und haben sich auch so benommen. Dummerweise sagte die Pfarrerin im Unterricht noch, sie seien ja Missionskinder und müssten dies und jenes besser wissen. Dann mussten sie natürlich alles tun, um zu beweisen, dass sie keine guten Missionarskinder sind (lacht). Sie sind in Milieus abgedriftet, die nicht unbedingt nach unserem Gusto waren. Sie haben angefangen zu haschen. Wenn sie nach Hause kamen, untersuchte ich ihre Taschen, weil sie danach rochen. Das war für mich furchtbar.

H: Als die Kinder im Internat waren, kamen sie nur in den Ferien zu uns nach Hause. Und da hatten wir einfach «happy family life». Die Erziehung war quasi an das Internat delegiert. Zurück in der Schweiz, mussten wir aber wieder die elterliche Autoritätsrolle wahrnehmen.

M: Als Eltern waren wir unsicher, was hier jetzt «normal» war für Teenager; welche Freiheiten man erlauben sollte oder nicht. Das führte zu Auseinandersetzungen mit unseren Töchtern, aber auch zwischen uns als Ehepaar.

H: Ich konnte die Krise unserer Kinder schlecht auffangen, da ich ja persönlich ebenso in einer steckte. Und ich konnte meine Fragen schlecht mit Margrit teilen.

M: Ja, ich habe sie nicht an mich herangelassen.

H: Margrit ist sehr empathisch, aber dann auch bald einmal überfordert mit solchen Problemen. Sie nimmt sie sich zu fest zu Herzen.

M: Ich habe innerlich Angst bekommen: «Mensch, wo führt das hin?» Und dann machte ich unbewusst ... -

H: ... Deckel drauf...

M: ... und dachte: «Das kommt schon wieder!»

H: Was dann auch zur Krise in unserer Beziehung führte.

M: Das waren wirklich die schwierigsten Jahre. Ich habe darüber nachgedacht. Ich glaube, manche Meinungsverschiedenheiten haben auch mit unseren Herkunftsfamilien zu tun. Es sind immer wieder ähnliche Situationen, in denen wir aneinandergeraten. Hans gibt sich verletzlich in etwas, das ihm Mühe macht und »ruft dann auch aus». Ich gehe nicht darauf ein und überspiele das irgendwie. Bei uns daheim wurde nicht laut geredet. Man hat das Zeug lieber hinuntergeschluckt. Vati hat ab und zu die Stimme erhoben, aber für Mueti war das ganz schlimm, wenn jemand laut wurde. Auch bei uns Kindern wurde das nicht toleriert.

H: Bei uns war gerade das Gegenteil der Fall. Meine Eltern hatten oft Streit und wir Kinder mussten lernen, damit zu leben, eine gewisse innere Distanz schaffen und uns abkoppeln.

M: Ja, dein Ausrufen stört mich immer noch. Zum Beispiel, wenn du am Computer arbeitest und dich irgend etwas nervt, dann beschwerst du dich lautstark. Zwar nicht fluchen, aber irgendwie finde ich, das tut dem Klima nicht gut.

H: Ich finde, da bist du sehr empfindlich, das betrifft dich ja nicht.

M: Eben schon, wenn ich es höre.

H: Für mich ist es ein Ventil, um Dampf abzulassen. Wir sind noch nie in eine Eheberatung gegangen, aber da haben wir uns überlegt, ob wir deswegen mal gehen sollten.

M: Es gibt auch andere Konfliktmuster, die sich wiederholen und vielleicht auch aus unsern Herkunftsfamilien stammen. Meine Eltern, zum Beispiel, haben immer grosszügig Nachbarn und Freunde eingeladen und sie bewirtet.

H: Das stimmt, Dein Vater war schon sehr grosszügig, der «Padre Padrone» (lacht).

M: Wenn jemand Geburtstag hatte, hat er die ganze Verwandtschaft eingeladen.

H: Bei uns hat man gespart und auf die Ausgaben geschaut. Es war eine Besonderheit, wenn wir als Familie mal ein Restaurant besuchten. Wenn wir dann z.B. eine Ovomaltine bekamen, schütteten wir nur die Hälfte des Pulvers in die Milch, damit wir einen Teil davon nach Hause mitnehmen konnten. Das schwingt wohl immer noch nach. Ich bin eher der, welcher rechnet und du bist sehr spendabel.

M: Ich war eben auch die jüngste meiner drei Geschwister und so wurde ich als Nesthäkchen mehr verwöhnt.

H: Ein anderer Unterschied ist die Zärtlichkeit im körperlichen Ausdruck. Meine Eltern haben sich das gegenseitig in unserer Gegenwart wenig gezeigt. Als Kind kann ich mich mehr an Schläge meiner Mutter als an Umarmungen erinnern.

M: Das war bei uns anders.

H: Das ist sicher auch etwas, das nachschwingt. Margrit würde manchmal gerne mit mir mehr Händchen haltend durch die Gegend laufen. Ich finde das immer ein wenig dämlich. Aber eben, es hilft, wenn man den Hintergrund kennt.

M: Auf der andern Seite gibt`s ja so viele Sachen, die ich an dir schätze. Ich weiss schon, warum ich dich geheiratet habe (lacht)!

H: Zum Glück müssen wir nicht immer Schönwetter spielen. Die schlechten Tage gehören auch dazu. Damit möchte ich zurückkommen auf unsere Rückkehrer Krise.

Ich bin froh, dass ich aus diesem Loch wieder herausgekommen bin. Jemand hat mir mit einem Stipendium eine Ausbildung für Kontemplation und Beratung ermöglicht. Die Erfahrung, die ich da machen konnte, hat mir einen neuen Zugang zum Glauben geöffnet. Durch den ständigen Gebrauch waren für mich fromme Worte und Lieder wie ausgeleiert. Im Hören aus der Stille heraus konnten sie sich wieder füllen. Zusätzlich habe ich eine Ausbildung in Missionswissenschaft abgeschlossen und wurde dann zum Ausbildungsbeauftragten der Arbeitsgemeinschaft evangelischer Missionen berufen - ein Zusammenschluss von vielen Missionen. So habe ich an einigen theologischen Schulen unterrichtet und missionsübergreifende Kurse organisiert. Da befand ich mich wieder in meinem grünen Bereich.

M: Auch ich bin teilzeitlich wieder in den Schulbetrieb eingestiegen, zuerst mit Vertretungen. Dann hat mich eine Lehrerin, welche ihr Pensum reduzieren wollte, angefragt, ob ich die Stelle mit ihr teilen möchte. Daraus wurden nochmals sechs Jahre, für mich sehr gut. Im Lehrerteam war es ein schönes Miteinander. Wieder im Berufsleben zu stehen, hat mir bei der Integration in der Schweiz geholfen.

H: Als unsere jüngste Tochter volljährig wurde, begannen Margrit und ich zu überlegen, ob wir nochmals einen Auslandeinsatz machen sollten. Wir besuchten einen Spanischkurs, weil wir dachten, vielleicht wäre Südamerika eine Destination. Eine Erkundigungsreise führte uns nach Peru und Kolumbien. In Peru besuchten wir ein Ausbildungszentrum für Indianer, das mitten im Urwald lag. In dieser Abgeschlossenheit zu leben, dünkte uns herausfordernd. Das Ausbildungszentrum in Kolumbien lag im Gebiet, wo Rebellen aktiv waren. Ständig musste man mit Entführungen rechnen.

M: Wir hatten das Gefühl, das sei eine Schuhnummer zu gross für uns. Jeden Tag mussten die Mitarbeiter einen anderen Weg fahren und für den Fall einer Entführung immer eine Notfalltasche dabeihaben.

H: So wurde es für uns zu einer offenen Tür, als unsere Mission anfragte, die Aufgabe als Ausbildungsberater in Afrika zu übernehmen. Einerseits sollten wir die einheimischen Kirchen in der Ausbildung ihrer Mitarbeiter unterstützen und anderseits auch die Weiterbildung der eigenen Missionsarbeiter fördern.

M: Wir empfanden, dass uns dies entspricht und wir unsere Erfahrungen einbringen können.

H: So sind wir 2002 wieder nach Afrika ausgereist, ich im Alter von 57 und Margrit von 55 Jahren. Unsere drei Töchter haben uns in diesem Plan unterstützt, wobei die jüngste schon etwas Mühe hatte.

M: Sie lebte noch gerne daheim und hat auch zum Übernachten immer wieder Freundinnen mitgebracht. Sie fand, das sei nicht rechtens. Ihre Freundinnen würden davon reden, zuhause auszuziehen und bei ihr zögen die Eltern aus! Zum Glück konnte sie aber in unserer Wohnung bleiben und gründete mit zwei Freundinnen und einem jungen Mann zusammen eine WG.

H: Die zweite Afrikazeit war vom Einsatz her interessanter, spannender, vom Politischen her aber auch spannungsvoller. Wir bezogen wieder Wohnsitz an der Elfenbeinküste. Diesmal nicht im Innern des Landes, sondern in der grössten Stadt, Abidjan. Unser Betätigungsfeld umfasste aber viele Länder Afrikas. Die Mission arbeitete auf diesem Kontinent in dreizehn Ländern. So waren wir zwei Drittel unserer Zeit unterwegs, irgendwo und mit allen möglichen Verkehrsmitteln. Wir haben an vielen Orten geschlafen und unterrichtet...

M: ... und lernten neue Länder kennen. Länder, in denen wir vorher noch nie waren.

H: Ein Vorteil war, dass es Margrits Hobby war, Koffern zu packen (beide lachen).

M: Ja, es war für mich wie ein Puzzlespiel. Es kostete mich jeweils Zeit, auf kleinstem Raum Platz für alles Nötige zu finden. Aber so reisten wir immer leicht mit unseren beiden kleinen Köfferchen.

H: Sechs Monate nach unserer Ankunft brach an der Elfenbeinküste der Bürgerkrieg aus - gerade vor unserem Schlafzimmerfenster! Die Rebellen hatten sich in der Seitenstrasse hinter unserem Haus eingenistet. Morgens um vier Uhr eröffneten sie das Feuer mit Kalaschnikows. Als wir erwachten, sahen wir die Leuchtspur der Geschosse vor dem Fenster. Schnell krochen wir unters Bett, um uns vor verirrten Kugeln zu schützen. Zuerst dachten wir, es handle sich um einen Raubüberfall. Aber als wir dann auch schweres Geschütz hörten, wussten wir, dass es offenbar um mehr ging. Die Armee ist schliesslich mit Panzern aufgefahren und hat die Rebellen vertrieben. In den Strassen ringsum lagen viele Tote. Aber, Gott sei Dank, sind die Kämpfer nicht in das ummauerte Grundstück der Kirche eingedrungen.

M: Danach blieb immer eine latente Spannung. Nachts galt jeweils eine Ausgangssperre. In der sonst so belebten Stadt herrschte eine unheimliche Stille, manchmal durchbrochen von Schüssen oder dem Vorbeidonnern von Militärlastwagen. Es kam immer wieder zu gewaltsamen Ausschreitungen und Manifestationen durch die Jungen Patrioten, welche in den Diensten des Präsidenten standen. Die Aggressionen richteten sich zwar vor allem gegen die Franzosen als ehemalige Kolonialmacht. Aber alle Weissen galten erstmal als Franzosen. Zweimal mussten wir das Land verlassen, weil die Situation zu unsicher geworden war.

Wir erfuhren in diesen Situationen auch viel Bewahrung und Hilfe. Einmal hatten wir einen Flug zurück in die Schweiz gebucht. Die Jungen Patrioten hatten jedoch auf dem Weg zum Flughafen überall ihre Strassensperren aufgerichtet. Ein Freund bot dann seine Nichte auf, welche bei der Polizei arbeitete. Diese, in voller Uniform, eskortierte uns durch alle Sperren hindurch. Sie hiess Angeline und war für uns wirklich ein Schutzengel.

H: Später, als der aufgewiegelte Mob begann, systematisch die Häuser der Weissen zu plündern, wurde es dann sehr kritisch. Die Franzosen holten ihre Landsleute mit Helikoptern und Panzerwagen aus den Häusern. Verschiedene Staaten schickten Flugzeuge, um ihre Bürger zu evakuieren. Nur zufällig vernahmen wir, dass auch die Schweiz ein Flugzeug geschickt hatte. Aber zu jenem Zeitpunkt war es uns gar nicht mehr möglich, an den Flughafen zu gelangen. Alle fort, nur wir noch da, dem kommenden Chaos ausgeliefert! In solchen Stresssituationen hatte ich Mühe, ruhig und überlegt zu bleiben. Margrit war da viel stressresistenter.

M: Ja, ich konnte ruhiger bleiben. Ich habe einfach die Sachen gepackt, die wir für eine Evakuation brauchten.

H: Dann bekamen wir einen Anruf von Henri, einem ivorischen Freund, der bei «Campus für Christus» arbeitete: «Ah, ihr seid immer noch da? Wie geht es euch?» Wir sagten, dass wir eigentlich nach Ghana evakuiert werden sollten. Dorthin waren die übrigen Missionsmitarbeiter bereits ausgeflogen worden. Wir wüssten aber nicht, wie wir jetzt noch dorthin gelangen könnten. Er bot an, uns mit seinem Auto an die Grenze zu fahren.

M: Henri war als Kaplan in einem christlichen Dienst unter den sogenannten «Corps habillés» engagiert, d.h. unter den Uniformierten der Polizei und der Armee. Sein Auto war mit «Campus pour Christ» angeschrieben und das war den Polizisten und Soldaten an den Strassensperren bekannt. Sie nahmen gerne die Videokassetten mit dem Jesusfilm an, die Henri ihnen freundlich verteilte. So erreichten wir gänzlich unbehelligt die Grenze.

H: Es war schon paradox. Die Franzosen hatten ihre Bürger mit Helikoptern, Panzerwagen und Militärflugzeugen evakuiert und unser Freund Henri begleitete uns mit seinem PW und seinen Jesus Videos.

M: Es dauerte vier Monate, bis sich die Situation an der Elfenbeinküste soweit beruhigt hatte, dass wir in unsere Wohnung zurückkehren konnten. In dieser Zeit waren wir ohne festes Logis in Afrika unterwegs und lebten aus unseren kleinen Koffern. Es wurde uns dabei bewusst, wie wenige Dinge man eigentlich zum Leben braucht!

H: Wir haben wirklich viel Bewahrung erlebt. Auch bei unseren Einsätzen in andern Bürgerkriegsgebieten wie Liberia, Ostkongo oder im Süden von Senegal. Wir mussten mit den Spannungen leben lernen. Nach einem Urlaub in der «sicheren» Schweiz war es jeweils schwierig, wieder in die politische Unsicherheit zurückzukehren. Einmal mussten wir sogar den Flug verschieben, weil ich mich innerlich für eine Rückkehr noch nicht imstande fühlte. In dieser Unsicherheit erlebten wir aber auch viel konkreter die Abhängigkeit und Durchhilfe von Gott.

In den schwierigen Bedingungen half es, dass wir versuchten, gute Lebensgewohnheiten aufrecht zu halten. Dazu gehörte die regelmässige Siesta. Und wenn es irgendwie möglich war, gingen wir auch am frühen Morgen, solange es noch nicht zu heiss war, zusammen joggen. Das war zu jener Zeit in Westafrika eher ungewöhnlich. Leute ermutigten uns mit Zurufen oder indem sie sogar einige Schritte mitliefen. Wir haben das Joggen auch kulturell angepasst. Im moslemischen Tschad hat sich Margrit dabei verschleiert.

M: Hans hatte von zuhause Kassetten mitgenommen - für Gymnastik. Von allem Anfang an war das täglich nach dem Aufstehen unser Programm.

H: Nein, Skiturnen mit Jane Fonda war das! Bei diesen tropischen Temperaturen (beide lachen).

Nach sieben weiteren Jahren in Afrika, erreichte ich mein Pensionsalter. Wir hatten auch den Eindruck, dass unser Mandat erfüllt sei.

Praktisch alle kirchlichen Institutionen und Ausbildungsstätten standen inzwischen unter fähiger afrikanischer Leitung. So haben wir unsere Wohnung in Abidjan aufgelöst und sind in die Schweiz zurückgekehrt.

M: Freunde in Zürich-Altstetten haben uns eingeladen, ihr Haus mit ihnen zu teilen. Ihre Kinder waren ausgeflogen und so hatten sie Platz. Dank ihnen fanden wir auch rasch wieder Anschluss in der neuen Umgebung.

H: Sie haben uns auch in eine Gruppe eingeführt, welche ein Bauprojekt für das gemeinsame Wohnen im Alter 50+ plante. Es dauerte aber zehn Jahre, bis sich das Projekt schliesslich realisieren liess. Ende 2019 sind wir eingezogen. Unsere Genossenschaft heisst «Invia» - «Unterwegs». Wir waren viel unterwegs in unserem Leben und sind dankbar, dass Gott uns immer wieder gute Orte zum Ankommen bereit gemacht hat.

M: Wenn ich so zurückdenke, was ich an Hans besonders schätze, ist es schon das, dass ich ihm von Anfang an immer habe vertrauen können. Ich hatte nie irgendwie das Gefühl, ich müsste aufpassen, was er macht oder so. Ich konnte loslassen.

H: Du bist auch nie eifersüchtig gewesen.

M: Du hast auch keinen Grund gegeben dafür.

H: Ja, ich glaube, ich bin bewahrt worden vor Versuchungen. Ich denke, wenn ich z.B. in einem Betrieb mit einer hübschen Sekretärin eng zusammengearbeitet hätte, wäre dies schon eine andere Herausforderung gewesen. Als wir an der Bibelschule im Welschland waren, war ich sehr angesprochen von einer jungen, hübschen, blonden, dynamischen Mitstudentin aus Norwegen. Mit ihr zusammen spielte ich auch gerne Basketball (beide lachen). Die Beziehung hat mich emotionell immer mehr in Beschlag genommen. Es war dann eine Hilfe, dass ich mit Margrit offen darüber reden konnte.

M: Ja, du hast es ausgesprochen, ...

H: ... und du hast es aufnehmen können, ohne die Hände zu verwerfen. Dadurch, dass die Gefühle ausgesprochen waren, konnten sie mich auch nicht mehr so gefangen nehmen.

Aber jetzt habe ich dich unterbrochen. Du kannst gerne noch ein wenig weiterfahren, was dir an mir gefällt (lacht).

M: Ich finde, du machst das, was du tust, gut. Eigentlich immer, wenn ich bei dir im Unterricht war, fand ich, du bist sehr geschickt. Du hast manchmal auch in heiklen Gesprächen sehr gut reagiert. Oder auch in kulturellen Dingen. Du kannst den Menschen gut zuhören. Du versuchst zu verstehen, was die Situation ist und in Gesprächen erhitzt du dich nie, dass du wütend wirst oder so.

H: Ausser in der Sitzung vorgestern... (lacht).

M: Es ist spannend, mit dir zu reden. Du liest immer wieder Grundsatzartikel und recherchierst im Internet. Dann erzählst du mir, was du gelesen hast. Das schätze ich sehr. Weil ich manchmal etwas langsam bin mit dem Haushalt und allem, komme ich oft gar nicht dazu, mich um solche Grundsatzsachen zu kümmern.

H: Dafür liest du Romane, die ich nicht lese. Wenn wir zusammen ins Lunchkino gehen und einen Film anschauen, gibt das auch immer Gesprächsstoff. Es bleibt eine Herausforderung, dass der gemeinsame Gedankenaustausch lebendig bleibt.

M: Es gibt so viel, das ich schätze. Du bist mein Velomech (er lacht laut); dabei ist für dich nichts ein Problem. Wenn ich dich nicht hätte, wäre ich wirklich völlig aufgeschmissen (lacht). Oder auch zusammen Sport zu machen, gefällt mir mit dir.

H: Ja, es ist ein Privileg, dass wir noch so viel unternehmen können. Mit den Senioren des SAC sind wir oft auf Wanderschaft. Da gibt es nur noch ganz wenige Ehepaare, die das immer noch gemeinsam erleben können.

M: Draussen in der Natur zu sein, finde ich sehr schön! Früher gingen wir morgens regelmässig im See schwimmen und frühstückten dann am Ufer.

H: Hier in Altstetten ist der See zu weit weg. So gehen wir vor dem Frühstück zum Schwimmen jeweils entweder ins Hallenbad, ins Letzi-Freibad oder zum Joggen in den Wald. - Es ist schön, mit dir draussen unterwegs zu sein. Ich hänge dann vielfach meinen Gedanken nach, während du ein offenes Auge für die bewunderns-werten Dinge der Umgebung hast. Es ist eine deiner Gaben, dass du dich so darüber freuen kannst. Es tut mir gut, manchmal mit deinen Augen zu schauen.

M: Zwischendurch gibt es zeitweise schon auch Durststrecken, auch grad von der Zärtlichkeit her.

H: Es ist wirklich eine Gnade, wenn man zusammenbleibt. Gerade, wenn ich ab und zu in Konflikten so aufgebracht bin. Es ist eine Stärke von dir, dass du dann eher wieder den ersten Schritt machen kannst, mit: «Entschuldige bitte!». Da habe ich mehr Mühe.

In Bezug auf die Zärtlichkeit habe ich gerade gestern im Bett zu Margrit gesagt: «Ich glaube, die Basis unserer Ehe ist unser gemein-sames Ehebett (beide lachen schallend)!

M: Das ist für mich so ein Ort der Geborgenheit. Wir haben ein schönes «Hüslernest». Ich friere auch eher. Aber das Bett ist immer warm und dann liegt da noch der Hans drin. Es ist einfach mega schön, sich so in seinen Arm einzukuscheln - und die Welt ist für mich wieder in Ordnung.

H: Es ist auch eine Hilfe in Konfliktsituationen. Man kann wortlos die Hand des anderen suchen und findet so leichter wieder zuei-nander, auch körperlich.

M: Was ich an dir auch sehr schätze, ist deine Ehrlichkeit. Du nimmst kein Blatt vor den Mund, auch nicht in der Kritik. Und das ist gut.

H: Du hast einmal gesagt, ich hätte die Gabe der Entmutigung.

M: Nicht nur mir gegenüber.

H: Stimmt, ich bin eher kritisch eingestellt.

M: Ich sehe dafür immer das Positive. Das hilft den Leuten vielmals eben nicht. Du schaust, wo es klemmt. So läuft es auch, wenn wir Konflikte haben.

H: Du versuchst möglichst, die Spannungen zu ignorieren und auf normal zu machen, ...

M: ... und das macht dich wütend. Bei dir muss zuerst reiner Tisch sein, um neu zu beginnen. Das ist gut!

H: Was ich sehr schätze an dir, ist deine Gastfreundschaft. Man hat nicht das Gefühl, es sei dir eine Last. Das ermöglicht viele Beziehungen. Ich spüre bei dir auch eine Zufriedenheit. Ich hatte nie den Eindruck, du müsstest im Leben etwas Verpasstes nachholen oder dich noch irgendwie persönlich verwirklichen. Bei Frauen in einem gewissen Alter kommt das ja vor, ...

M: ... auch bei Männern.

H: Oft geht die Initiative von den Frauen aus, die dann einen neuen Partner suchen.

M: Ja, ich habe mich eigentlich gut verwirklichen können.

H: Ich fühlte mich mit dir auch nie in einem Konkurrenzverhältnis, so dass es in der Ehe zu einem Führungskampf gekommen wäre. Einzig in der Beziehung mit den Kindern...

M: ... und jetzt mit den Enkeln, stimmt.

H: Wenn die Enkel zu Besuch sind, freust du dich riesig und kommst in Fahrt. Du fühlst dich dann für alles verantwortlich und ich komme mir daneben fast ein wenig überflüssig vor. Du bist in deiner Art zugänglicher, jedoch oft auch überfürsorglich.

M: Aber es ist interessant, als wir letzthin mit den Enkel Ferien planten, hast du deine Bedenken im Vorfeld ausgedrückt. Das fand ich gut. Es half mir, wachsamer zu sein.

H: Man kann auch nicht alle Steine aus dem Weg räumen. Irgendwie hat man immer noch die Illusion, man könne den andern verändern.

M: Nach so vielen Jahren.

H: Man muss vielleicht lernen, damit zurechtzukommen, um diese Steine des Anstosses zu umgehen. -
Übrigens, auch das ist mir eine Hilfe: Ich habe jetzt von Fotos aus unserer Verlobungszeit Abzüge machen lassen. Die werde ich rahmen und aufhängen. Es heisst ja in der Bibel: «Erfreue dich an dem Weib deiner Jugend» (beide lachen)! Wir sind jetzt nicht mehr so frisch und attraktiv, aber es tut gut, sich daran zu erinnern, dass man einmal richtig ineinander verliebt war. Ich hatte damals wirklich das Gefühl, die Traumfrau meines Lebens gefunden zu haben.

Inzwischen ist die Beziehung vielleicht etwas pragmatischer geworden, aber auch in dem Sinn, dass das Gras auf der anderen Seite des Zauns nicht unbedingt grüner ist. Die gegenseitige Wertschätzung ist geblieben. Ich erinnere mich immer noch an einen Ausspruch des Leiters meines Beratungskurses: «Unsere Ehefrau ist unser Paradieses-Erbe». Nach dem Sündenfall wurde Adam aus dem Paradies vertrieben und musste alles zurücklassen - nur seine Eva konnte er mitnehmen. So ist Margrit mein Paradieses-Erbe. Und wenn ich sie manchmal im Arm halte, denke ich: «Ist eigentlich schon ein wahnsinniges Wunderwerk, so ein Mensch!» Der gemeinsame christliche Glaube hat uns ebenfalls beisammengehalten. Wobei wir eigentlich zusammen nicht ein reges Glaubensleben pflegen. Du wünschst dir sicher etwas mehr in dieser Richtung. Aber trotzdem, es ist eine gemeinsame Basis.

M: Ja, das stimmt, früher hat mir das noch mehr gefehlt. Ausser den Losungen, die wir täglich lesen, lesen wir selten einen Bibeltext zusammen. Jeder liest für sich. Wir beten auch für gemeinsame Anliegen. Sonst hat jedes seine Art. Trotzdem ist der Glaube für mich die wichtigste Basis, die ich mit dir teile. Ich finde es eine Hilfe, dass wir uns vierzehntäglich mit einem befreundeten Ehepaar zu einer Textmeditation treffen. Das ist fast einfacher, als nur wir zu zweit.

H: Im Rückblick sind wir auch dankbar, dass wir es immer wieder gewagt haben, aus der Komfortzone auszubrechen und uns auf Veränderungen und neue Beziehungen einzulassen. Das hat unser Leben sehr bereichert.

M: Auch mit unserer Rückkehr in die Schweiz mussten wir uns hier in Altstetten auf neue Beziehungen einlassen. Einfacher wäre es gewesen, im Raum Männedorf-Uetikon eine Wohnung zu suchen, wo wir an langjährige Beziehungen hätten anknüpfen können. Jetzt haben wir aber hier neue, gute Freunde hinzugewonnen. Ja, es stimmt, im Nachhinein bereue ich keine Veränderung, die wir gewagt haben.

H: Ich habe auch nicht das Gefühl, ich müsste jetzt mit der Pensionierung das Leben noch nachholen.

M: Ja, genau! Das ist wirklich wahr! Wir hatten ein reiches und spannendes Leben!

Vom Säen und Ernten

FRITZ UND ANNERÖS HEGG-IMHOF | HEIRAT 1959

Ab und zu will es der Zufall, dass wir am Morgen auf «SRF Musikwelle» die Gratulationen hören. Paare, die bereits 60 Jahre verheiratet sind und die Diamantene Hochzeit feiern durften, wurden an jenem Tag von ihren Angehörigen mit einem Musikwunsch geehrt. Die Wünsche, die die Kinder des Ehepaares Hegg von Bözberg dem Radioteam zukommen gelassen hatten, berührten uns.

Anschliessend hörte ich mir diese Sequenz im Internet nochmals an, machte die Adresse der Jubilare ausfindig, um bald darauf bereits die Zusage für ein Gespräch mit ihnen in den Händen zu halten.

Bereits im Vorfeld teilte mir Annerös Hegg mit: »Leider müssen Sie zum grossen Teil mit mir als Gesprächspartnerin rechnen, da mein Mann an mittlerer Demenz erkrankt ist. Er würde sicher bei den Gesprächen auch dabei sein. Wir sind ja so dankbar, dass wir ihn noch daheim haben können. Wenn dies aber ein Grund wäre, dass das Vorhaben nicht stattfinden könnte, habe ich sehr Verständnis.»

Diese Nachricht war für mich kein Hinderungsgrund, im Gegenteil. Das Leben schreibt so unterschiedliche Geschichten!

Gegen Ende November machen wir uns auf den Weg in den Aargau, nach Gallenkirch, einem Ortsteil von Bözberg.

Vor dem Haus ein stattlicher, geschnitzter Bär. Vor den Fenstern letzte gerettete, eingestellte Geranienblüten. Im Wohnzimmer in einer schönen Laterne eine brennende Kerze - durch ihren warmen Schein eine gemütliche Atmosphäre.

Anwesend auch eine ihrer Töchter, Heidi von Niederhäuser, die ihre Eltern bei unserem Vorhaben unterstützt.

Annerös (A): Geboren sind wir beide im Bernbiet. Fritz 1934 in Münchenbuchsee und ich ebenfalls 1934 in Schwanden bei Schüpfen.

Fritz' Vater ist früh gestorben, ganz kurzfristig, innerhalb von drei Tagen. Er hatte eine Fischvergiftung erlitten. Vier Bauern von Münchenbuchsee mussten 1942, während dem zweiten Weltkrieg, in Burgdorf die Pferde für das Militär stellen. Sie wollten etwas essen, hatten jedoch keine Lebensmittelmarken dabei. In einem Restaurant erhielten sie Thon, den bekam man ohne Marken. Der Vater konnte sein Pferd wieder mit nach Hause nehmen, da es nicht diensttauglich war. Darüber war jeder Bauer froh. Auch er freute sich sehr! Schon zum Zeitpunkt der Rückkehr litt er unter starken Kopfschmerzen. Am Abend musste ihm der kleine Fritzli das Bett anwärmen. Ab und zu machten die Kinder das für ihre Eltern. In der Nacht wurde es nicht besser mit dem Vater. Am Morgen brachten sie ihn ins Inselspital. Dort starb er etwa einen Tag später.

In einem solchen Fall könnte man heutzutage jemandem sicher helfen. Die Untersuchung zeigte nachher, dass die Todesursache eine Lebensmittelvergiftung war, ausgelöst durch den Verzehr des Thon. So etwas würde in unserer Zeit eine Strafverfolgung nach sich ziehen. - Fritz hat zwei Schwestern, eine jüngere und eine ältere. Alle gingen noch zur Schule, als ihr Vater vom Bauernhof wegstarb. Es war furchtbar!

Fritz (F): Ich war damals in der zweiten Klasse, achtjährig.

A: Ja, das war einschneidend. Seine Mutter hat diesen Hof anschliessend noch vier weitere Jahre geführt. Fritz' Schwester kann sich gut daran erinnern, wie sie sich zum Schlafen oft in Vaters Bett gelegt hat. Dort hörte sie ihre Mutter fast jede Nacht weinen. Es war ja immer noch Kriegszeit. Einer von Mutters Brüdern kam dann auf den Hof, um zu helfen.

Später heiratete die Mutter den Bruder ihres verstorbenen Mannes. Sie zog mit ihren drei Kindern auf seinen Hof im Fribourgischen. Um ihren zukünftigen Mann scharten sich drei kleine mutterlose Kinder. Genau genommen waren diese sechs Halbwaisen Cousins und Cousinen zueinander. Dem Witwer war seine Frau, 36jährig, von den drei kleinen Kindern weggestorben. Das jüngste ging noch nicht einmal zur Schule. Es war bitter, bitter nötig, dass dort wieder eine Frau ins Haus kam. Die Kleinen hatten keine ganzen Kleider mehr und waren schlechter dran als Fritzlis Familie, bei der die Mutter noch da war. Für sie war die Situation heikel, da sie manchmal zwischen dem Mann, seinen Kindern und den eigenen stand.

F: Ja, sie war oft zwischendrin. Das war schwierig.

A: Sie wollte die eigenen Kinder auf keinen Fall bevorzugen.

Heidi (H): Aus Angst davor war sie oftmals strenger mit euch drei eigenen, hast du mir einmal erzählt. Sie muss eine sehr liebe Mutter gewesen sein, du hast immer mit grosser Achtung von ihr gesprochen.

A: Sie wollte nicht, dass es heisst, sie sei eine böse Stiefmutter. Sie hatte es nicht einfach und musste sich in vieles klaglos schicken.

Fritzli und seine zwei Schwestern mussten ihrem Stiefvater Vater sagen. Das war für die drei Kinder kaum zu verstehen und unglaublich schwierig.

Am ersten Tag, als Fritz mit der Mutter und seinen Geschwistern auf dem neuen Hof angekommen war, musste er gleich Arbeiten mit einem Pferd ausführen. Dabei brannte es ihm durch. Er war erst etwa zwölfjährig, das war schlimm. Damals war es gang und gäbe, dass die Kinder auf dem Hof mithalfen.

In den Dreissigerjahren waren ganz viele reformierte Berner Bauern in den katholischen Sensebezirk und ins Fribourgische gezogen, weil die Katholiken dort «verlumpet» (heruntergekommen) waren. Auf ihren Höfen haben sie viel gejasst, oft getrunken und waren einander noch Bürge. Manchmal, wenn einer zahlungsunfähig wurde, zog es zwei, drei andere Bauernfamilien mit hinein. Ein grosses Elend! So kauften die Berner Bauern diese fribourgischen Höfe und fassten in dieser Gegend Fuss.

1941 zogen auch meine Eltern vom Bernbiet ins Fribourgische. Sie konnten einen Hof kaufen, weil die Geschwister meines Vaters ihnen alle ihr Geld geliehen hatten. Dieser Hof heisst «Halten» und liegt in der Gemeinde St.Ursen. Natürlich musste der Vater diese Summe nach und nach wieder zurückbezahlen. Das war gar nicht so einfach. Es wäre zwar wunderschönes Land gewesen, aber total sumpfig. Es wuchs Lieschere, ein zähes, grobes Gras von minderer Qualität. In manchen Wintermonaten und harter Handarbeit, fingen mein Vater und auch mein ältester Bruder Hans an, das Wasser abzuleiten, das Land zu drainieren, wie man sagt. Das Wohnhaus war uralt, die Rauchküche wüst und kalt. Ein Holzherd zum Kochen und Feuern heizte die Stube etwas. So war die Wohnstube auch Esszimmer und Schlafzimmer. Ich schlief im selben Raum wie mein Grossvater. Erst nach seinem Tod hatte ich ein eigenes Zimmer.

Die katholischen Pfarrer waren immer dagegen, dass Industrie in unsere Gegend kam. Arbeitsplätze ausserhalb der Landwirtschaft gab es erst in einer Zementfabrik in Tafers.

F: Die katholischen Pfarrer haben dies verhindert.

A: Aber mit der Zeit gelang es ihnen nicht mehr. Viele Fribourger fanden in Grenchen oder Genf in der Uhrenindustrie Arbeit. Die Jungen, die auswärts arbeiteten, brachten dann auch eine andere Gesinnung mit.

In dieser Gegend hatte es viele, sehr kinderreiche Familien und nur kleine «Heimetli» (Bauernbetriebe). Die Leute waren wirklich sehr arm. Wir waren auch nicht reich, aber ich hatte nie das Gefühl, wir seien arm, weil es noch viel Ärmere gab. Wir mussten nie mit «verhudelten» (zerschlissenen) Kleidern in die Schule gehen. Meine Mutter schaffte es, aus allem etwas zu machen.

In Neuenburg lebte ein Bruder meines Vaters, der hatte noch im ersten Weltkrieg Dienst geleistet. Die Militärkleider waren damals nicht grün, sondern blau. Er brachte seinen Mantel meiner Mutter. Sie trennte ihn auf, wusch und plättete die Stoffstücke. Unsere Nachbarin nähte meinen Brüdern daraus Hosen für in die Schule. Meine Mutter konnte auch gut nähen, flicken und strickte viel. Dazu trennte sie alte Wollstücke auf und strickte daraus neue Socken, Pullover, etc. für die Kinder.

Als Mädchen durften wir damals keine Hosen tragen. Wir trugen Strümpfe mit Knöpfen und ein Gstältli mit elastischen Bändeln, an denen sie befestigt wurden. Dieses Unterwäschestück hat mir meine Mutter immer selbst genäht, aus Barchentstoff.

Wir hatten zudem Überstrümpfe, die die Schuhe zum Schutz etwas abdeckten. Meine waren schwarz. Die Mutter hatte sie aus alter Wolle gestrickt. Auf dem Schulweg, oben am Wald, zog ich die jeweils aus und verstaute sie in der Schultasche, weil ich das Gefühl hatte, die anderen würden mich deswegen auslachen. Von dort weg war der Weg ohnehin etwas gepflügt, da die Bauern die Milch in die Käserei brachten. Das Schulhaus «Weissenstein» war auf einer Anhöhe. Der Weg war steil und wir mussten pressieren, wenn wir nicht länger als eine halbe Stunde haben wollten. Der Staat bezahlte damals gar nichts an die reformierten Schulen. Im Kanton Fribourg gab es etwa sieben bis neun davon. Die Eltern mussten die Lehrkräfte selbst berappen. Ich habe keine gute Erinnerung daran. Damals wurden wir noch als Ketzer und Eindringlinge angesehen. Ich hätte einen viel besseren Schulweg gehabt, wenn ich die katholische Schule hätte besuchen dürfen, hätte sogar mit dem Velo hinfahren können. Aber sie haben uns damals buchstäblich einfach nicht aufgenommen. - Das war noch während dem Krieg. Rechthalten war die politische Gemeinde, Weissenstein die reformierte Schulgemeinde. Ich sehe Michel Hans, den Kassier der Schulgemeinde, jetzt noch, wie er im Herbst mit dem Mäppchen unter dem Arm kam, um das Schulgeld einzuziehen.

Und der Herr Forster, wir haben ihm jeweils «Schuelmeister» gesagt, stand morgens früh auf, heizte das Schulhaus und schaute, dass es geputzt wurde - und zwar von den Schülern. Am Schulhaus war eine Kapelle angebaut, für die Reformierten. Dort gingen wir jeweils zur Predigt. Am Freitag hatten die Mädchen aus der 8. Klasse den Gang zu fegen. Die grossen Jungen mussten den Boden der Kapelle und rund ums Haus herum wischen. Auch die Schulstube wurde immer selbst geputzt - jeweils eine Woche lang, von einer Klasse. Alle Bänke mussten verschoben werden. Die anderen schälten Kartoffeln, für die Suppe am nächsten Tag. Nur die Jungen des Käsers hatten einen so kurzen Weg, dass ihnen die Zeit reichte, um am Mittag daheim zu essen. Alle anderen assen in der Schule eine Suppe. Von zuhause nahmen wir ein Stück Brot mit. Manchmal, wenn es gut ging, zusätzlich ein Stück Käse. Wenn die Suppenmutter keinen Käse mehr hatte, konnte sie es melden. Die Käser brachten abwechslungsweise wieder ein Stück. Im Herbst besuchte jemand der Schulkommission die Bauern, die ihre Kinder in der Schule hatten, um Kartoffeln, Karotten, Kabis und sonstiges Gemüse zu sammeln. Ein Mädchen aus der achten Klasse half jeweils kochen und den Tisch decken. Wir hatten in Weissenstein eine Ober- Mittel- und Unterschule und die drei Lehrkräfte kamen jeweils, um uns die Suppe zu schöpfen. Für zehn Rappen pro Tag bekam man genug zu essen. Am Freitag wurde beim Schulmeister bezahlt. Der wusste genau, wie viele Kinder gegessen hatten. Wenn eines krank war, wurde für diese Tage nichts verlangt. Es war ein kleiner Betrag.

F: Heute würde das wenige Geld nirgends mehr hinreichen.

A: Wenn die Leute so arm waren, dass sie auch das nicht bezahlen konnten, übernahm es die Schulgemeinde. Es gab Kinder, die konnten nicht auf die Schulreise mitkommen, weil sie keine Schuhe hatten. Im Herbst, wenn es kalt wurde, hat der bernische Hilfsverein wirklich immer geholfen und jeweils den Lehrersleuten Kleiderpakete übergeben. Die wussten, wo es am nötigsten zu verteilen war.

In dieser Zeit hatten die Kinder zum Teil sehr lange Schulwege. Eine Bekannte erzählte mir von ihrer Mutter. Sie kam vom Sangernboden, von der Hinteregg sagte man damals. Von dort aus musste sie nach Guggisberg in die kirchliche Unterweisung. Das waren etwa drei Stunden Fussweg. Am Morgen ging sie mit der Laterne von zuhause weg - man durfte nicht einfach fehlen! Wenn sie auf dem Nachhauseweg war, sagte die Wirtin unten in der Wirtschaft öfters: «Komm mir noch schnell helfen, ich habe so viel abzuwaschen!» Am Abend spät kam das Mädchen dann wieder zurück. Unglaublich!

Die hauswirtschaftliche Fortbildungsschule, die damals obligatorisch war, konnten wir zum Glück mit den Katholiken zusammen besuchen, weil wir nur wenig Reformierte waren. An die habe ich sehr gute Erinnerungen. Wir hatten eine Nonne und die wusste, alles zu Ehren zu ziehen.

Nach der Schulzeit wäre ich auch gerne mal ins Welschland gegangen. Das war jedoch nicht möglich, weil meine Mutter oft krank war und ich zuhause helfen musste. Im Winter bewarb ich mich jeweils für eine Aushilfsstelle. Im «Schweizer Bauer» waren dreimonatige Stellen ausgeschrieben. Vorher musste ich zuhause aber immer noch den Flickkorb leeren. Das war viel Arbeit. Wir konnten die Kleider nicht einfach fortwerfen, so, wie es heute oft der Fall ist.

Auch Fritz hatte einen unglaublich langen, beschwerlichen Schulweg auf den Hubel nach Benewil. Dieser führte «Hoger» (Hügel) rauf und runter, über Bachgräben wieder hoch und runter und zuletzt wieder hoch. Sein Schulweg war noch viel weiter als meiner und dies aus demselben Grund: Als Reformierter durfte er nicht die nahe gelegene katholische Schule besuchen. Zudem musste er noch die Milch mitbringen für die Suppe. In seiner Schule wurde diese von der Frau des Lehrers gekocht. Die Buben, welche nicht singen konnten, durften während der Singstunde Holz spalten, womit der Lehrer die Schulstube einheizte. Einige Kinder waren im Sommer auf der Alp und verpassten viel Schulstoff. Deren Eltern waren oft auch nicht imstande, ihre Sprösslinge schulisch zu unterstützen. So kamen sie dann einfach im Unterricht nicht mit. Unter dem parteiischen Lehrer hatten sie bisweilen schwer zu leiden. Da setzte sich kaum eine Behörde für so mittellose Familien und Kinder ein - wüste Schicksale! Ja, so wuchsen wir heran.

Und dann, es war an einem Theaterabend, haben wir zwei uns gefunden (beide strahlen). Der reformierte Männerchor führte jeden Winter ein Theater auf. Ich weiss nicht mehr, wie das Stück hiess. Dort sahen Fritz und ich uns zum ersten Mal! Und nachher, …

F: … ich hatte das Föteli von Annerös immer im Portemonnaie.

A: Das muss ich erklären. Es war so: Das Schuhgeschäft Hirt hatte einen Wettbewerb ausgeschrieben. Die Aufgabe war, einen Reim zu schreiben. Meiner war: «Es ist bekannt, seit vielen Jahren, Hirt-Schuhe helfen sparen!» Weil dazu ein Bild verlangt wurde, musste ich extra mit meinem alten Velogöpel nach Fribourg fahren, um dort ein Passföteli zu knipsen. Ich gewann den ersten Preis. Die Foto-Portraits der drei ersten Preisträger wurden im Schuhkatalog veröffentlicht, meines in der Mitte. Fritz hatte es entdeckt und ausgeschnitten. Den Katalog liess er wohlweislich verschwinden! Seine

Schwestern suchten immer danach. Doch der war einfach unauffindbar. Aber sein Müeti hatte wohl, als es seine Sonntagshosen reinigte, ins Portemonnaie geschaut, dabei wahrscheinlich das Föteli entdeckt und das Meitschi erkannt.

F: Mein Mueti ist halt ein wenig gwundrig (neugierig) gewesen.

A: Es hat auf jeden Fall etwas geahnt, als es das Bild im Portemonnaie seines Sohnes fand. Aber es hat nichts verraten, gell?

F: Nein (lacht).

A: Wir sahen einander fast nie. Als die Schwester von Fritz heiraten wollte, fragte sie ihn als Brautführer, mich als Brautführerin an. Der Stiefvater von Fritz wunderte sich, warum denn dieses Mädchen auch an der Hochzeit war! Er hatte nicht gemerkt, dass wir zwei einander gernhaben. Wir waren ja noch ganz jung, neunzehn, als wir uns kennenlernten.

Das war in dieser Zeit noch ganz anders als heute. Man traf sich nicht so oft und die Eltern redeten auch mit. Als mir zum Beispiel einmal ein Verehrer schrieb, als ich erst siebzehn war, wollten sie genau wissen, von wem die Post kam. Mein Vater hielt mir dann eine gehörige Predigt. Das war ein Grund, warum wir unsere Beziehung vorerst geheim behielten. - Wir wussten, dass wir den Weg zusammen gehen wollten, aber wir warteten dann einfach. Einige Winter hindurch ging ich arbeiten, um etwas zu verdienen und Fritz besuchte zwei Winter lang in Grangeneuve die Bauernschule. Dort hatten sie damals noch strengere Sitten. Die Schüler durften nicht jeden Samstag nach Hause fahren. Es war auch Vorschrift, am Sonntag in Fribourg die reformierte Predigt zu besuchen. Die Katholiken mussten jeweils am Morgen vor dem Unterricht in die Messe und die Reformierten konnten in dieser Zeit lernen. Damals herrschte ein regelrechter Kampf zwischen katholischen und reformierten Schülern. Die Reformierten wollten schulisch die besten sein.

F: Ja, dem Zosso Künu (Konrad) ist es nie gelungen, mich zu schlagen (lacht).

A: Fritz hat so viel gelernt! Er hatte in diesem Winterkurs die besten

Schulnoten. Dafür schrieb er mir nie, einen ganzen Winter lang!

F: So würde heute eine Beziehung auseinander gehen, wenn einer nie schreibt und sich auch sonst bei seiner Freundin ein halbes Jahr nicht meldet (lacht).

A: Manchmal ist es gar nicht so schlecht, Geduld zu haben und zu warten. Das war für uns auch eine Bewährung. Als ich in Lengnau arbeitete, war dort im Bären ein Theaterabend. Die Meistersleute nahmen mich mit. Anschliessend wurde zum Tanz aufgespielt und ich hätte ganz gut Gelegenheit gehabt, mit einem anzubändeln. Einer wollte unbedingt mit mir nach Hause kommen, aber ich sagte: «Nein, ich bin mit meinen Meistersleuten gekommen und gehe auch wieder mit ihnen heim!» Er: «Dann gehe ich den Meister fragen.» Ich: «Das nützt nichts, das kommt auf mich an!» und blieb standhaft.

Als ich im Pfarrhaus arbeitete, wollte die Pfarrfrau unbedingt, dass ich in Utewil die Bäuerinnenschule absolviere. Alle Schwestern von Fritz hatten diese besucht. Meinen Eltern fehlte das Geld, um jene Schule zu bezahlen und ich wollte mein sauerverdientes Geld nicht dafür ausgeben. Das habe ich so durchgezogen. Aber nachher, als wir verheiratet waren, hatte ich immer ein schlechtes Gewissen, wenn seine Schwestern zu uns zu Besuch kamen. Ich hatte so Angst, ihnen ein Mittagessen aufzutischen. Zum Glück trieb mir Fritz meine Minderwertigkeitsgefühle aus. Er fand, dass ich auch ohne Bäuerinnenschule sehr fein kochen könne.

Am Bettag 1958 verlobten wir uns. Eigentlich wollte sein Stiefvater, dass wir auf dem elterlichen Hof bleiben und diesen zusammen mit seinem eigenen Sohn bewirtschaften würden. Aber wir fanden das problematisch. Das geht meistens nur in der ersten Generation gut. In Münchenbuchsee, auf dem Hof, den seine Mutter damals verlassen hatte, war anschliessend eine Schwester von Fritz' Vater mit ihrem Mann eingezogen. Der Grossvater von Fritz lebte auch noch. Dieser Bauernhof gehörte ihm. Fritz' Vater hatte ihn damals nur gepachtet. Deshalb war nach seinem plötzlichen Tod und den vier Jahren, in denen seine Mutter den Hof noch führte, die Frage: «Wie weiter?» Der Grossvater hatte im Testament festgehalten, dass wieder ein Hegg fortfahren solle, weil das seit vielen Generationen so war. Das wäre Fritz gewesen. Aber es hiess: «Was will jetzt dieser junge Schnaufer (junger Kerl)? Er ist ja erst neunzehnjährig und noch nicht verheiratet!» Seine Tante war mit ihrem Mann dort auch in einem Pachtverhältnis. Sie hatten es darauf abgesehen, diesen Hof zu übernehmen und angefangen umzubauen, es jedoch immer selbst bezahlt. Grossvater war alt und liess es geschehen. Als Fritz zwanzig war, hätte er den Betrieb übernehmen können. Im Testament war niedergeschrieben, dass er ihm zustand. Er hat dieses Schriftstück immer noch. - Aber wenn wir das hätten durchziehen wollen, hätten wir die ganze Verwandtschaft gegen uns aufgebracht. Dann war auch noch der Umstand, dass keines der Kinder etwas bekommen hätte, wenn der Hof zum Ertragswert hätte verkauft werden müssen. Da sagte der Stiefvater zu Fritz: «Du musst nicht Angst haben, ich schaue dir dann schon für einen Hof!» Aufgrund dieser Aussage, die natürlich nie schriftlich festgehalten wurde, verzichteten wir auf den Hof von Münchenbuchsee. Zum Trost erhielten wir davon ein Stück Land und ein Stück Wald. - Deshalb schaute sich Fritz immer wieder nach einem Heimet um. Im Baselbiet, in Arisdorf, war eines ausgeschrieben. Weißt du noch, wie gross es war?

F: 42 Jucharten (Anm.: 1 Juchart misst 36 Aren).

A: Bald darauf fuhren wir hin, um es anzuschauen. Dort wuchsen sehr viele Kirschbäume. Besitzer war ein Appenzeller Ehepaar, das den Hof bis anhin bewirtschaftet hatte. Nach dem Mittagessen liefen wir übers Feld. Es war nichts geackert, eine schwere Erde, eher eine Knetmasse. Der Bauer sagte uns, dass wir den Zins in einem guten Jahr mit den Kirschen herausholen könnten. Zurück in der Stube hiess es: «So, jetzt lasse ich euch eine halbe Stunde allein. Nachher will ich wissen, ob ihr das Heimet pachten wollt oder nicht.» Wir sagten ihm, dass wir gerne darüber schlafen möchten. Er fand: «Ich kann nicht einfach in einen Starenkasten hineinhocken!» Quasi, ich muss nachher auch für mich schauen. Er liess nicht mit sich reden. Wir hatten genau eine halbe Stunde Zeit für eine so schwerwiegende Entscheidung. Wie zwei arme Sünder sassen wir in der Bauernstube auf dem Ofenbänkli und schauten einander lange an. Der Bauer kam mit dem Pachtvertrag zurück. Wir sagten zueinander: «Also gut, jetzt wagen wir es einfach, gell!?» Er fing dann an, aus dem Vertrag vorzulesen: «Das braucht ihr nicht!» und strich gewisse Passagen. Der Zins war ziemlich hoch. Weißt du noch wieviel?

F: Ja, 4800.- Franken im Jahr.

A: So haben wir unterschrieben und mussten ein Taxi bestellen, da nach sechs Uhr abends kein Postauto mehr nach Liestal fuhr. Zu Fuss gehen mochten wir auch nicht mehr. Mit gemischten Gefühlen marschierten wir trotzdem noch einen grossen Teil der zwei Wegstunden von Fribourg zu Fuss nach Hause. Ich dachte immer: «Was sagt wohl mein Vater?» Sein Stiefvater war noch wach: «Und, wie habt ihr euch entschieden?» Wir wollten schauen, wie er reagiert und sagten: «Wir haben es sein lassen!» Und er ganz empört: «Etwa kaum!» Genau das wollten wir hören!

Das war am 4. Februar 1959. Bereits am nächsten Tag telefonierte der Schwiegervater einem Traktorunternehmen, um einen Traktor zu bestellen. Den hat er uns geschenkt, einen Hürlimann!

Ich selbst ging an diesem Abend stillschweigend zu Bett. Meine Eltern schliefen bereits. Am darauffolgenden Morgen berichtete ich von unserem Handel. Jesses Gott! Mein Vater! Er hatte tausend Ängste und Fragen! «Hat es noch Heu dort?» «Nein!» «Hat es noch Stroh dort?» «Nein!» «Um Himmels willen, was wollt ihr zwei denn dort?» Auf jeden Fall sprach er vierzehn Tage lang kein Wort mehr mit mir. Das machte er ab und zu. So wollte er uns strafen. Ich nahm mir immer vor: «So etwas mache ich nie!»

Die Schwester von Fritz wusste, dass einer seiner ehemaligen Schulkollegen, der im Waadtland arbeitete, dort wegwollte und eine Stelle suchte.

F: Er hiess Michel Werner

A: Genau, er sagte uns sofort zu und war unser erster Angestellter.

Schon bevor wir umzogen, fuhr Fritz mit einem alten Traktor ins Baselbiet. Den liess er dort stehen. Niemand hatte den Mist ausgetan. Es hatte drei riesige Haufen auf unserem zukünftigen Hof. So reiste Michel Werner noch vor uns ins Baselbiet, führte all den Mist aufs Land hinaus und fing bereits an, dort zu arbeiten.

Unser Helfer war bei seiner Grossmutter aufgewachsen, dort waren auch so viele Kinder. Er hat dann einfach zu uns gehört und hat das so sehr geschätzt. Ich weiss noch, als ich ihm zum ersten Mal die Überhosen geflickt und sie ihm in sein Stübli zurückgelegt habe, war er so erstaunt. Das hatte er vorher noch nie an einer seiner Stellen erlebt. Aber für mich war das selbstverständlich. - Er arbeitete ja schon 14 Tage auf unserem Hof, bevor wir selber dort waren. So schickte ich ihm zu Ostern ein kleines Nest. Er hatte eine Riesenfreude! Nie zuvor hatte er ein Päckli erhalten. Er blieb vier Jahre bei uns. Wir waren fast ein bisschen wie Eltern für ihn. In dieser Zeit besuchte ihn nie eines seiner Geschwister und ich kann mich auch nicht daran erinnern, dass er je einmal einen Brief erhielt, auch nicht von seinen Eltern. Er war so ein Lieber. Wenn bei uns wieder ein Mädchen zur Welt kam, sagte er jeweils lachend: «Oh, das ist gut, dass es ein Mädchen ist, das kann mir dann den Most aufs Feld bringen.» Wir haben immer noch Kontakt. Im vergangenen Herbst war er mit seiner Frau zusammen auch zu unserem Hochzeitsjubiläum eingeladen.

Am 4. März 1959 wurde notfallmässig mein Blinddarm operiert, am 4. April 1959 feierten wir unsere Hochzeit. So war das! Am 18. April wurde Fritz dann fünfundzwanzig Jahre alt und ich am 28. Mai.

Unsere Hochzeit war eine Doppelhochzeit mit Rösy und Hansruedi Hegg, dem Sohn des zweiten Vaters von Fritz. Für diesen Tag mieteten wir einen Car, was zu dieser Zeit aussergewöhnlich, eher selten war. Dieser holte uns am Morgen zu Hause ab. Von beiden Paaren waren die Familienangehörigen dabei, etwa noch Gotte und Götti, sofern sie noch lebten. Das Jawort gaben wir uns um 11:00 Uhr in der Kirche von St.Antoni. In der «Sonne» in Riggisberg genossen wir das Mittagessen. Mit dem Car durften wir sogar bis an den Thunersee fahren. In Sigriswil war der Zvieri-Halt und das Nachtessen schlussendlich in Fribourg. Es war für uns beide ein sehr schöner, unvergesslicher Tag (strahlt).

Am Sonntag waren wir noch zuhause, bei meinen Eltern. Langsam machte sich der Abschiedsschmerz breit. Wir wussten, dass es für damals eine weite Strecke war, die nachher zwischen uns liegen würde. Kurz vor der Hochzeit hatte ich an einem Samstagabend im Radio die Glocken der Kirche aus Arisdorf läuten gehört. Ich hielt dies für ein gutes Zeichen. - Bereits am Montag, am 6. April 1959, fuhren wir früh morgens mit Traktor und Wagen vom Fribourgischen weg, ins Baselbiet. Das waren einige Stunden.

Ein paar Tage vor der Hochzeit hatte Fritz den Wagen zu mir vors Haus gestellt, damit ich die Sachen, die ich mitnehmen wollte, aufladen konnte. Vorne drauf befestigte er noch ein Ruhebett, wie wir das nennen (eine Art Sofa), welches mir sein Mueti mitgegeben hatte. Fritz' Schwester und mein Bruder waren ebenfalls ein Paar und begleiteten uns, um uns beim Einnisten behilflich zu sein. Wir drei sassen auf der Fahrt auf diesem Sofa, zuvorderst auf dem vollgepackten Wagen. Fritz sass hinter dem Steuer des lustigen Fuhrwerkes. Zuoberst auf dem Gefährt lag ein rotweisskariertes Deckbett. Etwas später, als wir noch nicht lange in Arisdorf wohnten, gingen wir im Kanton Fribourg zu einer Beerdigung. Da kam ein ehemaliger Nachbar zu mir und sagte: «Annerösli, ich weiss noch ganz genau, als ihr bei uns vorbei gefahren seid mit diesem Deckbett obendrauf!»

Kurz vor der Züglete kaufte ich noch zehn Hühner, die ich, verpackt in einer grossen Lattenkiste, mitnahm. In Oberwil bei Büren verspürten wir langsam Durst und Hunger und assen unseren Znüni. Plötzlich entdeckten wir, dass die Hühner unterwegs bereits Eier gelegt hatten. So konnten wir, als wir nach der langen Traktorfahrt in Arisdorf ankamen, bereits Spiegeleier braten! Das habe ich nie vergessen.

F: Ja, in Oberwil bei Büren

A: Damals gab es noch keine Autobahn.

F: Sieben Stunden bin ich gefahren.

A: Als wir ankamen und aus dem Wald herausfuhren, war mein erster Gedanke einfach: «Das sieht aus wie ein grosser Hochzeitsschleier!» Es blühte in diesem Arisdorf! Da die Autobahn damals noch nicht gebaut war, standen überall Kirschbäume. Michel Werner war im Langacker drüben gerade daran, mit Flückiger Ernstli und einem Rössli Dünger zu säen. Wir hatten zu der Zeit bereits ein Pferd. Ernstli kam aus Arisdorf, aus einer Familie mit fünf Kindern. Sein Vater war Hilfsarbeiter in Pratteln und betrieb zuhause noch eine Schuhmacherwerkstatt. Dieser Junge kam nachher regelmässig nach dem Schulunterricht zu uns auf den Hof, um zu helfen. Später auch seine Schwester. Mit ihr haben wir heute noch Kontakt. Sie hat unseren Kindern immer Geschichten erzählt.

H: Unzählige spannende Märchen! Sie kannte alle auswendig. Wunderschöne Erinnerungen kommen da hoch!

A: So haben wir in Arisdorf mit dem Bauernbetrieb angefangen. Etwa vierzehn Tage danach kamen die Hochzeitsfotos. Kurz vorher waren wir noch in Liestal einkaufen und plötzlich hatte ich einfach kein Geld mehr. Manchmal, wenn wir so viel arbeiteten, bemerkten wir das gar nicht. Aber die Fotos wurden per Nachnahme geliefert.

F: Du musstest sie sogleich bezahlen.

A: Unser Angestellter war im Stall hinten. Ich ging ihn fragen, ob er mir etwas Geld ausleihen könnte. Ich würde es ihm zurückerstatten, sobald das erste Milchgeld käme. Das war für ihn selbstverständlich. Fr.13.80 kosteten sie. Die Postbotin schaute mich komisch an. So quasi, frisch hierhin gezogen, kann sie nicht einmal ihre Hochzeitsfotos bezahlen und muss den Knecht um Geld bitten! Im ersten Jahr erfroren im unteren Teil gerade die Kirschen. Die Bauern machten zwar gemeinsam im Täli ein Feuer, damit der Rauch sie schützen und die Luft erwärmen sollte. Trotzdem holten wir den Pachtzins mit den restlichen Kirschen noch fast heraus. Wir hatten einen sehr guten Nachbarn. Er zeigte uns, wie wir mit den vielen Kirschbäumen und den verschiedenen Sorten umgehen mussten. Damals wurde alles mit den Leitern gepflückt, das ist mit den heutigen Plantagen viel einfacher.

Als im ersten Jahr die Kirschen erfroren waren, sagten die Arisdorfer: «So, dem dort draussen kehrt es dann die Storzen, bevor das Jahr um ist!» Das wurde uns von einer Besucherin erzählt, die es unterwegs gehört hatte. Sie hatten auf irgendeinem Weg vernommen, wieviel Zins wir bezahlen mussten. Die Bauern, die in Arisdorf Kirschen gehabt haben, hatten Geld. Wenn der Frost einem einen Strich durch die Rechnung machte, war das schlimm. Aber sie haben dann erlebt, dass es uns deswegen die Storzen doch nicht gekehrt hat.

Nachher kam zwischen 1960 und 1973 ein Kind nach dem anderen zur Welt, sieben an der Zahl. (1960/62/63/66/67/69/73).

Unser erstes Kind Käthi wurde 1960 im Spital Liestal geboren. Nach einiger Zeit führte Fritz in einer Kiste auf einem Wagen ein oder zwei Schweine nach Liestal zum Metzger. Er hatte mir gar nichts verraten und kam mit einem Wisa Gloria Kinderwagen zurück, mit einem hellblauen. Das war eine solche Überraschung, eine riesengrosse Freude! Ich weiss nicht, ob er dafür das ganze Säuligeld gebraucht hat (beide lachen). Und so konnte ich beim Kartoffeln pflanzen mein Kind zum ersten Mal in diesen Kinderwagen legen und mitnehmen. Es hat geweint und geschrien. Ich dachte, dass es irgendeinmal aufhören würde, bin es zwischendurch wiegen gegangen. Aber nein, ich musste schlussendlich mit Käthi nach Hause!

Die Hochzeitsreise machten wir erst 1961, als wir Heidi, unser 2. Kind auf Anfang 1962 erwarteten. Wir fuhren für etwa drei Tage nach Wengen. Ferien hatten wir sonst nie.

Ruth, unser drittes Kind, erkrankte als kleines Baby an einer Hirnhautentzündung. Ich durfte es im Spital nie in die Arme nehmen! Die Eltern wurden damals nicht zu den Kindern gelassen. Das war hart! Gott sei Dank ist es wieder ganz gesund geworden.

Unser viertes Meiteli, Annerös, kam 1966 zur Welt.

Nach der Kirschernte machten wir mit den Kindern immer ein Reisli, das erste auf den Bürgenstock. Einmal fuhren wir mit der Bahn nach Solothurn - damals hatten wir noch kein Auto - und mit dem Schiff nach Biel. Im Zug hatten wir Kläräpfel dabei. Jemand neben uns sagte: «Oh, diese Kinder wissen noch, wie man Äpfel isst!» Auf einer anderen Reise verloren wir auf der St. Petersinsel unsere kleine Annerös. Als wir am See picknicken wollten, merkten wir plötzlich, dass sie nicht mehr dabei war. Leute sahen das weinende Mädchen beim Kiosk und nahmen es zur Seite. Wir suchten sie angsterfüllt und fanden sie dort bei der Schiffsstation. Das war eine Aufregung! Ein Jahr später, 1967, bekamen wir unser fünftes Mädchen geschenkt, die Margrit, ein zufriedenes Kind mit blonden Locken.

H: Dann kam der Mai 1969. War das ein Ereignis, als nach uns fünf Mädchen, ein Sohn zur Welt kam. Wir wissen alle noch genau, als Vati vom Spital mit einem Foto hinter dem Rücken nach Hause kam und uns raten liess, was es gegeben habe. Und wir riefen alle:

F: «Ein Mädchen!» (alle lachen)

H: Das war dann der junge Fritzli. Wir haben es dir, Vati, von weitem angesehen, dass es ein Bub ist.

A: Wir haben auch Schweres erlebt. Mit etwa zwei Jahren fiel Fritzli von der Heubühne, das war schrecklich. - Ich war damals nicht ganz zwäg und Fritz bot mir an, den Jungen in den Stall mitzunehmen. Er setzte ihn dann - mit dem Befehl zu warten - auf eine Treppenstufe ausserhalb der Scheune und stieg auf die Heubühne. Der Kleine folgte ihm, ohne dass Fritz dies bemerkte, und fiel durch das offene Loch von der Bühne auf den Betonboden der Tenne hinunter. Er hatte einen Schädelbruch und ich weiss noch heute nicht, wie ich damals vom Kinderspital Basel nach Hause kam.

H: Und wir kamen von der Schule. Das Haus leer, kalt, unheimlich - das hatte es noch nie gegeben. Es war sonst immer jemand da. Ein Gefühl, das ich heute noch empfinden kann.

A: Das war damals so schlimm, dass man im Spital die Kinder nur durch eine Scheibe sehen durfte. Unser Junge weinte jeweils herzzerreissend, wenn ich nach der Besuchszeit wieder nach Hause ging. Nie durfte ich ihn in die Arme nehmen. Zuhause angekommen, weinte auch ich. Es war so beelendend!

Als wir Fritzli nach sechs Wochen heimholten, sagten uns die Ärzte, dass er immer wieder erbrochen und nie gesprochen habe. Sie wüssten nicht, ob er überhaupt noch sprechen könne. Als ich kurze Zeit darauf an unserer Strasse beim Migros-Wagen einkaufen ging, brachte ich zum Geburtstag von Käthi und Annerös - sie haben am selben Tag Geburtstag - eine Tafel Schokolade mit. Zuhause stellte ich den Korb unter den Tisch. Fritz gelangte zu dieser Schokolade und sagte plötzlich: «Coco, he?» Das waren die ersten Worte, die wir wieder von ihm hörten. Es war wie ein Wunder. Nach dem Mittagessen legte ich ihn in sein Kinderbettli. Plötzlich lärmte es. Fritzli hatte solche Angst, dass Mueti wieder weggeht, dass er über das Gitter des kleinen Bettes kletterte und auf den Boden fiel. Ich musste dann bei ihm bleiben, bis er eingeschlafen war. Bei uns hat er nie mehr erbrochen und er konnte wieder sprechen.

H: Nicht lange danach ist Ruthli in einen Lastwagen gerannt. Es fuhren damals während dem Bau der Autobahn bei uns sehr viele Laster vorbei. Wir haben dort Verstecken gespielt, was wir eigentlich nicht hätten tun dürfen. Wir standen auf der anderen Strassenseite und schrien: «Nein! Nein!» Der Chauffeur bemerkte uns und fing deshalb bereits an zu bremsen. Aber er konnte Ruthli gar nicht sehen, weil es an der Strassengrenze hinter einem Schopf hervor auf die Strasse rannte. Wir hatten ein so schlechtes Gewissen. Ruthli kam wie ein Ball über die Strasse geflogen, landete auf dem Misthaufen und blieb bewusstlos liegen. Ich sehe noch heute, wie es der Fahrer auf den Armen trug und wir meinten, unser Schwesterlein sei tot!

A: Wenn es nicht direkt in den Misthaufen geflogen wäre, wäre es viel schlimmer gewesen. - Ein Riesenglück! Wir wohnten an einem sehr gefährlichen Ort. Als wir den Pachtvertrag unterschrieben, sagte kein Mensch etwas von einer Autobahn. Unsere Kinder hatten viele Schutzengel!

Im Langacker oben, wo früher die Maisstauden standen, haben wir dann auf einem riesigen Stück Land Kartoffeln gesetzt.

F: Ja, noch alles von Hand!

A: Dort wurden schon sehr lange keine Kartoffeln mehr gepflanzt. Die Ernte war unglaublich gut. Mit einer einfachen Einrichtung auf zwei Rädern konnten wir die Knollen an die Oberfläche befördern und dann von Hand aufheben. Wir hatten Schulkinder, die mithalfen und jeweils eine ganze Horde zum Zvieri. Jemand, der uns ab und zu besuchen kam, übermittelte uns manchmal, was sich die Leute im Postauto erzählten. Das war ein Gesprächsthema! Bei uns standen wirklich so viele Kartoffelsäcke - eine Freude! Am Abend wurden sie alle auf einen Wagen aufgeladen und nach Hause gefahren.

Der Hof hatte früher einmal gebrannt und war neu aufgebaut worden, die Wohnung jedoch war verschont geblieben. Auf der einen Seite, hinten, bei der Scheune, war eine Einfahrt, wo man hochfahren konnte. Ganz zuvorderst leerten wir die Kartoffeln aus. Auf der anderen Seite war ebenfalls ein Ausgang. Als wir fertig waren, war einfach, sage und schreibe, die ganze Einfahrt voller Kartoffeln. Mein Vater und meine Mutter kamen nachher einmal zu Besuch und mein Vater konnte nicht begreifen, dass man so viele Kartoffeln ernten kann. Unser Nachbar, oben am Hang, kaufte sie uns ab. Am Morgen haben wir zwei jeweils die Kartoffeln erlesen. Bis am Abend lagen vierzig Säcke auf dem Wagen. Und wenn der Suhrer Otti von der Käserei auf dem Heimweg war, hängte er diesen Wagen bei seinem Jeep an und fuhr ihn zu sich nach Hause. Er reiste immer mit allem, was er hatte, nach Basel. Von Zeit zu Zeit fuhr er wieder an einen anderen Platz und hupte. Die Basler kannten ihn und wussten: «Jetzt ist der Suhrer Otti da!» Sie liefen zu seinem Wagen, um das, was sie brauchten, bei ihm einzukaufen. - Immer am Neujahr kam er, um uns das Kartoffelgeld auszuzahlen. Und zwar hatte er kein Portemonnaie dabei. Er hatte unter seiner Kutte einen Plastiksack mit Tausendernoten drin. Unsere Kinder machten solche Stielaugen (reisst die Augen auf und lacht)! Es wurde jeweils nach Mitternacht, bis er wieder ging.

In einem Bauernbetrieb gibt es immer viel Arbeit, und es ist einfach so, dass man zusammenhalten muss. Das gemeinsame Arbeiten hat uns verbunden. Wir waren eigentlich ein gutes Team und haben einander immer unterstützt. Es gab manchmal schon Meinungsverschiedenheiten. Das wurde dann ausdiskutiert. Draussen war er der Chef, drinnen ich.

Bei mir war es eben so: Ich war in jungen Jahren einmal in Lengnau an einer Stelle. Als ich hinkam, hatte das Paar drei Kinder, alle Jahre eines. Nachher kam noch ein viertes. Dort habe ich einfach gesehen und erlebt, wie es ist, wenn es nicht gut läuft. Etwas vom wichtigsten ist mir immer gewesen, dass man nie die Achtung verliert vor dem anderen, auch wenn man vielleicht einmal noch so hässig ist. Dass man nicht Wörter sagt, die verletzen und die man nachher bereut.

F: Heute warst du auch toube (böse) über mich.

A: Ja, das stimmt.

F: Aber jetzt ist es wieder gut (lächelt).

A: Ja, jetzt ist es vorbei.

Immer wieder fragten mich Leute erstaunt, wie ich das aushalte, so weit weg von zu Hause zu leben. Die Kinder hatten nicht viel von ihren Grosseltern. Sein Mueti starb an Krebs, mit erst dreiundfünfzig. Das tat uns beiden sehr weh! Denn es war manchmal ein paar Tage nach Arisdorf gekommen, um mir zu helfen. Es sah unser erstes Kind nur zweimal. Ab diesem Zeitpunkt war mir eigentlich klar: Fritz hat jetzt niemanden mehr. Das ist auch etwas, das uns zusammengeschweisst hat. Fritz' Mueti war dasjenige, welches regelmässig telefoniert und nachgefragt hat, wie es uns geht. Aber es war so schön, dass Rosmarie, die ältere Schwester von Fritz, dies nach Muetis Tod übernahm. Für uns war das sehr wichtig! Wir waren angebunden, ohne Auto, hatten fast keinen Kontakt. Ich hatte auch niemanden, dem ich mal die Kinder anvertrauen konnte, weil unsere Verwandten so weit weg wohnten. Deshalb war Fritz' Muetis Tod sehr traurig!

Es sind auch lustige Dinge geschehen. Im ersten Jahr, im Sommer, als Käsereiversammlung war, fuhr Fritz zusammen mit einem Nachbarn hin, beide mit den Velos. Es wurde Mitternacht, ein Uhr, kein Mann zuhause. Ich beschloss, bei meiner Nachbarin vorbeizuschauen, um zu schauen, ob ihr Mann auch noch nicht zurück sei. Sie stand am offenen Fenster und rief: »Gell, deiner ist auch noch nicht zuhause? Aber da ist meiner schuld!«

F: (lacht) Wir hatten den Käsereipräsidenten abgewählt, ...

A: ... das musstet ihr feiern und der Nachbar wollte einfach nicht heim, hat immer weiter gebechert. Fritz hatte das Gefühl, er könne ihn jetzt nicht allein lassen, da dieser schon einiges über den Durst getrunken hatte. - Am Morgen standen wir immer ziemlich früh auf, um vor dem Melken Gras zu schneiden. Ich sagte Werner: «Du musst schon mal in den Stall, wir können nicht grasen, Fritz ist noch nicht zuhause!» Ich schämte mich! Nachher hörte ich, dass Fritz heimkam, und dachte: «So, Mannli, dich will ich jetzt gerade noch nicht sehen!» und ging nach drüben zu den Hühnern (beide lachen). Als ich zurückkam, trank er beim Stallbrunnen Wasser. Dann sagte er: «Geh, schau mal den Küenzi Päuli, der geht durchs Bärstelwägli (Anm.: der indirekte Weg nach Hause). Er wollte nicht hierdurch kommen, wegen dir, Annerös! Er schämt sich!» Dann sagte ich ihm: «Jetzt will ich zuerst einmal dich sehen, vor dem Nachbarn!» Ich habe bei Fritz nie erlebt, dass er zu viel getrunken hat. Der andere war auf dem Heimweg im Dorf unten mit dem Velo bei einem Miststock in die Jauche reingefallen (Fritz lacht herzlich). Fritz hatte ihm das Zeugs dann mit dem Taschentuch weggeputzt, so gut es ging. Der andere konnte nicht mehr Velo fahren. Also sind die beiden mehr oder weniger zu Fuss weitergegangen.

An jenem Morgen hat Mueti angerufen. Es fragte: «Habt ihr schon gegrast?» Ich dachte, jetzt muss ich es einfach sagen: «Nein, Fritz kam nicht zur rechten Zeit nach Hause, gestern war eine Versammlung.» Seine Antwort: «Weisst du was? Das macht er nie mehr!» Nach dem Morgenessen gingen wir grasen. Ich war immer dabei, da wir damals noch von Hand rechen mussten. Der Weg führte bei diesem Nachbarn vorbei. Päuli stand neben dem Brunnen, nahm Achtungsstellung ein (beide lachen laut) und wir holten unser Gras.

Seine Frau erzählte mir später einmal, sie habe ihn gefragt: «Wo warst du, dass du so stinkst? Schau dich mal an!» Er habe geantwortet: «Aber Fritz hat doch gesagt, es sei alles gut!»

F: Ich habe gedacht, ich kann den doch nicht im Mist liegen lassen.

A: Und einmal haben wir von Hand mit den Heugabeln siliert. Am Abend hatte ich meinen Ehering nicht mehr. Das war ein Schreck! Ich dachte: «Oh, das ist gar nicht gut!» Aber ich habe dann wieder einen neuen bekommen, gell (die beiden schauen sich verschmitzt an)!?

Es war eine schöne Zeit. Ich sage immer: «Ich habe ein schönes Leben gehabt!» Wir konnten zusammenarbeiten, Werner hat geholfen. Ich war noch im Frauenchor und wurde gut aufgenommen. Aber schaffen mussten wir, und wie! Und eben, wir waren beide weit fort von zuhause. Deshalb war es umso wichtiger, dass wir zusammen harmonierten. Insgesamt waren wir dreizehn Jahre in Arisdorf. Nach erst vier Jahren bekamen wir eines Tages die Kündigung. Der Regierungsrat, der damals die Landwirtschaft unter sich hatte, war uns nicht so gnädig gestimmt. Die wollten uns innerhalb von einem halben oder ganzen Jahr weghaben - einen Bauernbetrieb so kurzfristig auflösen und eine Familie, die dann ohne Existenz dasteht? Eine Verfügung erlassen, dass jemand den Hof so kurzfristig hätte verlassen müssen, konnte nur der Staat. Fritz fand: «Da müssen wir uns wehren!» Wir gingen zum Experten, einem bekannten Treuhänder. Dieser hatte damals in Sissach ein Treuhandbüro. Er fand heraus, dass der Vertrag, den sie mit uns abgeschlossen hatten, gar nicht gültig sein konnte. Er war nicht gesetzeskonform und hätte eigentlich seinerzeit zur Begutachtung noch an die obere Instanz gelangen müssen. So trafen wir uns in unserer Stube - der Regierungsrat, der selbst auch Bauer war, der Treuhänder und wir. Und ich kann mich noch so gut daran erinnern, wie zornig der Regierungsrat wurde, als ihm der Treuhänder eröffnete, dass dieser Vertrag nicht gültig sei und sie uns nicht so schnell wegschicken könnten. Später kündigten wir dann selbst. Die Regierung hatte in Arisdorf wegen dem geplanten Bau der Autobahn drei

Höfe gekauft, denjenigen unseres Nachbarn, einen im Dorf und den unsrigen. Wir hatten dadurch weniger Land, da sie einen Teil davon den Bauern zusprachen, die ihr Land für die Autobahn hergeben mussten, als Realersatz.

Als wir die Kündigung für die Pacht in Arisdorf erhielten, sagte Fritz' Stiefvater: «Bleibt dort, solange ihr könnt. Die Kirschen und alles andere bringen ja gute Einnahmen. Jetzt müssen wir keinen Hof kaufen, das ist viel zu teuer! Die Preise sinken dann schon wieder.»

F: Es ist aber danach immer noch teurer geworden.

A: Wir konnten dann in Magden, im Kanton Aargau drüben, Land pachten, das wir bewirtschaften durften und ganz in der Nähe davon, weiter unten, nochmals ein Stück. Ebenfalls eine Pacht. Aber damals waren die Jaucheröcher noch nicht so gross und wir wussten manchmal nicht mehr wohin mit der Gülle. Vor allem im Winter, da wir in der Nähe kein Land mehr hatten. So konnten wir uns noch einige Jahre durchwursteln. - Gleichwohl haben wir uns immer umgeschaut, ob wir einen anderen Bauernhof finden könnten. Durch einen ehemaligen Nachbarn von Fritz erfuhren wir von einem Hof im Welschland, der verkauft werden sollte. Als er den Stiefvater für die Hofbesichtigung anfragte, sagte er nur, er habe keine Zeit, da sie am Kartoffeln ernten seien.

H: Es war sehr schmerzhaft, dass sein Stiefvater nicht zur Besichtigung mitkommen wollte, als Vati ihn darum bat.

A: Ich sehe Fritz heute noch, wie er vom Telefon kam, sehr enttäuscht und traurig: «So, jetzt ist fertig! Jetzt müssen wir einfach selbst schauen! Wir können nicht mehr auf den Stiefvater warten!» Wir kauften diesen Betrieb! Wir wussten, dass unsere Pacht in Arisdorf unsicher war, und das war mit so vielen Kindern ungemütlich! Nach einem halben Jahr fiel auf dem Hof im Welschland das Dach zusammen. So mussten wir ein neues erstellen. Wir haben dann gewerweisst, sollen wir dorthin ziehen oder eben doch nicht? Wir sprachen beide nur wenig Französisch. Zudem hätte jedes unserer Kinder in der Schule ein Jahr verloren, und das tat uns leid. Jedenfalls konnten wir uns nicht dazu entschliessen, ins Welschland zu wechseln.

Mein Bruder Ruedi hatte damals bereits ein Auto und fuhr einmal, als er frei hatte, hier hinauf, auf den Bözberg, um einen Hof oberhalb der Kirche anzuschauen. Er fand, das wäre etwas für uns. Wir entschieden uns, diesen Hof auch noch zu kaufen und dorthin zu ziehen. Schlussendlich pachtete Ruedi den Hof im Welschland, was für uns alle eine gute Lösung war.

Wir waren sehr froh, von dieser unhaltbaren Situation in Arisdorf wegzukommen. Die Aussicht, etwas Eigenes im deutschsprachigen Raum zu besitzen, war befreiend. Als erstes holten wir bei einem kleinen Anbau hinter dem Haus die Ziegel vom Dach, weil wir Angst haben mussten, sie könnten herunterfallen und eines der Kinder am Kopf treffen. Sie waren damals in der Unter- und Mittelstufe.

Die Leute, denen der Hof auf dem Bözberg gehörte, hatten zwei Söhne. Keiner wollte jedoch den Hof übernehmen. Sie hatten dem Vater versprochen, im Betrieb zu helfen, bis er fünfundsechzig wurde. Nachher wollten sie etwas anderes arbeiten. Deshalb verkauften sie uns den Hof.

Ja, dann fing die grosse Bauerei an. Wir haben gebaut, gebaut und nochmals gebaut. Zuerst den Stall. Fritz fuhr dazu jeweils einen Sommer lang vom Baselbiet nach Bözberg. Sehr viel des Umbaus hat er selbst geplant und ausgeführt, zusammen mit einem Baugeschäft. Mein Bruder Peter war bei uns angestellt und half, den Betrieb in Arisdorf zu führen. - Fritz lernte erst damals, mit knapp vierzig Jahren, Auto fahren. Da Annerös noch nicht zur Schule ging, reiste sie jeweils mit dem Vater auf den Bözberg und nach einer Woche kamen die beiden am Samstagabend wieder zurück ins Baselbiet. Sie half Nägel ausreissen, nagelte, kochte und ging mit dem Zettel, den Vati ihr geschrieben hat, jeweils allein ins Lädeli einkaufen. Es kam vor, dass Fritz die Ravioli anbrennen liess - die Pfanne war nachher kohlrabenschwarz, zum Fortwerfen. Für die ersten Tage gab ich den beiden jeweils das Essen mit, damit sie es einfach aufwärmen konnten, doch danach waren ihre Kochkünste gefragt. Im Herbst 1972 war es dann so weit, dass wir umziehen konnten.

Wir hatten alles selbst gepackt und geputzt. Es waren keine Grosseltern da zum Hüten. Ich war schwanger. - Doch auf dem Bözberg hütete mir die neue Nachbarin die jüngsten Kinder. Ganz spontan machte sie mir dieses Angebot, das ich noch so gerne annahm.

H: Ich kann mich noch sehr gut daran erinnern. Jedes von uns Kindern trug für die Reise des Umzuges seinen gepackten Schulsack inklusive Turnzeug am Rücken.

A: Im Juni 1973 kam Martin, unser zweiter Sohn, unser siebtes Kind, zur Welt. Er war sehr pflegeleicht. Die grossen Geschwister gaben ihm zu Essen, erzählten ihm Geschichten, fuhren ihn im Wägeli spazieren und hatten viel Spass zusammen. -

In Münchenbuchsee begannen die Verwandten in nächster Nähe des Hofes Bauland zu verkaufen. Bald darauf jammerten sie, man dürfe keine Jauche mehr ausführen. Später verkauften sie den ganzen Hof. Wir haben nie vernommen, für wieviel Geld. Das Haus steht noch, ist umgebaut worden. Es entstanden Wohnungen darin, der Charakter des Bauernhauses aber wurde erhalten. Wir hätten hadern können. Aber wir hatten im Leben auch viel Glück!

Eine unserer Töchter sass bei einer Beerdigung neben einem Bekannten dieser Familie und wurde gefragt: «Ist dein Vater nicht verbittert über diese ganze Münchenbuchsee-Geschichte?» Und sie konnte entgegnen: «Mein Vater hat wirklich nie negativ über sie geredet.»

H: Lange wurde bei uns gar nicht darüber gesprochen. Von Mueti wussten wir es bereits und später hast du, Vati, uns mal alles erzählt. Eigentlich ist das für mich sehr eindrücklich, weil ich in eurem Leben so viele Segensspuren sehe. Ich möchte nicht tauschen mit der anderen Familie. Es ist dir, Vati, sehr viel Unrecht passiert, aber es ist in einer Währung zurückgekommen, die man nicht mit Geld aufwiegen kann. Das beeindruckt mich immer wieder. Auch mit uns Kindern habt ihr es gut, gell?

F: (strahlt) Ja!

H: Vatis Stiefvater ist dann verunglückt. Er war in Fribourg mit dem Töffli unterwegs und wurde von einem Betrunkenen mit dem Auto angefahren.

A: Kurz nachdem wir ihn im Spital besucht hatten, starb er. Ich hätte nicht gedacht, dass ich ihn nie wiedersehen würde. Wir waren die einzigen, die noch bei ihm waren und ich hatte den Eindruck, er hätte noch etwas sagen wollen, konnte aber nicht mehr sprechen. Da er das, was er uns versprochen hatte, nie geregelt hatte, konnte er es nicht mehr wahr machen. -

Als Fritz hier auf dem Bözberg nach dem Kauf des Hofes zum ersten Mal zum Gemeindeschreiber ging, sagte der: «Guter Mann, sie sind nicht verschuldet, sie sind überverschuldet!» Fritz kam nach Hause. H: «So, Kinder, jetzt müssen wir alle einander helfen, damit wir es schaffen!» Das war prägend, ich weiss es noch so genau!

A: Als wir hierherkamen, war im Haus unten im Korridor ein WC. Und sonst musste man nach draussen gehen, ins Tenn. Dort hatte es ebenfalls eines, ein Plumpsklo! Ich musste bei den Kindern mit dem Nachthafen herumkutschieren. Ein Badezimmer war keines da, nichts! Im ersten Winter begann Fritz im oberen Stockwerk Wände, Treppen, etc. herauszureissen. Die Zimmer wurden anders eingeteilt. So baute er selbst ein Badezimmer und ein WC. Wir hatten damals der Kinder wegen ein etwas grösseres Auto. Darin transportierte er jeweils die Plättliwände, die es damals zu kaufen gab, heim. Ich kann mich heute noch an das Glück erinnern, das ich dabei empfand, als alles fertig war. Ein solches Glück!

H: In Arisdorf hatten wir nicht mal einen Boiler, und das mit sechs Kindern. Was war das für ein Unterfangen, bis wir Kinder in einem Waschzuber in der Küche gebadet waren. Natürlich benutzten alle dasselbe Wasser. Man stelle sich die Riesenarbeit vor, bis unsere langen Haare gewaschen, getrocknet und wieder zu langen Zöpfen geflochten waren. Das füllte einen ganzen Nachmittag. Nicht verwunderlich, dass meine Mutter nachher jedes Mal ziemlich geschafft war.

A: Wir hatten keine Waschmaschine, alles musste von Hand gewaschen werden. Aber das schmiedet eben auch zusammen, wenn man nicht schon alles hat. Wir haben immer nur so viel umgebaut, wie wir bezahlen konnten. So ging es langsam voran.

Wir hatten das Glück, fast nie krank zu sein. Und wenn ich einmal krank war, gab es gebratene Cervelats zu essen, das gelang Fritz.

Als wir fünfundsechzig waren, übergaben wir den Hof unserem Sohn Fritz und wohnten noch eine gewisse Zeit dort. Aber als der Umbau fertig war, zogen wir hierher. Dieses Haus war viele Jahre lang ausgeschrieben, uralt und leer. Unsere Tochter Annerös und ihr Mann Beat konnten es kaufen. Hier, wo der Eingang ist, war ein riesiges Tennstor, daneben der Stall. Mit viel Unterstützung von Fritz bauten sie es im Hinblick auf unser Alter um, alles ebenerdig, keine Treppenstufen, einfach gäbig. Auch das Badezimmer, alles ist rollstuhlgängig.

Letzthin schrieb mir der Mann von Mirianne, unserem Grosskind, zu unserer Diamantenen Hochzeit eine Karte und äusserte darin den Wunsch, dass er gerne Tipps hätte von uns. Ich habe ihm geantwortet, dass ich ihm keine Tipps geben, sondern weitervermitteln möchte, was uns geholfen hat. Nämlich, dass wir, von mir aus gesehen, so viel Glück und Segen gehabt hätten, eine Gnade von Gott sei. Das sei ein Geschenk!

H: Das ist halt schon ein guter Boden, den ihr hattet und immer noch habt, euer Glaube.

A: Er schrieb mir dann zurück, es sei für mich wahrscheinlich einfacher gewesen, so demütig zu schreiben, es sei Gnade gewesen. Aber das mit der Achtung haben voreinander werde ich ihm schon noch sagen.

Ich kann ehrlich sein, ich bin auch einmal an einem Abend davongelaufen. Die Kinder hatten schöne Kleider, aber sie wollten diese am Sonntag zur Predigt nie anziehen.

H: Ich war so ein Fan von Skirennfahrern. Ich schrieb ihnen Karten und erhielt Autogramme. Diese Autogrammschriftzüge malte ich mit wasserfestem Stift auf meine Hosen: Bernhard Russi, Walter Vesti, Marie-Therese Nadig und viele weitere. Wir besassen nicht viele Kleider. Damals waren die Hosen mit eingesetzten Spickeln Mode, die waren unten weit. So trennte ich kurzerhand meine engen Jeans auf und setzte einen blau karierten Spickel ein. Du hast dich eigentlich geschämt, gäll Mueti? Während ich dachte: «Ich gehe so in die Kirche, das ist doch egal!» Du sahst auch nicht gerne, wenn wir am Sonntag Turnschuhe anzogen. Das war noch deine Generation. Ich war eine schlimme Teenagerin. Du sagtest mir einmal, wenn meine Kinder nur halb so schlimm seien wie ich, würde ich dir furchtbar leidtun. Das habe ich nicht vergessen. Manchmal dachte ich, ich wüsste nicht, ob ich das mit meinen Kindern ausgehalten hätte, wenn die so doof getan hätten mit mir wie ich mit dir. Ich habe es gut gehabt mit ihnen und bin froh und dankbar darüber!

A: Heidi war eine, die immer viel Fantasie hatte. Wir wohnten damals ja ganz an der Hauptstrasse. Da war nur noch der Teppich zum Hauseingang. Dort war es zum Spielen für die Kinder viel zu gefährlich. Im Garten war es ideal. Manchmal hatte sie unmögliche Ideen, zum Beispiel, als sie mit einem Stecken die Ovomaltinebüchse ins WC hineinstopfen wollte. - Item, nachher habe ich ihre Hosen mit dem Spickel nach dem Backen eben in den Ofen gestossen.

H: Wow, war ich wütend!

A: Und dann sind sie verbrannt. Je, ich hätte das nachher nie mehr gemacht! Frau Pfarrer tröstete mich und sagte zu mir: «Frau Hegg, lassen sie ihre Kinder so in die Kirche gehen, wie sie wollen.» - Das ist jetzt einfach so. Meine Enkelin macht auch selbst Löcher in ihre Hosen. Sie ribbelt und wäscht sie, damit sie nicht mehr neu aussehen. Aber an diesem Abend war es nicht wegen der Hosen, dass ich weggelaufen bin, oder?

H: Oh doch, ich führte mich unmöglich auf! Ich war so zornig! Dann gingst du fort. Ich bekam Angst und dachte: «Was passiert, wenn der Vater ins Haus kommt und die Mutter nicht mehr da ist?», und ging dich suchen.

A: Fritz kam mich auch suchen. Heidi musste sich dann eine Standpauke anhören. Er schlug nie drein. Aber an der Achsel gepackt und ein wenig geschüttelt, das tat er hie und da.

H: Wenn wir nur Dummheiten im Kopf hatten oder ungehorsam waren, mussten wir Holz bereit machen, Holzkisten mit Scheiten füllen und sie in die Küche tragen. Auf jeden Fall hatten wir immer genug Holz zum Feuern (alle lachen).

A: Am Abend, wenn es keine Ruhe gab, sagte Fritz jeweils: «So, herunterkommen! Holz hereintragen!»

H: Ja, wir hatten oben schon ein Fest mit so vielen Kindern. Oft musste Vati auch die Sicherung herausschrauben. Dann wurde es dunkel und wir wussten: «Nun reicht`s!»

A: Natürlich hatte nicht jedes ein eigenes Zimmer. Sie waren zu zweit oder dritt.

H: Es war toll! Für euch wohl weniger, aber für uns! Wir haben viel erlebt und von euch Eltern auch grosses Vertrauen geschenkt bekommen. Wir haben arbeiten und beten gelernt, Durchhaltewillen trainiert und vieles mehr.

A: Ich habe auch gemerkt und gelernt, dass, wenn ich am Boden und so müde war, mich selbst wieder aufbauen kann. Dass das nicht andere für mich machen. Ich brauchte einfach wieder Ruhe und dann wusste ich: «Jetzt machst du weiter!»

Mein Vater starb dann im Jahr 1980 und mein Mueti, es lebte noch bis 1995, kam manchmal für einen Monat oder fünf Wochen zu uns. Es hatte zwar grosse Schmerzen in den Knien, aber es flickte mir immer, auch mit der elektrischen Nähmaschine. Es hat im Alter noch gelernt, damit umzugehen.

Anmerkung: Fritz geht zwischendurch mit seiner Tochter kurz ins Badezimmer. Er war während der ganzen Zeit Teil unseres Gesprächs. Man sah seinen Augen an, dass er gerne daran teilnahm und sich sehr freute über unsere Begegnung. Wir fragen Annerös, was ihr an Fritz besonders gut gefallen habe. Zwischendrin kehrt Heidi ins Wohnzimmer zurück.

A: Ich habe genau gewusst, er hat noch nie eine andere gerngehabt. Alle sagten immer: «Der Fritzli, der bleibt ledig. Der ist ja fast immer zuhause. Ich glaube nicht, dass der heiratet!» (lacht) Seine Art hat mir einfach gefallen. Er hat mir schon früh einmal geschrieben, falls wir heiraten würden, wolle er Bauer sein und ich Bäuerin. Sein zweiter Vater wünschte sich ja, dass er zuhause bleibe. Aber das kam für Fritz nicht infrage. Mich dünkte immer, er wusste, was er wollte. Vielleicht auch, weil er seinen Vater so früh verloren hatte. Darüber hat er eigentlich nicht gesprochen. Er hat es verdrängt. Seine Mutter war ihm schon sehr, sehr viel wert. Deshalb war es auch so schwer, als sie starb. Darum, ich hatte immer das Gefühl, ich sei bei Fritz in guten Händen.

H: Du hast mir auch gesagt, dass er dir Sicherheit gegeben hat.

A: Ja, das ist so. Deshalb ist es jetzt mit seinem Zustand auch schwierig. Ich darf nicht vergleichen zu dem, wie es früher war. Er konnte einfach alles: Maschinen flicken, schreiben, er hat jeweils auch Leserbriefe geschrieben. Ausserdem lag ihm das Imkern im Blut. Das alles hat er mit Freude neben der Arbeit auf dem Hof erledigt. Darum tut es doppelt weh.

2016 musste er einen Hirntumor operieren lassen. Ab da war es noch einen Moment lang besser, so ungefähr bis 2018. Nachher durfte er aber nicht mehr Auto fahren, weil es zu gefährlich gewesen wäre. Heute ist es so, dass er auch nicht mehr selbst duschen kann, weil er einfach nicht mehr weiss, wie das funktioniert. Am Anfang wurde er jeweils richtig hässig, als er es realisierte.

H: Ja, Vati war ein gewiefter Mann, hat unzählige Projekte angerissen. Er war ein Pionier, vielseitig begabt und hat seine Ideen verwirklicht. Das wäre auf dem elterlichen Hof gar nicht möglich gewesen. Auf dem Bözberg hat er zum Beispiel eine Kirschenanlage erstellt. Auch beim Stallbau - was er da alles selbst geplant, gebaut, gemauert hat! Das hat er nie gelernt, hat sich alles selbst angeeignet.

Als es bei mir darum ging, frisch verheiratet eine Wohnung zu suchen und diese in Bözberg sehr rar waren, sagte er: «Ich habe euch schon eine Wohnung, ihr müsst mir halt helfen!» Und so bauten wir auf dem Hof den Estrich um. Mein Mann hat Wertvolles gelernt von ihm. Als es ums Plätteln ging, fand ich: «Das kann ich nicht!». Er meinte nur: «Das kann man lernen!» Ich hab's gelernt, nicht nur ich, auch alle meine Geschwister! Wie oft war ich dankbar für das Gelernte.

Er hatte keine Scheu, Altes herauszureissen und hat allen viel zugetraut. Als sie hier den heruntergewirtschafteten Hof kauften, hatte er bereits eine Vision, was daraus entstehen kann. Er hätte gerade so gut ein Architekt oder Baumeister werden können. Die Pläne hatte er im Kopf. Er machte auch Politik.

A: Als Bauer war er acht Jahre im Gemeinderat. Er molk jeweils im Stall noch die Kühe, stürzte sich nachher in die Hosen und ab in den Gemeinderat. Ich legte ihm die Kleider normalerweise nie bereit, in dieser Zeit jedoch schon. Er musste ja vorher noch duschen. Fast dreissig Jahre lang war er zudem Totengräber.

H: Es ist wahnsinnig, was er geleistet hat. Was er in die Finger nahm, war durchdacht, kein Pfusch.

A: Ich darf gar nicht mehr daran denken. Ich muss mir einfach zureden: «Es ist so, wie es heute ist!». Sonst wird es mir elend. Auf der anderen Seite muss ich sagen, wir können so dankbar sein. Er braucht viel Ruhe, läuft nicht davon, schläft nachts. Es gibt ganz andere Fälle. Aber im selben Zimmer schlafen geht einfach nicht mehr. Am Anfang fühlte ich mich manchmal wirklich verloren. Er geht früh zu Bett. Auf der einen Seite geniesse ich diese Zeit jeweils auch ein wenig für mich. Obschon, ich bin ja nicht verloren, unsere Kinder schauen alle so gut zu uns (sieht ihre Tochter dankbar lächelnd an)! - Man ist verheiratet, aber der Partner ist anders geworden. Du bist sehr oft allein und kannst dich nicht mit ihm austauschen. Ich muss auch viele Entscheidungen selbst treffen. Vorher konnte ich mich an ihn halten. Heute ist es umgekehrt. Jetzt gebe ich ihm Sicherheit.

Früher konnten wir uns die Zärtlichkeit gegenseitig schenken. Heute muss alles von mir her geschehen. Sonst passiert nichts. Das ist einfach die Krankheit.

H: Und gleichwohl, wenn man ihn so anschaut, auch heute, er strahlt, wirkt glücklich und zufrieden.

A: Ja, er wollte nämlich zuerst bei diesem Gespräch nicht dabei sein.

H: Für mich ist das wirklich ein Wunder, wenn ich daran denke, wie mein Vater früher war. Er wusste, was er wollte! Er gab den Tarif durch - ein gerechter Mann! Er gab auch mir Sicherheit. Ich wusste, wo es lang geht. Er hatte nie eine Agenda, alle Termine waren bei ihm im Kopf. Als bei ihm diese Krankheit begann, wurde er manchmal schon auch unwillig. Ich war besorgt und dachte mir, wie wird das wohl mit ihm? Ich arbeite in einem Pflegeheim und weiss, was das heisst. Und jetzt ist er so friedlich, ja sogar sanftmütig.

A: Er ist ein Dankbarer.

H: Herrlich ist es, wenn man miterlebt, wie er Freude zeigt, wenn eines seiner Kinder oder der achtzehn Grosskinder zum Spielen oder Tee trinken auftaucht oder mit ihm ausfährt, gar ein Beizen-Bsüechli drin liegt. Er freut sich auch sehr an den drei Urgrossbuben, schon bald gibt's ein viertes. Mit strahlendem Gesicht schaut er ihnen beim Spielen und Herumtollen zu. - Das ist ein Geschenk und erfüllt mich mit grosser Dankbarkeit, ja mit innerem Frieden über dieser Situation.

Manchmal bin ich erstaunt, wie er dann plötzlich doch noch etwas ganz Komisches weiss oder auch irritiert, was er noch weiss. Zum Beispiel Namen und Ortschaften, die Mueti und ich schon längst vergessen haben.

A: Ja, manchmal staunt man. Es wäre für mich ganz schlimm, wenn ich ihn in ein Heim geben müsste. Mein Physiotherapeut hat mir zugesprochen: «Hört, Frau Hegg, ihr müsst euch nicht so plagen! Der Patient selbst leidet weniger als die Umgebung.» Das hat mir sehr geholfen.

H: Das stimmt. Und du machst das so gut!

A: Am Abend kommt es mir manchmal vor wie früher bei den Kindern. Er will, dass ich noch zu ihm komme. Nachher beten wir zusammen und er sagt: «Jetzt bekomme ich noch ein Müntschi!» Und dann: «Danke vielmal!»

H: Wenn ihn jemand anderes zu Bett bringt, sagt er jeweils: «Von

Annerös bekomme ich aber immer noch ein Müntschi!» Hättest du das gedacht, dass er mit so viel Liebe und Dankbarkeit auf seinen Zustand reagiert? Irgendwie gelassen, einfach, es ist jetzt so. Das hätte ich mir gar nicht vorstellen können! Er realisiert sehr wohl, wenn Leute in seiner Anwesenheit über ihn sprechen. Dann sagt er: «Ich gehe jetzt nach Hause.» oder «Ich gehe liegen.»

A: Er liebt es auch, wenn man am Abend mit ihm singt.

H: Vati kann super Elferraus spielen. Am vergangenen Dienstag hat er zwei Mal gewonnen, obwohl wir ihn nicht gewinnen liessen. Schon früher gewann er immer. Ich weiss nicht, wie er das fertigbringt.

A: Ich weiss es auch nicht, aber er hat Freude daran. Es gibt ja sonst so viel Negatives. Ich korrigiere ihn auch nicht mehr. Er knackt für uns alle immer noch riesige Mengen Baumnüsse. Das ist etwas, das ihn ermutigt. Er hat seinen Tisch, auf dem alles dafür bereit liegt. So kann er dort wirken, wann immer er will. Er sortiert sogar die Kerne. Die Hälften, die ganz geblieben sind, auf der einen Seite, den Bruch auf der anderen. Von der Schwiegertochter bekam er dafür eine grosse assortierte Kambly-Guetzlischachtel geschenkt. Das hat ihn so gefreut! Zwischendurch legt er sich aufs Bett, um auszuruhen.

Anmerkung: Fritz kommt zurück.

F: Was habt ihr jetzt berichtet?

H: Wir haben erzählt, dass du immer viele Baumnüsse knackst für uns. Und was Mueti so gut gefallen hat an dir. Was hat dir denn an deiner Frau so gut gefallen?

F: Dass sie mich geliebt hat, dass sie mich gernhat. Das Föteli von ihr hat mir gefallen!

H: Ich weiss noch etwas, das du mir verraten hast, was dir an Mueti sehr gut gefällt.

F: Was?

H: Dass es immer fein kocht!

F: Ja, das stimmt.

A: Unsere Familie ist für mich ein grosses Glück! Auch, dass wir jetzt hier im Alter eine so gäbige Wohnung haben. Und, dass alle so gut zu uns schauen. Besonders wertvoll war das für uns beide, als ich mit meinen Knieoperationen zweimal im Spital war. Die zweite war kein Zuckerschlecken. Glück ist für mich auch, eine Hoffnung auf ein gutes Ende zu haben.

Annerös, unsere Tochter, die im selben Haus gleich nebenan wohnt, hat seit siebzehn Jahren ein Pflegekind mit Down-Syndrom. Sein Vater ist unterdessen gestorben. Die Eltern wollten einfach, dass ihre Tochter nicht erst dann von ihnen wegmuss, wenn sie nicht mehr da sind. Hier ist jetzt ihr zweites Zuhause. Wir haben zusammen schon so viele lustige Stunden erlebt. Das ist auch Glück! Am Abend gibt sie Fritz zum Beispiel seine Tabletten oder zieht mir die Gummistrümpfe aus. Sie fragt ihn jeweils: «Und, was musst du noch machen, bevor du ins Bett gehst?» Was sagst du dann?

F: Die Zähne rausnehmen und die Kleider ausziehen (lacht herzlich).

A: Es gibt viele Mütter mit solchen Kindern, die sie später auch immer noch als Kinder behandeln. Das erträgt diese junge Frau gar nicht. Wenn sie bemuttert wird, treibt sie das manchmal fast zur Weissglut! Als sie hierherkam, musste sie ganz langsam daran gewöhnt werden, auch mal allein zu sein. Etwas, das sie von zuhause aus gar nicht kannte. Jetzt reist sie sogar selbständig, auch wenn sie umsteigen muss. Wenn mal etwas Aussergewöhnliches passiert, weiss sie sich zu helfen. - An jedem unserer Feste jodelt sie - was die für einen Zungenschlag hat! Sie freut sich immer sehr, wenn sie auftreten darf.

Ja, und wir haben von unseren Enkelkindern einen Kalender geschenkt bekommen. Jeden Monat unternehmen ein oder mehrere Grosskinder etwas mit uns. Auch das macht uns glücklich! Es wird uns nie langweilig. Ab und zu denke ich, oftmals schaut heute jeder nur für sich.

H: Ihr habt so Vieles durchgestanden und ich habe euch nie wirklich verzweifelt gesehen. Ihr seid in der Tat gemeinsam durch dick und dünn gegangen. Ihr seid dankbar und zufrieden - grosse Vorbilder für mich!

A: Auch wenn wir damals auf diesen Hof, der eigentlich Fritz zugestanden wäre, verzichtet haben, kann ich wirklich sagen, wir hatten viel Glück und viel Segen in unserem Leben!

Aus der vielfältigen Saat wurde eine reiche Ernte.

Die Gaststube ist unser Wohnzimmer

THERES UND SEPP JUD-BÜHLER I HEIRAT 1966

Fast jedes Mal, wenn wir Richtung Walensee unterwegs waren und an dem in jeder Jahreszeit wieder anders, mit viel Liebe und Fantasie dekorierten, schmucken, kleinen Landbeizli vorbeifuhren, fragten wir uns, wer hier wohl die Wirtsleute seien. Das Haus steht in Maseltrangen/SG, in einem Vierhundertseelen Dorf.

Eines Sonntagnachmittags beschliessen wir, unsere Neugierde zu stillen und treten in die kleine, niedrige Gaststube ein. Hinter der Theke hervor tritt uns eine fröhliche Frau entgegen. «Ich bin Theres», sagt`s und streckt uns zum Gruss freudig die Hand entgegen - für uns ist klar, die Bezeichnung «Frohsinn» passt zu dieser Lokalität. Die Wirtin fragt uns nach unseren Namen. «Therese und Martin». «Ah, Martin! Wir haben auch einen Martin!» Sogleich ergibt sich eine schöne Verbindung. Sie schreibt die Vornamen ihrer neuen Gäste auf einen Zettel. Nachdem wir bestellt und unseren Zvieri genossen haben, setzt sie sich zu uns. Wir kommen ins Gespräch. In der Küche hantiert ihr Mann Sepp. Theres weiht uns beim Verabschieden hinten im Säli in eines ihrer Projekte ein. Von November bis März bietet sie an jedem 1. und 3. Donnerstag im Monat für Frauen und Männer eine Lismete an. Unglaublich, was dabei schon alles entstanden ist und wie viele Sujets umgesetzt wurden. 2014 wurde sogar das ganze Restaurant bestrickt, von Vorhängen über Lampenschirme, von Stühlen bis hin zu Bilderrahmen und Pflanzen-Übertöpfen. Das Projekt erhielt so viel Aufmerksamkeit, dass die Zeitung und ein Lokalfernsehsender darüber berichteten. Für mich zeichnet sich ab, dass ich dieses Paar für mein Projekt näher kennen lernen möchte.

Nachdem ich den beiden - wie üblich - einen Brief mit der Schilderung meines Anliegens und einer entsprechenden Anfrage gesandt und nach etwas Zögern ihrerseits eine Zusage erhalten habe, ist es an einem Wirte Sonntag anfangs Dezember so weit.

Zu Beginn zeigen uns die beiden ein Foto ihrer vier Kinder aus früheren Jahren. Sie haben die Jahrgänge 66, 67, 68 und 70. Hielte jedes von ihnen ein Musikinstrument in den Händen, könnte es die Aufnahme einer Jugendband sein. Als Gegenstück das Familienbild, das anlässlich von Sepps 80. Geburtstag entstanden ist.

Sepp äussert am Anfang des Gesprächs Bedenken: «Wir sind gewöhnliches Fussvolk, da muss man nicht darüber reden.» «Fröhliches Fussvolk!», wirft Theres ein. Trotz seines seit Geburt durch Vererbung stark beeinträchtigten Hörvermögens, ist er voll dabei.

Theres (T): Wo und wie wir uns kennen gelernt haben (beide lachen laut und belustigt)? Im Hüsliberg, da oben, zum ersten Mal mit der Liebe.

Sepp (S): Ja, bei der Alpwanderung.

T: Ich bin in Rufi drüben aufgewachsen, er hier im «Frohsinn». Ich ging immer gerne in die Berge, er auch.

S: Ihre Eltern hatten dort oben eine Alpwirtschaft, da hat man jeweils eine Rast gemacht.

T: Ja, und irgendwann einmal ist es passiert. Das ist ja eine Ewigkeit her! Weisst du noch? Erzähl es!

S: Was soll ich auch erzählen (lacht)?

T: Ich habe ihn schon vorher gekannt. Er hatte ein Sportwägeli. Was war das für ein Auto?

S: Ein Triumph - aber ich konnte nicht Auto fahren. Es war ein Sportwagen und ich hatte keine Erfahrung damit. Einmal fuhr ich viel zu schnell und kam plötzlich ins Schleudern. Dann war er kaputt! Das hat so kommen müssen. Ja, ja, das ist so.

T: Das Auto stand mal beim «Hirschen» im Dorf vorne, in Maseltrangen. Ich war mit einer Kollegin unterwegs und sagte: «Ou, du, das ist das Auto vom Frohsinn-Sepp - komm, hocken wir doch einfach hinein!» Es war ein offenes Chäreli. Wir hatten eine «huere» Meinung, dass wir in dieses Auto hineinsitzen konnten und ja, ich habe schon ein wenig auf dessen Besitzer gespienzelt. Irgendwann ist es dann passiert, dass wir uns da oben kennen lernten.

S: Ja, also ein wenig näher kennen gelernt. Das war eben so: Eine meiner Schwestern hatte vorher ihren Bruder geheiratet. Ab und zu hat man dort vorbeigeschaut. Und da sind wir uns plötzlich einmal nähergekommen. Das hat jetzt so sein müssen. Ja! Sonst wäre ich heute noch ledig!

T: Er war eigentlich eine Sportskanone, ich weniger. Aber ich habe 1962 die Rekrutenschule gemacht. Als Sanitätsfahrerin im Frauenhilfsdienst (FHD), so hiess es damals, war ich mit einem Dodge Mowag unterwegs. Im Bekanntenkreis hiess es: »Die spinnt! Die geht ins Militär!« Als ich in den WK einrücken musste, wollte Sepp mich nicht nach Ziegelbrücke auf den Bahnhof begleiten. Er schämte sich mit mir, in der Uniform (beide lachen). So wollte er sich nicht zeigen!

S: Ja, ich habe viel gemacht: Skifahren, Klettern, Velofahren, früher auch Velorennen, aber nicht Spitzensport. Nach dem Arbeiten fuhr ich manchmal noch mit dem Velo über den Kerenzerberg oder ins Glarnerland. Einmal arbeitete ich in Rapperswil und radelte jeweils morgens zur Arbeit. Wenn ich früh genug war über Eschenbach, Rüti. Auf dem Heimweg dann über den Seedamm. Auch heute noch fahre ich gerne Velo, praktisch jeden Tag. Ich war auch im Turnverein, habe mit einem Kollegen zusammen eine Gründerversammlung einberufen und den Skiklub Schänis gegründet.

Theres hat mir besonders gut gefallen, weil sie eine bäumige Frau war. Sie hatte eine schöne Postur. Hatte, sie ist natürlich schwerer gewesen, 20 Kilo mehr als jetzt. Das gefällt mir heute noch, wohlbeleibte Frauen, das ist so.

T: Als wir frisch verheiratet waren, hätte ich Skifahren lernen sollen. Das war auch so ein Episödeli. Er kaufte mir Skischuhe, Lederschuhe. Zuerst musste ich diese einlaufen, das war mir sowieso zuwider.

S: Ich hatte keine Geduld, nie! Auch heute nicht. Das ist mein grösster Fehler. Mit Kindern hatte ich immer Geduld. Aber mit Erwachsenen nicht.

T: Einmal weilten wir in Savognin in den Skiferien. Auf der Piste bin ich immer in die Ecken rausgefahren, habe gekehrt und er hat mich zusammengepfiffen, weil ich nicht Ski fahren konnte.

S: Ja, das war eine «Stürchlete».

T: Zufällig war ebenfalls eine Schulkollegin dort, die auch nicht Ski fahren konnte. Ab und zu setzten wir uns auf einen Stein und schnorrten. Die beiden Männer haben immer wieder mit uns «gchiebet» (geschimpft), wir müssten doch jetzt Ski fahren, wenn wir schon in den Ferien seien!

Am nächsten Morgen sollte ich wieder mitgehen. Ich sagte: »Also gut, ich komme mit. Aber ohne Skier!» Er wollte sie unbedingt dabeihaben. Und ich: «Wenn du die mitnimmst, werfe ich sie ins Tobel runter!» Das war es dann. Ich musste nie mehr Ski fahren! Mit unseren Kindern ging Sepp oft. Ich war sehr froh, denn am Samstag, Sonntag waren hier viele Gäste. Unsere Kinder hatten es natürlich super. Die Skirennen haben sie immer gewonnen, haben alle Preise abgeräumt. Dank ihm.

An Sepp gefiel mir seine Art. Er war wirklich immer lieb mit mir. Er hat mich auch verstanden. Anno 1966 haben wir geheiratet. Nach unserer Heirat arbeitete ich in einer Metzgerei weiter. Seine Eltern führten hier das Restaurant. In der Anfangszeit wohnten wir noch bei meinen Eltern. Die waren damals im Sommer jeweils in der Bogmen, auf der Alp. Im Winter lebten wir dann alleine und hatten die Küche im Elternhaus gemeinsam für uns. Das war eine schöne Zeit. 1969 sind wir hierhin gekommen. Ja, er hat mir einfach als Mann gefallen, es hat alles gestimmt.

S: Ja, gestimmt hat es einigermassen.

T: Das sagst jetzt du.

S: Da gibt es halt immer Differenzen. Das ist so. Und wenn man geschäftet sowieso. Ich arbeitete auswärts, hatte auch sonst viel zu tun. Zusätzlich war der Sport. Ich hatte ein Pferd. Das ist eine teure Sache und hat viel Geld gekostet. Ich hatte einen kastrierten russischen Araber aus dem Staatsgestüt. Er war 35-jährig und ein Draufgänger. Bei jedem Wetter bin ich reiten gegangen. Nach einem Unfall musste ich dann die Hüfte operieren.

T: Aber das Pferd hattest du erst, als wir wirteten, oder?

S: Ja, das hätte ich mir vorher gar nicht leisten können. Da staune ich heute noch! Ich war Mechaniker, zuerst im Bühnenbau, bei

Eberhart. Dort habe ich Bühnen montiert, überall, auch im Deutschen draussen. Eine der grösseren war der Stadthof Elf in Zürich. Nachher übte ich wieder meinen Beruf aus, die Mechanik. Später war ich dann Betriebsmechaniker bei Gerodur, Kunststoffrohre in Benken.

T: Und am Schluss, das war spannend, hast du als Mechaniker beim Orgelbau Mathis in Näfels gearbeitet.

S: Ja, die stellen nur mechanische Orgeln her. Bei einem früheren Arbeitgeber war es manchmal so, dass wir die Stücke in der Werkstatt mit dem Kran auf die Fräse legen mussten, das war schweres Zeug. Diese Mechanik war auch Schlossereiarbeit, jedoch viel feiner. An jener Stelle blieb ich zwanzig Jahre, bis zur Pensionierung. Dort hat es mir gefallen. Wir haben weltweit Orgeln gebaut, von Taiwan über Japan bis Regensburg. Einmal erhielten wir einen Auftrag aus dem Vatikan, eine Orgel für die Kapelle der Schweizergarde. Die ganze Belegschaft wurde nach Rom zur Besichtigung eingeladen. Alle Namen derer, die daran gearbeitet hatten, waren auf einer Plaquette eingraviert, auch meiner.

T: Wir durften mit der Swissair nach Italien fliegen. Am anderen Tag mussten wir mit dem Zug retour (lacht) - das Grounding (Anm.: Das Swissair Grounding vom 2.10.2001)!

S: Nicht lange danach durften wir auch für die Sixtinische Kapelle in Rom eine neue Orgel bauen. Das ganze Projekt konnte nur durch die grosszügige Unterstützung einer Stiftung aus Vaduz - Fürstentum Liechtenstein, in Angriff genommen werden. Mitte Dezember 2012 fand in der Sixtina zur Einweihung ein festliches Orgelkonzert statt. Pater Theo Flury, er war damals Stiftsorganist im Kloster Einsiedeln (Anm.: Komponist und Professor der Musikhochschule Luzern), durfte zusammen mit einem anderen Organisten und den Sängerknaben (Anm.: der Cappella Sistina (Pueri Cantores)) die Einweihung musikalisch begleiten.

T: Wir hatten von allem Anfang an klare Verhältnisse und irgendwie hat das sofort geklappt. Ich wusste, ich wirte hier und er geht arbeiten. Es hat einfach zusammengepasst.

S: Von so einem Beizli kann man ja nicht leben.

T: Ich hatte vorher auch nie serviert. In der Metzgerei arbeitete ich mit anderen Leuten zusammen. Nachher musste ich das Geschäft hier zuerst aufbauen. Ich war tagsüber immer in der Gaststube und für die Kinder da. Wenn er am Abend von der Arbeit nach Hause kam, musste er mir helfen.

S: Ja, die Kinder zu Bett bringen und ihnen noch eine Geschichte erzählen. Dabei bin ich eingeschlafen und sie haben wieder begonnen, herumzuhopsen.

T: Ich hörte es poltern. Wenn ich rauf kam, hat er geschlafen und die Kinder waren immer noch nicht im Bett. Das waren so Sachen. Früher hatte ich immer eine Serviertochter. Sie bewohnte in unserem Haus zuoberst ein Zimmer und lebte auch in der Familie. Wir teilten das Badezimmer. Jetzt bin ich mehr als fünfzig Jahre am Wirten. Ich weiss gar nicht mehr, wie wir das am Anfang geschafft haben. Samstag, Sonntag war er da. Oft hat er mit den Kindern etwas unternommen und ich war einfach immer hier. Aber ich habe es ja gerne gemacht. Weil jedes seine Aufgabe hatte, hat es auch weniger Konflikte gegeben. Ich glaube, wenn du immer zusammenhockst, gibt es mehr Streit. Ich kann zum Beispiel nicht mit ihm in der Küche arbeiten.

S: Nein, das geht nicht (lacht)!

T: Ich räume sogar die Abwaschmaschine falsch ein, einfach anders als er. Ich bin sicher manchmal wütend geworden, weil er sagte: «Das musst du so machen!» Ich «chiebe» ja auch nicht mit ihm, wenn er etwas anders anpackt als ich. Das ist nicht so einfach. Aber es hat funktioniert.

S: Es ist eben so: Bei mir, im Beruf, musste alles perfekt sein, sonst kommt es falsch heraus. Aufs Alter hin sowieso. Als jung hast du alles ganz genau gewusst. Jetzt musst du viel mehr überlegen und vor der Arbeit alles bereitlegen. So geht's auch viel einfacher, weil du nicht immer wieder die verschiedenen Schrauben oder Schlüssel suchen musst. Auch wenn zuhause die Putzfrau da war, war wieder alles verstellt und ich sagte: «Nein, so geht das nicht, ich muss doch das Zeugs sofort finden!»

T: Ich mache es halt so, wie es mir passt. Ich gehe nicht nach Schema irgendwie und das erträgt er manchmal nicht, auch heute noch nicht. Gerade letzthin hatten wir wieder Streit. Nein, Streit war es nicht. Als wir ungarisches Essen anboten: «Koche ich oder kochst du?», und ich jagte ihn zur Küche hinaus. Er werkelte dann etwas im Garten. Er kocht eben oft. Vor allem jetzt, wo er pensioniert ist. Wenn ich in der Wirtsstube Gäste habe, steht er in die Küche. Heute kochen wir nur noch auf Anmeldung. Früher haben wir am Mittag manchmal für zehn gekocht, dann kamen nur fünf.

S: Oder du kochst für fünf und es kommen zehn. Deshalb haben wir damit aufgehört.

T: Wir arbeiten nicht nur zusammen, wir gehen auch gerne gemeinsam reisen. Er begleitete mal einen Kollegen, den er vom Orgelbau her kannte, nach Ungarn. Dieser suchte eine Tanya, ein Bauernhöfli. Er fand eines, kaufte es und hielt dort zwei Pferde. Seitdem besuchten wir ihn jedes Jahr einmal. Durch ihn haben wir Ungarn kennen gelernt, sind mit dem Auto umhergereist und haben überall Bekannte getroffen. Deshalb fingen wir an, ungarisch zu kochen. Wir konnten bei jemandem zuhause in einer grossen Küche experimentieren und haben das vor etwa 40 Jahren hier eingeführt. Gerade letzte Woche war es wieder so weit. Die Leute freuen sich darüber. Alle rundherum bieten «Metzgete» an und ich koche ungarisch.

S: Damals war Ungarn schön, wie in alten Zeiten, man konnte fünfzig Jahre retour drehen. Heute ist das nicht mehr so.

T: Wir sind sehr viel gereist und immer zu zweit. Wir sind spontan, fahren am Morgen weg und wissen nicht, wo wir am Abend landen.

S: Ja, wir haben viele schöne Ferien gehabt.

T: Was wir buchen, sind die Flussfahrten. Das ist organisiert. Dieses Jahr machten wir die Route von Strassburg nach Passau, Main, Donaukanal, Mainz. Wir waren acht Tage auf dem Schiff, das war wunderschön!

S: Mit dem Car konnten wir auch Ausflüge machen. Es ist eine teure Sache, aber perfekt organisiert. Das ist etwas Schönes, Gemeinsames.

T: Als die Kinder noch in die Schule gingen, konnten wir uns kein Hotel leisten. So mieteten wir in Müstair ein Ferienhaus. Das waren auch schöne Zeiten, zusammen mit unseren vier Kindern.

S: Im Herbst nahmen wir die Skier mit, gingen am Morgen fahren und am Nachmittag baden.

T: Und ich fand: «Müssen die Skier jetzt auch noch mit?» Damit alles Platz hatte, mussten wir jeweils mit zwei Autos fahren.

Auch heute ist das etwas, was wir beide lieben, das Spontane! Aber das ist nur am Montag und Dienstag möglich. Ich habe im Moment immer noch viele Gäste im «Frohsinn». Ich kann nicht einfach sagen: «Das mache ich nicht!» Sonst müsste ich ganz schliessen.

S: Vor allem im Winter wird es manchmal fast zu viel, weil dann auch die Vereine hier sind.

T: Aber wenn ich aufhöre, was mache ich dann? Wir lieben es beide und sind auch noch gut zwäg. Ich habe die Leute gern. Wir bekommen viele Lebensgeschichten zu hören und manchmal bin ich wirklich eine Seelsorgerin.

S: Ja, sie muss viel anhören.

T: Oft denke ich: «Ist das möglich?» Wenn Menschen ein bisschen alkoholisiert sind, werden sie etwas offener und beginnen zu erzählen. Da hört man viel.

S: Und ich habe jeweils auch gejasst, geraucht und getrunken. Am Morgen musste ich wieder arbeiten gehen. Als die Kinder dann grösser waren, dachte ich mir: «Ich kann von ihnen nicht verlangen, dass sie nicht rauchen, wenn ich selbst rauche wie ein Türke!» Von einem Tag auf den anderen habe ich damit aufgehört. Dafür habe ich nachher Schokolade gegessen und mehr getrunken - als ich dann pensioniert wurde, praktisch keinen Alkohol mehr.

T: Er ist auch ein anderer Mensch. Wir hatten oft Streit deswegen. Manchmal hat er am Morgen gesagt: «Du musst nicht schimpfen, ich weiss, dass ich zu viel getrunken habe!» Und einmal: «Den anderen verkaufst du Alkohol und ich darf keinen trinken?» Beim Wirten ist das eine Herausforderung.

Ich hatte mal jemanden, der konnte fünf Bier saufen, sein Kind sass daneben und bekam nicht mal ein Pommes Chips. Ich wurde wütend und schenkte dem Kind etwas. So bekomme ich schon viel mit, was zuhause bei den Familien passiert. Manchmal ist es bedauerlich.

S: Oft denke ich, dass es früher schlimmer war. Die Fabrikarbeiter haben den Zahltag in die Hand bekommen und sich dann in der Beiz volllaufen lassen.

T: Solche Sachen belasten mich. Aber ich mache jeden Abend eine Beerdigung. Ich trinke einen Schluck Wein und begrabe das alles. Am nächsten Tag spreche ich nicht mehr darüber. Das habe ich gelernt. Es ist auch schon passiert, dass sich jemand volllaufen liess und mir dann vorwarf, dass ich an ihm ja verdiene. Dank ihm könne ich existieren. Das tut manchmal weh. Aber das musst du wegstecken. Jeder hat seinen freien Willen.

Selber haben wir ja auch Schicksalsschläge erlebt. Wir haben einen Sohn, der in die Drogen gerutscht ist. Das ist sehr schlimm.

S: Da kannst du nichts machen. Da bist du verloren. Er war aufgeweckt, stark. In der Schule und überall der beste. Er musste nicht lernen, er konnte einfach so mithalten. Und genau er kommt in die Drogen hinein. Das ist wahnsinnig!

T: Das war erst nach der Rekrutenschule.

S: Er hat weder geraucht noch Alkohol getrunken. Dann hatte er einen schweren Unfall.

T: Er war in der Käserlehre und etwa siebzehn. Am Chlaustag fuhr er mit seinem Velotöff nach Hause. In einem Dorf überquerten zwei Männer schräg die Strasse. Er sah einen hell gekleideten, wich dem aus und fuhr in den anderen hinein, weil er ihn - in den dunkeln Kleidern - nicht wahrnahm. Der Mann fiel um. Es ist alles richtig gelaufen, aber auf dem Weg ins Spital ist er in seinem Rausch erstickt und gestorben. Das hat unserem Sohn sehr zugesetzt. Er war quasi schuld daran, dass dieser Mann starb und fühlte sich dafür verantwortlich. Obschon wir ihm versicherten, dass die Sachlage anders war. Deshalb begleiteten wir ihn an die Beerdigung. Als die Witwe unseren Sohn erblickte, sagte sie zu ihm: «Komm, setz dich zu mir!» Das war für uns so eindrücklich!

Der Tag des Gerichttermins war brutal! Da er noch so jung war, ging ich mit ihm, um ihn zu unterstützen. Der Gerichtspräsident stellte ihm eine Frage. Unser Sohn war jedoch nicht in der Lage, ihm zu antworten. Das war für ihn wirklich schlimm! Er war so aufgewühlt! Ich wollte etwas erwidern. Der Richter schnauzte mich jedoch an und befahl mir, ruhig zu sein! Das fand ich unmenschlich und tat mir weh. Unser Sohn wurde freigesprochen.

Er fand aber nicht mehr richtig ins Leben zurück, obschon er die Lehre noch abschloss. Wir konnten nichts ausrichten. Wir haben alles versucht. Er ging zum Beispiel mal in die Kirche rauf und suchte Hilfe, wahrscheinlich beim Pfarrer. Der war aber nicht dort. Wir vermuten, dass er das Ganze nicht verarbeiten konnte und dann irgendwann in die Drogen geriet. Als wir es merkten, war es zu spät. Einmal holte ich ihn nachts auf dem Platzspitz. Er kam mit uns nach Hause, hat hier geschlafen und ist wieder weggegangen. So hatte er eine schreckliche Geschichte.

In der Nähe von Bern, in Melchenbühl, ging er auf Entzug, war ein halbes Jahr dort und sagte: «So, jetzt bin ich geheilt!» In Burgdorf besuchte er dann die Molkereischule. Er wollte Käseinspektor werden. Dort hatte er in der Freizeit ein Loch und fiel wieder in die Drogen zurück. Für uns war das eine sehr schlimme Zeit. Er konnte heimkommen, aber ich musste das Portemonnaie immer in meinem Sack behalten. Er hat gestohlen und gelogen. Die Drögeler machen das so. Ich kann mich gut erinnern. Einmal kam er mit einem schweren Motorrad vorbei. Ich fragte ihn, wo er dieses herhabe. Er lachte und sagte, er habe es gefunden. Daraufhin kam ein Polizist und fragte, ob unser Sohn dagewesen sei. Ich sagte ja, er habe hier geschlafen und sei wieder abgefahren. Ein halbes Jahr später habe ich den Polizisten bei einer passenden Gelegenheit gefragt, was los war. Er sagte, sie hätten den jungen Mann damals gefunden und ihm einfach den Töff weggenommen. Mehr konnten sie nicht ausrichten.

Er war ein gescheiter Junge und konnte so gut Ski fahren. Einmal kam er ins Gefängnis, weil er gestohlen hatte. Es ist ganz schlimm, wenn du dein Kind im Gefängnis besuchen musst. Ich durfte nichts. Ich durfte ihn nicht einmal berühren. Er war hinter Glas. Wir sprachen miteinander. Ein paar Tage später mussten sie ihn wieder rauslassen. Jeden Tag habe ich die Zeitung gelesen und geschaut, ob etwas passiert sei. Gedanklich war ich immer bei ihm.

Nachher lernte er eine Frau kennen, auch eine Drogensüchtige. Sie kam in Erwartung. Diese Frau war ein Einzelkind. Ihre Eltern haben immer für sie geschaut und ihr alles abgenommen. - Später machten die beiden ein Methadonprogramm. Sie bekamen dann einen Jungen. Jetzt haben sie zwei Kinder. Er arbeitete bei einem Käser Kollegen, der mit ihm die Molkereischule besucht hatte. Dort durfte er arbeiten, unter Methadon. - Heute ist er so weit, dass er einfach kifft. Er kann nicht mehr ohne sein. Unser Bezug zu ihm ist gut. Er besucht uns immer wieder.

Es ist fast nicht zum Glauben. Warum musste das ausgerechnet ihm passieren? Ich weiss es immer noch nicht! Ich vermute wirklich, dass er diesen Unfall einfach nicht verkraften konnte und sein innerer Schmerz so gross war, dass er ihn irgendwie loswerden musste. Er ist ja so aufgewachsen wie seine Geschwister. Uns tut es weh, wie er lebt. Er ist auf dem Sozialamt. Zwar kann er immer noch zu einem Käser arbeiten gehen, doch dieses Geld muss er auch abgeben. Er hat einfach nichts mehr.

Wenn ich ihn brauche, telefoniere ich ihm und er kommt sofort. Er hilft uns immer mit den Dekorationen in den Blumentrögli. Er ist sehr hilfsbereit und entlastet Sepp auch in der Küche beim Abwaschen. Er ist ein armer Kerl. Als das Paar die beiden Kinder hatte, erledigte die Schwiegermutter fast immer alles. Vielleicht einfach, weil es ihre Tochter ist. Drogensucht ist brutal! Ich glaube, das ist das Schlimmste, das du haben kannst. Das macht dich kaputt!

S: Alkohol ist dasselbe. Man verharmlost es. Es gibt viel Elend in solchen Familien.

T: Ich habe ihm gesagt, dass er immer nach Hause kommen darf. Er bekommt zu essen, ich gebe ihm eine Zwanzigernote. Mehr macht keinen Sinn. Das ist ein Fass ohne Boden. Er weiss, dass wir immer eine offene Tür haben. Wenn Gäste da sind, zeigt er sich nicht. Er zieht sich zurück. Aber mit der Familie ist er gerne zusammen. (Das Familienfoto zeigt einen offenen, zugänglichen, sympathischen Mann.)

Anmerkung: Nachdem Sepp und Theres den Text für das Buch schon freigegeben hatten, begegneten wir auf unserer Ferienrückreise bei einem Zwischenhalt in einem Café Theres mit diesem Sohn - was für eine unerwartete Fügung! Bald entwickelte sich ein Gespräch mit diesem offenen, feinfühligen Mann. Wir nahmen die Gelegenheit wahr, um uns noch persönlich von seinem Einverständnis für das Erwähnen seiner Situation in der Erzählung zu vergewissern.

S: Ab und zu ist er auch mit dem Gleitschirm unterwegs.

T: Er braucht so etwas. Er weiss, dass er eine Dummheit gemacht hat mit dem Heroinspritzen. Jetzt ist er wenigsten weg von dem. Das mit dem Kiffen ist halt jetzt so. Eigentlich wissen wir nicht, woher wir die Kraft nehmen, um das zu verarbeiten. Vielleicht ist sie gegeben.

S: Durch unsere Arbeit sind wir auch abgelenkt, so dass wir nicht immer daran herum studieren. Ich glaube, das muss man, sonst geht man kaputt dabei. Wir müssen auch für uns schauen.

T: Als die Drogensucht bei ihm so stark war, bin ich oft alleine wandern gegangen. Tagelang mit dem Hund in den Wald, einfach irgendwohin. In der Natur draussen habe ich Kraft gesucht. Ich konnte einen Baum umarmen und bekam wieder Energie. So konnte ich das verkraften. Und ich habe begonnen, quer durch die Schweiz zu wandern. Angefangen an der Grenze - vom Val-de-Travers, wo unsere Tochter mit der Familie wohnt. Das Ziel ist durchs Puschlav bis nach Bever, wo unser ältester Sohn wohnt. In einzwei- und fünftägigen Etappen habe ich es schon bis Chur geschafft. Im Ganzen fünfzehn Tage. Irgendwann gibt es eine Fortsetzung!

S: Und ich bin viel Velo gefahren oder in die Berge gegangen, immer zusammen mit dem Hund. Da ich nicht gut höre, kann ich normalerweise mit niemandem unterwegs sein. Das ist sonst mühsam, weil ich ihn nicht verstehe.

T: Ja, und ich habe verschiedene Steine, die mir auch helfen. Der Rosenquarz, zum Beispiel.

S: Die Steine bringen etwas, davon bin ich überzeugt. Ich habe schon seit vierzig Jahren eine kaputte Schulter, die tut mir immer weh. Manchmal nehme ich einen Stein in die Hand - einen Bernstein oder einen Rosenquarz - und plötzlich habe ich wieder Ruhe. Unglaublich! Ich habe nie an so Zeugs geglaubt, nie! Aber was will ich, wenn es etwas nützt? Eben, der Glaube macht selig (lacht). Ich gehe auch in die Kirche oder gerne zu «Maria Bildstein». Das ist ein Wallfahrtsort, hier, ganz in der Nähe.

T: Ich nicht. Ich habe das mit dem Pfarrer einmal diskutiert und ihm gesagt: «Hör mal, ich kann nicht in die Kirche kommen. Wenn ich da bin, sehe ich all die Leute rund herum und habe überhaupt nichts davon!» Bevor wir verreisen, zünde ich dort eine Kerze an. Allein! - Und dann war das so lustig. Der Pfarrer sagte zum Schluss: «Also, Theres, komm doch trotzdem noch einmal, ich lade dich ein. Es ist jedoch deine Entscheidung!» Ich kann das nicht. Sepp hingegen geht. Er ist ernsthaft. Er ist gläubig. Also, ich glaube ja auch. Aber in die Kirche gehe ich nicht. Ich musste zwar schon hören - in einem so kleinen Dorf: «Was, die geht nie in die Kirche? Das ist bös!» Die sehen das so. Diese Freiheit muss man einander lassen. Ich kritisiere ihn nicht und er mich nicht.

Unsere Tochter hat nicht kirchlich geheiratet. Ich dachte mir: «Ist das möglich?» Aber das ist ihre Sache. Sie sagte, sie gehe sonst auch nicht zur Kirche. Sie hat einfach zivil geheiratet. Sie war ehrlich. Auch ihre Kinder sind nicht getauft. Sie will, dass sie selbst einmal über ihren Glauben entscheiden können. Jetzt muss ich sie dann mal fragen, was die beiden in dieser Beziehung machen, sie sind ja unterdessen erwachsen. Das interessiert mich. Ich glaube, dass es wichtig ist, die Kinder einfach nach bestem Wissen und Gewissen zu erziehen und sich selbst treu zu sein. Nicht etwas tun, nur weil es die andern tun. Sie ist eben meine Tochter und hat ihren eigenen Grind (lacht)! Ich bin ja auch so, ich mache nicht einfach etwas, nur weil «man» es macht! Zu was sich unsere Kinder auch entscheiden, wir haben sie lieb!

S: Das ist jedem sein Ding. Glauben ist sowieso eine schwierige Sache. Da muss man vorsichtig sein. Man darf keinen kritisieren, wenn er diese oder jene Richtung hat. Ich bin katholisch. Aber wir wissen ja nicht, ob wir den richtigen Glauben haben. Es gibt niemand eine Garantie, niemand! In den Ferien besuchen wir immer zusammen eine Kirche und zünden eine Kerze an.

T: So gehe ich gerne in die Kirche, ich bin auch gläubig. Vor einem halben Jahr habe ich etwas Besonderes erlebt. Eine Schulkollegin ist gestorben. Zur Abdankung waren wir nicht in der Kirche, sondern auf dem Friedhof. Der Redner sagte, er sei kein Pfarrer. Aber das war eine so schöne Feier. Sie war auch keine Kirchgängerin und wünschte sich das. Sie spielten Musik, «Herzilein» (Anm.: von den Wildecker Herzbuben) und so. Ein ganz frommer Mann, der dabei war, sagte, er habe noch nie einen solch schönen Abschied erlebt. Nicht kirchlich. Ohne beten und so. Wir waren froh, dass die Kollegin sterben konnte, sie war sehr krank. Ich denke sowieso, in unserem Alter kannst du Freude haben, wenn du gehen kannst. Das ist meine Ansicht. Auch wenn das die anderen nicht akzeptieren. - Dafür bin ich sonst akzeptiert. Ich bin ein Narr, ich war hier nämlich einmal die Fastnachtskönigin. Das ist eine Ehre! Es ist schon lange her, im siebenundneunzig. Ich war die neunte. Als Fastnächtlerin dekoriere und organisiere ich auch hier im «Frohsinn» immer etwas. So kam das Komitee damals zu mir und fragte mich, ob ich Königin sein möchte. Ich fragte: «Kann ich denn das?» Ihre Antwort: «Ja, klar! Du musst einfach vom schmutzigen Donnerstag bis Aschermittwoch immer hier sein.» ("Schmutz" (auch Schmotz genannt) ist ein Dialektausdruck für Fett. Ab dem schmutzigen Donnerstag ass man sich früher möglichst viele Fettreserven an, um die kommende Fastenzeit (ab Aschermittwoch) möglichst gut zu überstehen.) So wurde ich halt die Fastnachtskönigin. Das war eine schöne Sache. Noch heute lachen sie jeweils und sagen mir «Queen Theresia».

Wir haben in diesen fünfzig Jahren so viel erlebt. Unterdessen sind die Alten weggestorben und die Jungen folgen. Manchmal erscheinen zwanzigjährige Burschen: «Hoi Theres!» Ich frage dann: «Wer bist du? Du musst mir sagen, wer dein Vater oder deine Mutter ist oder sogar dein Grossvater!» Ich habe so manche Generation erlebt. Zum Teil waren sie noch Kinder und jetzt sind sie selbst schon Väter.

Ja, für die Leute ist unsere Gaststube schon wie ein Wohnzimmer. Aber etwas fällt mir auf. Die Jungen sprechen zum Teil gar nicht mehr miteinander. Sie schreiben sich in unserer Beiz per Handy von Tisch zu Tisch. Oder sie wollen etwas wissen und schalten sofort Google ein. Letzthin ging es um etwas Geografisches. Ich holte die Schweizerkarte und war schneller mit der Antwort (lacht)! Ich habe diese Menschen gern. Ich geniesse das. In einer Wohnung wäre es mir langweilig. Du kannst nicht immer nur putzen.

S: Mein Grossvater Alois kaufte diese Liegenschaft mit dem Restaurant «Frohsinn» 1921 und zog mit seiner Frau Karoline neun Kinder gross. 1941 übergab er das Geschäft seinem Sohn Alois. Zehn Kinder bevölkerten das Haus. Sein Sohn Paul übernahm dann den Landwirtschaftsbetrieb, der dazu gehörte und 1969 stiegen wir hier ein. Aber man muss ja nicht glauben, die Maseltranger kämen in Scharen daher. Es gibt viele Auswärtige, die immer wieder erscheinen.

T: Manchmal, wenn viele Autos vor dem Haus stehen, fragt der eine oder andere: «So, was war wieder los?» Die wollen es wissen.

S: Wenn wir einen Anlass haben, lassen sich die Einheimischen selten blicken.

T: Zu seinem achtzigsten Geburtstag feierten wir ein grosses Fest.

S: Das war sehr schön! Die Hiesigen kamen nicht. Alles Auswärtige, die uns gut kennen.

T: Auch als wir im letzten Jahr unser 50. Jahr Wirten feierten, kamen uns zum Jubiläum sehr viele Leute gratulieren und staunten, dass wir immer noch da sind.

T: Aber das wichtigste in unserem Leben war schon immer die Familie, trotz dem Wirten.

S: Ja, das glaube ich auch.

T: Obwohl alle Kinder von hier weggezogen sind. Der eine Sohn wohnt im Engadin. Die Tochter ist Brennmeisterin, «Die grüne Fee» in der Westschweiz. Sie ist die erste Frau in der Schweiz, die seit der Aufhebung des Verbots legal Absinth brennt, im Val-de-Travers. Ende Oktober 2019 habe ich eine Reise dorthin organisiert. Mit fünfzig Teilnehmenden besuchten wir die Brennerei und erlebten einen spannenden Tag - auch die Asphaltminen und der Creux du Van standen auf dem Programm.

Ein Sohn lebt in Niederuzwil und der jüngste hier, in Schänis. Das Glück ist, dass seine Frau, eine Philippinin, mir immer gerne helfen kommt.

S: Das ist eine so gute, eine so liebe.

T: Die würde uns auch pflegen. Sie macht alles für uns. Die anderen sind ja auch alle lieb, aber die sind weiter weg.

S: Sie haben drei Kinder.

T: Das war auch etwas Schönes, als er diese Frau heiratete. Ihre Schwester ist schon seit zwanzig Jahren in Reichenburg verheiratet. Und so kam sie zu Besuch in die Schweiz, um auch einen Mann zu suchen. Jemand sagte zu unserem Sohn: «Du, da ist eine Philippinenfrau, das wäre doch jemand für dich!» Sie lernten sich kennen und an Weihnachten besuchte er sie in ihrer Heimat. Nachher brachte er sie zurück in die Schweiz. Sie mussten innerhalb von drei Monaten heiraten, sonst hätte sie wieder ausreisen müssen. Jetzt sind sie bereits seit dreizehn Jahren verheiratet.

S: Sie hat in einem Pflegeheim gearbeitet, ist ursprünglich Hebamme, und kann sehr gut mit alten Leuten umgehen. Manchmal waren die anderen, die dort arbeiteten, deshalb eifersüchtig.

T: Für die Hochzeit durften wir an Weihnachten auf die Philippinen, drei Wochen lang. Sie heirateten dort kirchlich. Das war ein Erlebnis!

S: Die Fliegerei ist das schlimmste.

T: Aber das gemeinsame Reisen und Erleben der verschiedenen Menschen und Kulturen ist speziell in unserer Beziehung.

S: Wir waren schon in Irland, Rom, Israel.

T: Auf den Philippinen haben wir vieles erlebt. Wir schliefen auf dem Land draussen auf dem Boden, auf kleinen Matten. So, wie unsere Schwiegertochter aufgewachsen ist. Wir hatten es schön und lernten das Leben ihrer Landsleute kennen. Wir waren auch auf einer Touristeninsel. Dort war alles feudal! -

Jetzt serviert sie hier auch bei Anlässen. Wir dachten immer, die beiden würden mal den «Frohsinn» übernehmen. Aber das wollen sie nicht. Schade, die Leute mögen sie sehr. Sie findet, sie müsse dann immer da sein, so wie ich! Sie will leben. Das ist auch gut, ist ihre Sache. 2021 ist unser Restaurant bereits hundert Jahre in Familienbesitz.

S: Das machen wir noch, gell (schauen sich lächelnd an)?

T: Ich habe wirklich immer liebe Leute, die mir helfen, wenn etwas Besonderes staatfindet. Und wenn die Jungen am Abend für ein Feierabendbier da sind, holen sie sich dieses selbst oder fragen sogar: «Soll ich dir noch eine Kiste Bier aus dem Keller hochtragen?» Wir sind fast wie eine Familie. So ist es schön, zu wirten.

S: Ab und zu kommen auch solche, die man lieber nicht hätte. Letzthin machte ich den Saal bereit. Es war Nachmittag, das Restaurant geschlossen. Ich ging den Kehricht leeren. Während dieser Zeit schlich sich einer rein. Als ich retour war, kam er mir im Gang entgegen. Er sagte: «Ich habe Hunger!» Wir gingen zusammen ins Restaurant, wo ich ihm etwas gab. Er fragte auch nach Geld. Ohne zu studieren, schenkte ich ihm aus dem grossen Portemonnaie hinter der Theke einen Fünfliber und einen Zweifränkler. Dann sagte er: «Ich möchte gerne ein wenig Brot, ich habe noch so fest Hunger». Ich lief in die Küche. Als ich damit zurückkam, bedankte er sich und wir gingen gemeinsam nach draussen.

T: Dann musste er einkaufen gehen und wollte Geld aus dem Portemonnaie nehmen, ...

S: ... es war nichts mehr drin. Das war kurz danach. Sofort telefonierte ich der Polizei. Ich verfolgte ihn und seinen Kumpel bis ins Riet. Dort habe ich sie getroffen und sagte: «He, das Portemonnaie!» Er: «Schauen, ich nichts stehlen, schauen!» Ich: «Ich berühre dich nicht.» Dann kam die Polizei. Der Geldbeutel war unauffindbar. Eventuell ist ein dritter damit abgehaut. Sie waren armselig gekleidet. Der eine war 23, der andere etwa 30. Das ist brutal!

T: Das ist nicht das erste Mal. Vor etwa vier Jahren, an einer Fastnacht, ist es auch passiert. Stell dir vor, der Hund war da, wir waren da, der Saal voll, die Guggenmusik spielte. Sogar auf der Treppe nach oben sassen Leute. Irgend jemand ging hoch, in mein Schlafzimmer hinein. Ich dumme Babe hatte den Tresorschlüssel einfach auf das Schmuckkästchen gelegt. Der sah das, holte alles Geld raus und schloss wieder ab. Als ich morgens um drei Geld holen wollte, um die Musik zu bezahlen, war kein Rappen mehr im Tresor. Dann sah ich, dass das Fenster offenstand. Auf dem kleinen Vordach hatte es Spuren im Schnee.

S: Da ist viel Geld weggekommen, auch Gold Vreneli. Aber der Schmuck wurde dagelassen.

T: Wahrscheinlich war es ein hiesiger. Jemand, der sich auskannte! Das ist knallhart! Die Versicherung bezahlte nichts. Es war kein Einbruch, sondern ein Einschleiche Diebstahl. Das schlimmste war, dass unser Vertrauen erschüttert wurde.

S: Theres konnte dann die längste Zeit nicht mehr gut schlafen. Mir hat es nichts gemacht.

T: Seither schliesse ich immer ab. Wenn wir oben sind, schliesse ich auch die Haustüre ab.

S: Früher hatten wir doch nie geschlossen, nie!

Ja, und jetzt sind wir schon über fünfzig Jahre verheiratet. Man muss zusammenhalten. Das Leben ist dazu da. Wir haben immer miteinander gearbeitet und viele Leute in der Gaststube bewirtet.

Darum sind wir auch nie auf dumme Gedanken gekommen, sich mit jemand anderem einzulassen. Es bleibt dir nichts anderes übrig, als zusammen zu bleiben.

T: Wir hatten schon auch Eifersüchteleien. Wenn einer kommt, mich umarmt, zudem noch küsst.

S: Mich stört das nicht. Es steckt ja nichts anderes dahinter.

T: Ihm macht das nichts aus. Aber ich bin auch schon hässig geworden, wenn eine kam und ihn verküsste. Ein wenig Eifersucht gehört eigentlich dazu. Wenn ich untreu werden will, kann ich das, aber dann gehe ich weg. - Ich kenne so viele Paare, die auseinander gegangen sind. Auch junge Paare, von denen ich beide gekannt und gerngehabt habe. Plötzlich heisst es: «Die sind nicht mehr beieinander.» Das tut mir weh.

S: Sowas gibt es auf jeder Stufe. Es kommt doch auch darauf an, wie man die Verpflichtung sieht, die man eingegangen ist. Das hilft manchmal noch, zusammen zu bleiben. Entweder nimmst du die Pflicht ernst oder es ist dir alles egal.

T: Etwa mal vergessen wir es, zärtlich zu sein (beide lachen).

S: Keine Zeit!

T: Manchmal ist es schlimm. Ich würde gern etwa mal kuscheln und so. Für das hat man doch Zeit, oder (beide lachen)? Aber es funktioniert nicht immer. Darum gehen wir reisen. Dann haben wir Zeit. Wir haben es ja so schön!

S: Für mich ist einfach das wichtigste, dass ich niemandem etwas zuleid tue. Das ist die Priorität des Lebens.

T: Ja, da hast du schon recht.

S: Auch wenn man über jemanden negativ redet oder etwas ausplaudert, tust du ihm etwas zuleide.

T: Die Streitereien, die wir früher hatten, waren wegen Blödsinn, vielleicht wegen einer Serviertochter.

S: Ja, wir haben ab und zu «g`chäset» (gestritten).

T: Dann sagte er: «Sage du es ihr!» So richtig Streit hatten wir, glaube ich nie. Doch! Einmal hatten wir richtig Streit!

S: Da gingst du weg.

T: Wegen irgend etwas sagte ich: «So, jetzt gehe ich!» Und er: «Du gehst ja doch nicht!» Ich stieg die Treppe hoch zur Wohnung, kleidete mich um, stieg ins Auto und wusste nicht, wohin ich nun verreisen sollte. Ich fuhr ins Glarnerland, habe dort jemanden angetroffen und wie es so ist (lacht). Am Abend um elf kam ich brav wieder nach Hause. Sein Kollege war da. Sepp erzählte ihm: «Du, Theres ist abgehaut!» Er beruhigte ihn: «Die kommt wieder. Die kommt doch sicher wieder!». Beide sassen in der Küche draussen und warteten. Ich sagte: «Guten Abend zusammen.» Er: «Hoi». Ich fragte: »Willst du eigentlich nicht wissen, wo ich gewesen bin?» Er: «Nein, das interessiert mich nicht.» Da wurde ich nochmals wütend!

S: Ja, wir haben viel erlebt!

T: Die Leute meinen immer: «Für Kinder, die in einem Restaurant aufwachsen, haben die Eltern keine Zeit.» Aber wir hatten Zeit. Wir sind immer da gewesen für sie. Das war mir wichtig. Ich habe gearbeitet und die Kinder haben ihre Hausaufgaben auch hier erledigt, eines in der Gaststube, die anderen drei in der Küche. Im Winter ging Sepp mit ihnen Ski fahren, im Sommer wandern. Unsere Kinder sind nicht zu kurz gekommen. Während ein paar Jahren schlossen wir unsere Beiz im Winter für eine Woche und fuhren mit unseren Kindern und dem Hund mit der Schule Schänis ins Skilager, einmal nach S-chanf und sechsmal nach Lungern. Ich kochte, Sepp amtete als Skilehrer. Er ging schon vorher immer mit. Das war eine schöne Zeit!

Aber eben, das schlimmste war für uns schon die Drogensucht unseres Sohnes. Das tut mir heute noch weh, wenn ich ihn sehe. Wir konnten nichts dagegen tun, wir mussten ihn einfach machen lassen. Wir sind froh, dass er immer wieder heimkommt.

S: Es ist wie beim Alkohol, es gibt so viele Alkoholabhängige, aber das wird nicht gleich gewertet. Bei vielen weiss man es nicht einmal.

T: Die kommen vielleicht eher weg davon als bei den Drogen. -

Vor vierzehn Jahren habe ich selbst auch etwas ganz Schlimmes erlebt. Ich hatte starke Kopfschmerzen und Schüttelfröste. Nach langem Hin und Her ging ich dann doch zum Arzt. Eine meiner Cousinen drängte mich dazu. Der Arzt sagte: «Da stimmt etwas nicht!» und untersuchte mich, aber fand nichts. Anschliessend entnahmen sie dem Rückenmark eine Probe und stellten fest, dass ich im Kopf ein Aneurysma habe, eine Ausbuchtung in der Blutbahn. Das hatte einen Riss. Sie brachten mich mit der Ambulanz nach St. Gallen ins Spital. Dort eröffneten sie mir, in meinem Kopf sei eine Zeitbombe. Das war sehr schlimm! Für ihn sowieso (Sepp hat Tränen in den Augen). Ich entschloss mich dann für eine Operation. Das war nicht einfach, weil ich nicht wusste, was nachher sein würde. - Das vergesse ich nie mehr! Ich hielt meine Steine in der Hand. Vor der Operation nahmen sie mir diese weg. Ich sagte noch: «Die will ich wieder haben!» Der Arzt wandte sich zu mir: «Ja, die können sie brauchen!» Als ich erwachte, stand ein Haufen Ärzte rund ums Bett - meine Steine lagen alle schön auf meinem Kopfkissen. Bei der Untersuchung stellte sich heraus, dass ich alles bewegen konnte und wieder alles wusste. Einer der Ärzte sagte: «Sie sind ein Glückspilz!»

Zum Testen musste mich die Krankenschwester jeden Tag Verschiedenes fragen. Ich wusste immer alles, fing an, sie zu fragen und wir lachten zusammen. Das war für mich ein zweites Leben. Dann erlebte ich noch etwas Lustiges. Neben mir lag eine Frau nach einer Rückenoperation. Sie wohnte in St. Gallen und kannte sich deshalb dort aus. Wir beschlossen einfach, ganz frech, in die Stadt zu gehen. Unglaublich! Wir hätten eigentlich nur draussen im nahen Umfeld ein bisschen herumlaufen dürfen. - Nach zehn Tagen durfte ich wieder nach Hause. Ich staune immer noch, wie nachher alles wieder funktioniert hat.

S: Ja, stell dir vor, wenn du plötzlich eine Frau hast, die behindert ist. Hei, was machst du da?

T: Zur Erholung durfte ich zehn Tage nach Valens. Dort war ein fünfzehnjähriger Bursche, der hatte dieselbe Diagnose und konnte nach der Operation nicht mehr sprechen. Ich habe mit ihm gespielt.

Er tat mir so leid. Ich war dort in einem Vierer Zimmer. Es war verrückt, alles hirngeschädigte Frauen. Ich beklagte mich bei der Ärztin: «Ich gehe wieder nach Hause, hier werde ich ja auch krank!» Sie hatte Verständnis. Ich bekam dann ausserhalb des Hauses ein Krankenzimmer und durfte selbständig schwimmen gehen.

Nachher machten wir eine Dankes-Wallfahrt, mit Drusberger Reisen. Nach Valencia, eine ganze Woche lang. Mit dabei war auch ein Pfarrer, dem konntest du deine Anliegen aufschreiben und es wurde dafür gebetet. Wir waren eine tolle Gruppe. An einem Ort haben wir sogar getanzt. Diese Wallfahrt war ein sehr schönes Erlebnis!

S: Ja, wir sind schon überall gewesen.

T: Und doch ist es immer wieder schön, heimzukommen. Bis heute ist die Gaststube unser Wohnzimmer und unser Esszimmer.

Ich wünsche mir nur, dass ich gesund bleiben kann und hier sein kann, bis das letzte Stündlein schlägt.

S: Und ich wünsche mir gesund und tot sein - auch wenn es morgen ist.

Zwei Musikerherzen

TURI UND RUTH SCHELLENBERG-BIBERSTEIN I HEIRAT 1981

Beinahe jeden Sonntag um zehn Uhr ist bei uns «De klassisch Bluemestruss vom Turi Schällebärg» angesagt. Währenddem wir unseren Brunch geniessen, lassen wir uns von den verschiedensten Klängen des Programms beglücken.

Ab und zu wird auch Frau Schellenberg erwähnt, die hinter den Kulissen am Wirken ist. Wir haben den Eindruck, dass die beiden schon viele Jahre miteinander unterwegs und ein gut eingespieltes Team sind. Wir laden sie ein, mit uns „auf die Reise" zu kommen. Nur kurz darauf bricht die Corona Pandemie aus.

Tritt man über die Schwelle des schmucken Hauses, steht man unmittelbar einer Bassgeige gegenüber, dem Wahrzeichen von Turi Schellenberg. Auf dem Weg zum Wohnzimmertisch wähnt man sich in einer reich bestückten Bildergalerie mit echten Malereien von Albert Anker (1831-1919) «Die kleine Kartoffelschälerin» über Paul Klee (1879-1940) «Blick aus der Dämmerung» bis zur «Gotthardpost» von Rudolf Koller (1828-1905). Wie kommt es, dass hier so viele kostbare Gemälde hängen?

Das Haus grenzt an die wunderschöne Naturoase Haumüli in Embrach, wo auch die historische Anlage mit der Gittersäge und alten Mühle wieder aufgebaut und restauriert wurde. Das gemahlene Dinkelmehl wird im Müliladen verkauft. Wir vernehmen von unseren Gastgebern, dass das Naturschutzgebiet, nur fünf Gehminuten vom Bahnhof Embrach-Rorbas entfernt, ein herrlicher Ort ist, um Tiere und Pflanzen zu beobachten: Am plätschernden Wildbach, im Röhricht des Stauweihers oder in den blühenden Wiesen unter alten Obstbäumen. Das Gebiet besticht durch eine grosse Vielfalt verschiedener Lebensräume und eine entsprechende Vielfalt an Tieren und Pflanzen. Libellen und Wildbienen, Schmetterlinge und Vögel, Amphibien und Reptilien fühlen sich dort wohl. Sogar selten gewordene Arten wie der Laubfrosch oder der Eisvogel haben sich angesiedelt. Oft beobachtet Turi am grossen Futterbrett vor dem Wohnzimmerfenster die Vögel und kennt alle ihre Namen.

Am 11. Januar (Turi) und am 11. Februar (Ruth) haben beide einen runden Geburtstag gefeiert und sind noch voller glücklicher Erinnerungen an ihr 150 Jahre Jubiläum. Auch viele der unzähligen HörerInnen ihrer sonntäglichen Sendung auf Radio Eviva haben in eindrücklicher Weise und mit kreativen Ideen Glückwünsche an sie weiter gereicht! Voller Begeisterung zeigen sie uns zwei besonders schöne und wertvolle Exemplare, die ihnen eine Hörerin zu Ruths 70. und Turis 80. Geburtstag mit hochstehender Kaligrafie professionell gestaltet hat. Einzigartig! Ein angeregtes Gespräch nimmt seinen Lauf.

Turi (T): Die spannenden Sachen waren vor der Heirat, (mit Nachdruck) vorher! Als Musiker (beide lachen herzlich)!

Ruth (R): Ja, das Musikerleben! Meine Schwestern haben mich gewarnt vor dir. Wir stammen aus ungleichen Familien, mit zwei ganz unterschiedlichen Familiengeschichten. Zudem bist du ein Städter und ich komme vom Land.

T: Kreis 3, Wiedikon, ein Büezerviertel, im Asphalt, im Beton. Zu einer Zeit - weit und breit kein Auto. Ich war zeichnerisch nicht unbegabt und habe bereits als kleiner Junge mit Kreide auf die Idastrasse gemalt. Ich erlebte dort noch die Kriegsjahre. Da trottete vielleicht einmal ein Pferd mit einem Karren, auf dem Eis transportiert wurde, vorbei. Die Fuhrmänner mit den damals typischen Lederschürzen. In dieser Zeit erlebten wir, dass nachts die Häuser verdunkelt werden mussten. Das war eine Maßnahme des Luftschutzes. Sie sollte bei Luftangriffen feindlicher Flieger die Orientierung und das Auffinden der Ziele erschweren. Die Autos mussten die Scheinwerfer einschalten, damit man überhaupt etwas sah. In der Volksküche konnte man für wenig Geld Essen beziehen. Mein Vater, Hilfsarbeiter, verdiente wenig. Meine Mutter, Schneiderin, nähte bis morgens um zwei Uhr. Ich habe einen Bruder, zwei Jahre jünger. Wir sind dort aufgewachsen und zur Schule gegangen.

R: Für uns war Zürich eine Grossstadt, das fühlte sich an wie New York. Ich bin im Solothurnischen aufgewachsen, im kleinen Dörfchen Hubersdorf, mit damals etwa vier- fünfhundert Einwohnern. Zusammen mit fünf Geschwistern, auf einem Bauernhof. Da war arbeiten angesagt. Früher half man einfach mit. Wir sind absolut glücklich aufgewachsen, das ist keine Frage. Aber wenn man es mit heute vergleicht, was für Möglichkeiten man hat und welch ein Selbstbewusstsein die jungen Leute haben! Zu unserer Zeit war das ganz anders. Trotzdem konnte jedes von uns eine Ausbildung machen. Wir sind grosszügig aufgewachsen. Mein Vater war sehr aktiv in der Politik, war auch Gemeindepräsident. Mit grosszügig meine ich, wir konnten überall mitwirken, waren im Kirchenchor, in der Jungmannschaft (Anm.: heute Blauring, Jungwacht), spielten Theater. Jedes durfte mehr oder weniger selbst wählen, was es wollte. Wir hatten im Dorf einen grossen Zusammenhalt. Zuhause, in der Familie, pflegten wir vor allem das Singen. Ein Instrument erlernen lag damals aus finanziellen Gründen nicht drin.

T: Nicht einmal Blockflöte?

R: Doch, Blockflöte schon, auch Ukulele.

T: Die Blockflöte war das erste, durch das ich mit der Musik in Berührung kam und habe es damit recht weit gebracht. Die Lehrerin der 2. Primarklasse sagte damals: «Turli, du musst nicht mehr in den Unterricht kommen, ich kann dir nichts mehr zeigen. Du kannst schon so viel!» - Aber ich spielte dann nicht ein Leben lang Blockflöte. Bald kam Elvis Presley und vor allem tauchte die holländische «Dutch Swing College Band» auf. Ich hatte seinerzeit noch einen kleinen Koffer-Grammophon-Bassregler, den ich mit Karton verschalte, damit man den Bass etwas besser hören konnte.

Mit achtzehn habe ich mir dann eine Bassgeige gekauft. Ich wollte einen Kontrabass, weil ich so angefressen war von dieser Dixieband. Die sind so was von exakt, das swingt so mörderisch gut! Während dieser Zeit liess ich diese Musik laufen und spielte stundenlang nach. Ich wollte die ganze Basslinie so perfekt beherrschen wie der damalige Bassist Bob van Oven. Er war überhaupt der Grund, dass ich Bass spielen wollte. Bei ihm stimmte jeder Ton. - Das Instrument kostete achthundert Franken. Meine Mutter musste mir noch etwas vorstrecken. Jeden Monat zahlte ich ihr danach dreissig Franken zurück. - Nach dem Kauf bei Jecklin fragte ich sogleich im Geschäft nach: «Habt ihr jemanden, bei dem ich so richtig gut spielen lernen kann?» Sie empfahlen mir einen alten, fast neunzigjährigen Lehrer. Noch am selben Tag meldete ich mich zu Musikstunden an.

In der Nähe, auch im Kreis drei, entdeckte ich dann meinen zweiten Lehrer, Aldo Borsatti. Er war Kontrabassist im Tonhalle Orchester. Bei ihm habe ich gebüffelt. Ich wurde später am zweiten Pult in der Tonhalle sein Musikkollege. Aus diesen zwei Lehrern wurden schlussendlich vier. Alles Solobassisten aus der Tonhalle, Supertypen!

In dieser Zeit gründete ich auch eine eigene Band: «The Jazz Ambassadors». Sogar Banjo spielte ich damals. Ich nahm am Zürcher Jazzfestival im Corso teil und gewann als zweitbester Bassist die Silbermedaille. Ich hatte damals meine Vorbilder, zum Beispiel Ray Brown, ein US-amerikanischer Jazz-Bassist. Von 1948 bis 1952 war er mit Ella Fitzgerald verheiratet und ihr 'musikalischer Direktor'. In seiner über 50-jährigen Karriere arbeitete er mit allen namhaften Jazzmusikern und -komponisten zusammen und spielte in allen großen Konzerthallen der Welt. Seine Musik brachte ihm zahlreiche Grammys ein. Ich bin noch einer von damals, Chris Barber und wie die alle geheissen haben.

Ich wollte traditionellen Jazz, Jazz und nochmals Jazz spielen. Lange Zeit war das meine Musikrichtung. Irgendwann brachte mir dann mein Onkel, ein Musiker, eine Singleplatte: «Eine kleine Nachtmusik» von Mozart. Er hatte mir die Bassnoten herausgeschrieben. Mit Hilfe meines alten Grammophons habe ich es gleich versucht und täglich, nicht übertrieben, vier, fünf Stunden geübt. Die Mutter rief jeweils: «Komm endlich, das Essen wird kalt!» Schon nach einem halben Jahr konnte ich im Orchesterverein von Altstetten die Ouvertüren von Gioacchino Rossini spielen, ohne Probleme. So nahm das seinen Weg. Mit fünfundzwanzig war ich bereits der jüngste Bassist im Tonhalle Orchester und im Opernhaus.

R: Du hast auch gearbeitet dafür.

T: Ja, ich übte wie ein Halbverrückter!

R: Mit Leidenschaft!

T: Nach der Sekundarschule besuchte ich in Zürich ein Jahr lang die Kunstgewerbeschule, weil ich gemerkt habe, dass ich zeichnen kann. Ich lernte, was Komplementärfarben sind und vieles mehr. Immer, wenn wir in die Ferien reisten, nach Amden oder Flums - wir logierten in ganz einfachen Wohnungen - hockte ich bereits damals als elf- zwölfjähriger vor der Hütte und zeichnete mit viel Liebe Ställe und Türen, Geissli und Kühe. Ein schöpferischer Zeichner war ich nie. Ich brauchte eine Vorlage. Dafür war es minutiös genau! Man musste sogar sehr gut hinschauen, um zu sehen, dass es eine Zeichnung und kein Foto war.

Meine anschliessende Lehre als Tiefdruckretuscheur dauerte vier Jahre. Mit Hilfe eines durchsichtigen Filmes, versehen mit einer Leuchte, konnte man mit einem Pinsel Pünktchen auswischen, korrigieren, flicken. Mit meinem zeichnerischen Talent - die Idee des Berufsberaters - ein völliger Blödsinn! Die Lehre dauerte vier Jahre. Nach vierzehn Tagen beherrschte ich dieses Metier bereits. Während der restlichen Zeit fühlte ich mich einfach als billige Arbeitskraft ausgenutzt. Der Beruf ist unterdessen ausgestorben. Heute funktioniert alles elektronisch.

Gleichzeitig besuchte ich immer weiter den Musikunterricht. Ab und zu nahm ich frei, was nicht ganz problemlos verlief, da ich für Tonaufnahmen ins Radiostudio im Brunnenhof musste oder zu Fredi Braun nach Küsnacht. Dort verkehrten viele Prominente, wie Zarli Carigiet, das «Trio Eugster» und Volksmusikgrössen.

Nach meiner nur kurzen Arbeitszeit in meinem angestammten Beruf machte ich mich schon bald selbständig. Seither hatte ich nie mehr einen Chef.

Mein dritter Kontrabasslehrer fand eines Tages: «Herr Schellenberg, ich glaube, Sie sind jetzt reif genug. Ich will versuchen, Sie in die Tonhalle mitzunehmen, damit Sie dort mitspielen können.» So kam es, dass ich einer der acht Bassisten wurde, der hinterste. Dafür hatte ich den Überblick über alles andere (lacht). Das erste Konzert war recht happig, eine Sinfonie von Bruckner und die Ouvertüre «Die Hebriden» von Mendelssohn. Aber angefressen, wie ich war, habe ich die ganzen Noten bereits zuhause so intensiv geübt, dass, als ich kam, alle sagten: «Herr Schellenberg, danke, das war ein sehr guter Einstieg!»

Ich war jedoch kein Festangestellter, sondern ein Zuzüger. Dadurch, dass immer wieder einer krank war, hatte ich trotzdem viele Auftritte. Eines Tages kam ein Anruf. Das Opernhaus wollte mich engagieren. «La Traviata» und «Die Macht des Schicksals» von Verdi. Ich spielte diese Opern am ersten Pult, ohne Probe, direkt ab Blatt. Sogar Nello Santi, der italienische Operndirigent, nickte mir jeweils zu: «Bene! Bene!» So spielte ich von 1965 bis 1972 in diesen beiden Orchestern.

Irgendeinmal fand dann in der Tonhalle ein grosses Vorspiel statt für eine Festanstellung. Die Bewerber kamen von überall aus Europa her. Aber ich hatte den Vibrator mehr in den Knien als in der Hand. Es hiess dann: «Je regrette, wir müssen auf Sie verzichten!» Ich bekam die Anstellung nicht. Trotzdem ich jahrelang hunderte von Konzerten so gut gespielt hatte. Das fiel in diesem Moment nicht ins Gewicht, war denen egal! Diese fünf Minuten Probespiel habe ich einfach nicht geschafft!

R: Trotzdem hattest du Glück.

T: Ja, ich war deshalb in der Tonhalle nicht so absorbiert und hatte Freiraum für vieles andere. Zufällig begegnete ich Peter Zinsli. Ich spielte in Bad Ragaz im Kursaalorchester. Auf dieser Bühne war jeden Abend ein anderes Thema angesagt, zum Beispiel Bündner Abend. Der Vorhang ging auf. Vorne sassen fünf Männer, dabei der junge Peter Zinsli - er war damals schon ein bekannter Bündner Volksmusiker - mit Bürstenschnitt. Anschliessend sprach ich ihn an: «Entschuldigen Sie, mir gefällt diese Musik! Dürfte ich mal bei einem Stück mitspielen?» Sie waren begeistert, wie ich auf meiner Bassgeige rauf und runter spielte. So kamen wir ab und zu zusammen, bis er mich 1970 anrief: «Könntest du bei meinen «Churer Ländlerfründe» mitmachen?» Da ich diese Musik liebe, war ich schlussendlich zehn Jahre mit ihm unterwegs.

Ueli Mooser hatte eines Tages, das war zu Beginn der 70er Jahre, die Idee: «Jetzt kehren wir die Rollen um. Der Bass übernimmt die Melodie und das Schwyzerörgeli begleitet.» Das Bass-Solo, «De Turi chratzed Bass», spielte ich erstmals live im Chalet des Kursaal Luzern, in der Fernsehsendung «Für Stadt und Land», präsentiert von Wysel Gyr. Auf einer 200jährigen Bassgeige aus Mozarts Zeiten. Das schlug so ein! Bis anhin hatte man das noch nie in dieser Art gehört. Mit einer Bassgeige, die sonst immer nur schrammt. Es gab Reaktionen, die behaupteten, das sei Betrug. Es sei gar nicht möglich, sowas auf einem Bass zu spielen.

So fing alles an. Die Zeitungen berichteten darüber. Georges Pilloud, der damals beim Radio arbeitete, liess dieses Bass-Solo sogar ab und zu vor den Nachrichten um 12:30 laufen. So verblüffte ich in den 1970er- Jahren mit meinen ungewohnten Bass-Soli, die man bis dato nicht für möglich gehalten hatte, die Schweizer Musikszene. Meine Fingerfertigkeit war legendär, nach der Devise: «Griffe nöd chnätte!».

Nachher, Ende der Siebzigerjahre, ging mit den «Geschwister Biberstein» etwas anderes los (beide lachen).

Meine zweite Leidenschaft nahm ebenfalls ihren Lauf. Irgendwann habe ich den legendären Clown Grock, Ruedi Walter und weitere Persönlichkeiten gezeichnet. Beim «Sonntag-Nachmittag Magazin» hiess es: »Du könntest, wenn du möchtest, ein paar deiner Prominenten-Bilder mitnehmen. Wir würden sie an die Studiowände hängen.» Während der Sendung schwenkte die Kamera ab und zu in diese Richtung, so dass man darauf aufmerksam wurde. Ich kann mich gut erinnern. Als die Zuschauer das sahen, ging es los. Kaum zu Hause, hatte ich Schwierigkeiten aufs WC zu gehen, weil alle drei Minuten das Telefon klingelte: «Würden Sie mich auch zeichnen?» Das war dann nicht das einzige Mal. Es ging weiter mit dem «Samschtig Jass», damals noch mit Jürg Randegger. Ohne dass ich mich aufdrängte, hiess es überall: «Hast du noch ein paar Zeichnungen? Nimm sie doch bitte mit!» So wurden meine Porträts legendär und ich machte mir damit einen sehr guten Namen. Das war in den Achtzigerjahren. Heute wäre so etwas undenkbar! Ich konnte dann lange Zeit vom Bassgeigenspiel und Porträts zeichnen leben.

Für ein Portrait brauchte ich immer zwei Morgen. Das Format in 40x50 wurde schön gerahmt, mit einer Glasfront. Nachdem ich mit der Bezahlung ein paarmal reingerasselt war, fing ich an, die Bilder per Nachnahme zu verschicken. Mit der Zeit wurden es gegen eintausend. Gerade letzthin sah ich eines meiner Werke während einer Sendung in einem Wohnzimmer hängen. Auch Guido Eugster hat mir viele Aufträge von Prominenten vermittelt, gegen einhundertzwanzig Werke. Die durfte ich dann in Baden in einem grossen Hotel ausstellen. Er lud viele Promis zum freien Nachtessen und dieser Ausstellung ein.

Später zeichnete ich mit Farbstiften Insekten und Vögel, Pferde und Schweine. Ich muss zugeben, ich habe dazu nicht den Zoo besucht, sondern als Vorlage ein Foto verwendet. Irgendwann hatte ich alle Viecher gezeichnet. So fasste ich den Entschluss, den grossen Künstlern nachzugehen. Es fing an mit der «Gotthardpost» von Rudolf Koller. Als ich das Bild gefunden hatte, vergrösserte ich es. Darauf sieht man ein Kalb, das vor den Pferden den Pass runterspringt und Staub aufwirbelt. Auf der Strasse hat es auch viel Kies. Jedes noch so kleine Steinchen zeichnete ich ab. Mit einer unendlichen Geduld. So ging es weiter. Jetzt erarbeite ich die «Sonnenblume» von Van Gogh und von Hodler «Die Andacht». Aber ich muss sagen, ich bin kein Künstler! Ich bin ein guter Handwerker und habe einfach enorm viel Freude am Detail. Die Künstler sind diejenigen, die schöpferisch ein solches Bild geschaffen haben. -

Als Berufsmusiker war ich sehr lange aktiv, habe in vielen Orchestervereinen gespielt. In der Südwestdeutschen Philharmonie in Konstanz wirkte ich fünf Jahre als Kontrabassist mit.

Und natürlich die ganze Unterhaltungsbranche, in den Tonstudios. Der Schellenberg war der, dem man Noten schreiben und hinstellen konnte. Ich habe sie, ohne je einmal zu üben, einfach gespielt. Es klappte auf Anhieb. Ich konnte so gut Noten lesen, wie andere die Zeitung. Das hat sich herumgesprochen. Von «Die kleine Niederdorfoper» über Musicals von Hans Moeckel, dem Leiter des Unterhaltungsorchesters des Schweizer Radios, bis zu Ines Torelli. Alles, was damals einen Namen hatte.

Aber immer diese Bassgeigen Schlepperei, das war mühsam! Wenn ich jeweils durch die Strassen lief, kam irgendeine Mutter mit ihrem kleinen Kind: «Du, Mami, was hat dieser Mann da?» Kein einziges Mal sagte die Mutter: «Das ist eine Bassgeige!» Jedes Mal war das eine grosse Gitarre, ein grosses Banjo, eine grosse Mandoline. Nie eine Bassgeige! Kein einziges Mal in meinem Leben! Da dachte ich mir: «Für dieses Instrument muss man langsam etwas tun. Das kennt ja niemand!» Auch im Sinfonieorchester sah man uns immer nur ganz weit hinten in einer Reihe stehen.

R: Heute ist es schon anders, die Kinder lernen das in den Musikschulen.

T: In der Tonhalle standen wir acht Spieler gestaffelt, immer zwei von unten nach oben. Bei den Wiener Philharmonikern stehen sie am Neujahrskonzert, das jeweils aus dem Goldenen Saal in Wien übertragen wird, ganz hinten, wie ein Gartenhag. Für diese ausgebildeten Musiker, besonders für die Bassisten, sind die Wienerwalzer zum Spielen weniger als ein Spaziergang, gar keine Sache! Mit Richard Strauss' «Heldenleben», wird es langsam schwieriger. Dieses Konzert schauen und hören wir uns immer an...

R: ... und schwelgen!

T: Ich habe seinerzeit Robert Stolz die Türe geöffnet und per Handschlag begrüsst. Noch als Neunzigjähriger hat er in der Tonhalle dirigiert. Dabei ist er jeweils aufgeblüht.

Dort habe ich viele grosse Solisten und Dirigenten erlebt und begleitet. Zum Beispiel Yehudi Menuhin, Isaac Stern und Arthur Rubinstein. Diese Leute haben uns keines Blickes gewürdigt. Sie sprachen immer nur mit dem Dirigenten. Es gab keine Ausnahme, im Gegenteil. Rubinstein war so was von arrogant. Im Programm stand zuoberst normalerweise eine Ouvertüre, dann ein Klavierkonzert und nach der Pause eine grosse Sinfonie oder was auch immer. Bei den Proben für das Klavierkonzert durfte keiner der Angehörigen des Tonhalle Orchesters, der nicht mitspielte, im Konzertsaal zuhören. Rubinstein schickte immer alle raus. Es war nicht jeder so. Es gab auch andere, die zugänglich waren.

R: Von der Musik her bin ich in einem ganz anderen Umfeld aufgewachsen. Aus Freude am Singen hatten wir vier Schwestern irgendwann das Gefühl, an Wettbewerben mitmachen zu wollen. Zwei von uns lernten im Wallis in den Skiferien einen Tanzmusiker kennen, welcher regelmässig am Bodensee in den Sommermonaten Jekami`s (Jeder kann mitmachen) durchführte. Er hörte die beiden singen und ermunterte sie, sich anzumelden. Ich, als Älteste, fand: «Was wollen wir vom Solothurnischen in die Ostschweiz? Auf uns wartet niemand!» Trotzdem entschieden wir uns, hinzugehen. Es stellte sich heraus, dass früher auch Paola und Kliby dort teilgenommen hatten. Als «Geschwister Biberstein» traten wir mit etwas Volkstümlichem auf. Ich glaube, es war «Der Gemsjäger». Wir landeten im Final und eroberten den zweiten Platz. Das «Trio Eugster» vernahm durch einen Journalisten davon. Bevor wir unsere erste LP aufnahmen - das war vor dem ersten Kontakt mit Turi, als ich noch in Langendorf als Kauffrau arbeitete - rief mich Guido Eugster eines Tages im Büro an. Ich fiel fast vom Stuhl. Das Trio war damals auf dem absoluten Höhepunkt und ich hatte eine Riesenachtung vor ihnen.

T: Eugster`s und «Peter, Sue und Marc», das waren damals in der Schweiz einfach die grossen Stars.

R: Er sagte, dass sie für eine Fernsehsendung mit Wysel Gyr jemanden bräuchten. Das war für uns natürlich gewaltig.

So kamen 1978/79 die ersten Aufnahmen mit Alex Eugster zustande. Im Tonstudio Braun in Küsnacht mussten wir vorsingen. Damals waren wir alle berufstätig. Also fuhren wir nach dem Feierabend noch dorthin. Wir waren sehr nervös. Wenn ich zurückdenke, dass wir später auch so eine Chance bekamen, Karriere zu machen, war das schon speziell. Wir hatten keine solchen Ambitionen, haben nie angestrebt, Profi zu werden.

Eine meiner Schwestern arbeitete in Basel bei der Polizei. Ihr Chef war im OK des Schweizerischen Schwinger Verbandes. 1977 fand das eidgenössische Schwingfest in Basel statt. Er fragte uns für einen Auftritt an, am Samstagabend im Festzelt. Das war für uns eine grosse Kiste. Bis dahin waren wir nur mit einer Gitarre unterwegs. Wir fragten Alex Eugster um Rat. Er empfahl uns, für eine gute Begleitung zu sorgen. Er wüsste jemanden, das «Trio Turi Schellenberg».

T: Ja, das habe ich 1974 gegründet.

R: Ueli Mooser machte mit Alex eine Probe für das Repertoire, notierte sich gewisse Sachen und an dem besagten Samstag hatten wir uns im «Joggeli» - im St. Jakob- Stadion - in Basel verabredet. Dort sahen wir uns zum ersten Mal. Turi sass vor der Tür, voller Erwartung auf die vier Frauen, die da kommen sollten (lacht).

T: Ja, klar, ich war immer gespannt auf Frauen!

R: Und wir waren nervös, weil wir wussten, dass da gute Musiker auf uns warteten. Wir waren ja keine professionellen Sängerinnen.

T: Ich fühlte mich sofort wohl. Sie waren vier so liebe Mädels. Volkstümlich und nicht eingebildet.

R: Das Unterfangen gelang. Aus diesem Zusammenschluss bestritten wir später ein paar Auftritte. So lernten wir uns kennen und fing alles langsam an. Meine Schwestern warnten mich: «So ein Musiker, denkst du, dass das wirklich etwas ist?» Und nächstes Jahr, 2021, wird es schon vierzig Jahre (lacht).

T: Wie lange muss man denn noch verheiratet sein, bis man wieder ein freier Mensch ist (schmunzelt)? - Also, ich fühle mich nicht eingeengt!

R: Das «Trio Eugster» suchte dann jemanden für eine Festanstellung. So kam ich zum Arbeiten Richtung Zürich. Daraus wurden zwölf Jahre. Ich betätigte mich in der Plattenproduktion, war bei den Aufnahmen bis zur Fertigung dabei, bis hin zu den Lizenzabrechnungen. Die Leute, die ich dadurch kennen lernte, waren auch für uns als Quartett ein absoluter Vorteil.

T: Es gibt fast keine bekannten Titel der Eugsters, bei denen ich nicht den Bass spielte. Und so hatte ich in dieser Zeit, als Ruth dort arbeitete, musikalisch immer mit ihnen zu tun. Eines Tages sagte Alex: «Du hast jetzt so viel Erfolg gehabt mit deiner Bassgeige, ich komponiere etwas und Max Rüeger schreibt den Text dazu. Es entstand eine Polka, «De Turi und sin Bass». Auf dem Album von 1974 «Sänne Chilbi», mit den grössten Volksmusik-Hits dieses Trios, ist es verewigt.

Lange haben wir jedoch die vier Schwestern - gemeinsam mit dem Schwyzerörgeli-Spieler Werni Amacher - nicht begleitet. Bald einmal erschienen sie mit einem richtigen Playback auf der Bühne.

R: Das kam später, als uns Carlo Brunner die Chance gab, beim Grand Prix der Volksmusik aufzutreten. Dort eroberten wir mit dem volkstümlichen Schlager «So en Tag» den zweiten Platz. Das leitete einen grösseren Karrieresprung ein.

T: Ihr seid nachher an sämtliche Fernsehstationen gekommen: ORF, ZDF, RTL, Südwestfunk und so weiter.

R: Ja, und den ganzen Sommer über klopften wir in der Schweiz die Festhütten ab. Aber es war nicht immer so einfach. Etwa drei Wochen, bevor wir 1988 beim Grand Prix mitmachten, wurde der erste Sohn meiner Schwester Dorli geboren. Drei Wochen nach dem Grand Prix der dritte Sohn meiner Schwester Margret. Sie war während unserem Auftritt hochschwanger. Trotzdem, mit vereinten Kräften haben wir es geschafft. Im Hallenstadion versorgte sie ihren Sohn dann mit abgepumpter Milch. Man musste einfach Wege und Lösungen finden. Weil wir es liebten, gaben wir alles! Wir zwei anderen Schwestern waren immer die Troubleshooter und schauten, dass rundherum alles gut organisiert war. Es kamen auch Anfragen für dreimonatige Tourneen durch Deutschland und Österreich, die wir jedoch ablehnten, da wir unsere Berufe nicht aufgeben konnten.

T: Das habe ich mit dem Symphonieorchester erlebt. Ihr hättet das schon auch machen können.

R: Für uns war es gut so. Viele Ideen setzten wir auch selber um. Zum Beispiel die Weihnachtskonzert-Tourneen mit traditionellen, alpenländischen Weihnachtsliedern.

T: Oh ja, sehr schön! Nichts Amerikanisches - keine «Jingle Bells»!

R: Zusammen mit dem Keiser-Chörli, Carlo Brunner, Martin Nauer, Claudio Gmür, Werner Amacher und Turi.

T: Supertolle Sachen!

R: Die Konzerte fanden in Kirchen statt, in der ganzen Schweiz. Darin waren wir quasi Pioniere. Wir gehörten 1997/98 zu den ersten, die Weihnachtskonzerte mit volksmusikalischer Begleitung realisierten. Es war ein voller Erfolg! Sie bleiben, auch emotional, in unvergesslicher Erinnerung. Und wir treten nach wie vor auf. Es ist unglaublich, gerade gestern ist wieder eine Anfrage reingekommen.

T: Ich frage jeweils: «Wie lange wollt ihr die Leute noch erschrecken?» (sie lacht), aber sie machen es gut!

R: Wir haben ein schönes Repertoire erarbeitet. Auch unvergessliche Melodien wie ein Medley aus «Die kleine Niederdorfoper», «O mein Papa» oder «La petite Gilberte de Courgenay» wecken bei älteren Zuhörern, zum Beispiel an Seniorenanlässen, Geburtstags- und Jubiläumsfeiern, Erinnerungen. Es gibt immer wieder ein Publikum, welches uns kennt und dem wir mit unserem Gesangsprogramm eine grosse Freude bereiten dürfen.

T: Auch gerade letzthin im Gemeindesaal, der Raum war zum Bersten voll. Natürlich hatte es unter den Anwesenden keine Zwanzigjährigen, aber es war eine tolle Stimmung!

R: Der mehrstimmige a capella Gesang kommt sehr gut an.

T: Ja, und jeder Ton stimmt haargenau!

R: Erstaunlich, so ein Potpourri mit klassischen Schweizerliedern berührt immer wieder neu. Jetzt besuchen wir bereits zum achten Mal in Folge ein Alterszentrum in Schaffhausen. Schon nach dem dritten Auftritt überlegten wir uns, dass diese Leute jetzt sicher eine Abwechslung, eine Darbietung einer anderen Formation möchten. Jedes Mal denken wir, es sei das letzte. Aber es ist immer wieder neu wunderschön. Das Zentrum ist sehr gut geführt, das Team stimmig. Eine Leiterin sagte uns auch, dass sich die Situation dauernd verändere. Leute sterben, neue kommen hinzu. Für uns ist es immer derselbe Ort. Unterdessen hat es sich herumgesprochen. In der Region Schaffhausen kommt manchmal fast aus jedem Dorf eine Anfrage. Das ist etwas sehr Beglückendes. Ich hätte nie gedacht, dass wir vier Frauen nach so langer Zeit und in unserem Alter immer noch auftreten können - heute, bei diesem Jugendwahn! Nächstes Jahr feiern wir unser 45-jähriges Bühnenjubiläum. Es ist auch schön, dass die Musik uns zwei so stark verbindet.

T: Bei mir blieb es nicht nur bei Klassik und Ländlern. Mein Onkel war Musiker, ein sogenannter Salonmusiker, der herumtingelte. Er hinterliess mir ein riesiges Notenrepertoire, zum Beispiel «Heinzelmännchens Wachparade», um nur einen Titel zu nennen. Früher sassen die Leute am Nachmittag im Jelmoli in Zürich bei einem Café Complet mit Silberbesteck, und ein Drei-Mann-Orchester sorgte für Unterhaltung. Wie in vielen anderen Cafés auch. In dieser Richtung hörte man nichts mehr. Ich dachte: «Oh, wie wäre es, wenn man mit anderen Musikern zusammen wieder so ein Salon-Orchester gründen würde? Ich könnte mal ein wenig herumfragen, ob jemand Interesse hätte.» Die Noten waren da und ich ging dem nach. So nahm das seinen Lauf. Emil Moser war Leiter vom Radio und hatte Freude, als Pianist mitzuspielen. Kurt Lamprecht war Geiger des Tonhalle Orchesters. Dazu eine Cellistin, Brigitte Vincenz aus Winterthur, die göttlich spielte.

Ruth gab übrigens dem Ensemble den Namen: «Salonorchester Romantica». Wir konnten unsere Proben im grossen Saal des Radios abhalten. Diese Wände hatten Gucklöcher. Immer, wenn wir probten, sahen wir, wie sich eine Nase daran plattdrückte. Irgendjemand hörte uns zu. Bis wir einmal die Türe öffneten: Es war Franz David, ein Wiener Musiker, Arrangeur, Flötist beim damaligen Unterhaltungsorchester Beromünster und Musikredaktor beim Radio DRS, Studio Zürich. - So formte sich das Ganze zu einem Quintett. Wir schufen uns Fräcke an und alles, was dazu gehörte, spielten in den grossen Zunfthäusern, wo die Banker ihre Apéros abhielten. Da hatte ich herrliche Erlebnisse. Viele dieser Menschen hatten ein ganz anderes Verständnis von Musik. Es gab solche, die zwischen

Ländlermusik und der neunten Sinfonie von Beethoven nicht unterscheiden konnten. Für die tönte alles gleich, es war einfach ein Geräusch!

Wir spielten an vielen Orten, füllten in Baden den ganzen Kursaal. Ich war immer derjenige, der moderierte. Auch in Fernsehsendungen traten wir auf. So konnten wir die Dreissiger- und Vierzigerjahre nochmals zum Leben erwecken. Als dann Emil Moser und Franz David starben, waren wir nur noch zu zweit oder dritt. Wir gingen auf die Suche nach neuen Musikern, fanden eine junge Pianistin, eine junge Geigerin, organisierten eine Probe. Ich legte die Noten vor und musste hören: «Ist es dir ernst mit dieser Musik? Die sollen wir jetzt spielen? Da langweile ich mich ja zu Tode! Dazu bin ich hierhergekommen? Nein, das ist nicht meine Musik!» Was bei denen nicht gerade Mozart, Schubert oder Beethoven ist, ist für sie keine Musik, unter ihrem Niveau. Ich erntete nur ein mitleidiges Lächeln. So ist das Ganze - trotz meinem guten Willen, dies am Leben zu erhalten - gestorben. Ab und zu spiele ich im Klassischen Blumenstrauss am Sonntag morgen einen Titel vom «Salonorchester Romantica». Wunderschön! Das bekannteste, «Das neapolitanische Ständchen», hört man heute noch als Signet bei der Musikwelle.

R: In dieser Zeit gab es noch mehr Salonmusik. Das Phänomen dieser Renaissance haben «i salonisti» seit den 1980er-Jahren mitinitiiert und entscheidend mitgeprägt. 1997 wurde das Orchester mit dem Film «Titanic» berühmt.

T: Leider ist die Zeit der Salonorchester vorbei. In Zürich habe ich seinerzeit auch noch in den vielen Tanzorchestern mitgespielt. Zum Beispiel beim Bellevue, «The Red Millers». Auch das «Hazy Osterwald-Sextett» habe ich noch erlebt, in Arosa. Wenn sein Bassist nicht anwesend war, half ich ihm ab und zu aus. Das war alles noch vor unserer Heirat.

R: Für mich war Turi ein spannender Mensch.

T: Oh, wie habe ich damals ausgesehen...! Du warst irre herzig! Bei mir hat das Herz geschlagen wie wild. Bei ihr nicht, sie machte einfach mit, sie musste einfach mitmachen! Ich habe weiss Gott viele Frauen gekannt, aber bei ihr hat es mich so richtig erwischt!

R: Das stimmt, am Anfang war ich schon noch zurückhaltend. Ich war unsicher.

T: Ja, die Warnung deiner Schwestern: «Lass diesen Musiker sein!»

R: Man hat immer solche Geschichten gehört, alles dieselben.

T: Wenn Hazy Osterwald irgendwo in einem Tanzlokal erschien, in dem ich auch sass, liefen ihm sechs oder sieben Girls nach. Ihm folgte ewig ein Rattenschwanz von Frauen. Und am Morgen um drei fuhren sie mit ihren riesigen Amerikanerschlitten durch Arosa und johlten ihm hinterher. Das ist das, was man dir erzählt hat, wie es läuft bei solchen Musikern: «Pass auf! Das ist auch so einer!»

R: Das ist eben dann anders herausgekommen. Und dein Bruder hat gesagt:

T: «Es ist allerhöchste Zeit! Die musst du jetzt aber endlich nehmen!»

R: Ja, das war echt.

T: Alles ist echt! Meine Mutter, das ist die andere Seite. Sämtliche jungen Frauen nahm ich nicht nach Hause, sondern in ein Restaurant mit und sagte jeweils zu meiner Mama: «Ich habe wieder eine! Komm einfach rein! Sie weiss nicht, dass du meine Mutter bist. Schau sie dir mal an! Ist die sympathisch?» Ich stellte ihr jede vor. Dann, als du in mein Leben tratst, sagte sie: «Oh, die musst du nehmen, das ist eine Feine!» Und ausgerechnet meine geliebte Mutter musste an Krebs erkranken.

R: Wir haben uns noch kennen gelernt, aber nur kurz, etwa für ein Jahr. Leider hat sie die Hochzeit und alles andere nicht miterlebt.

T: Mit sechzig musste sie schon von uns gehen! Mein Vater lebte alleine weiter, an der Badenerstrasse, in der Nähe des Letzigrabens und Albisriederplatzes.

R: Ich gab nachher seinem «Lotterleben» einen stabilen Hintergrund (lacht).

T: Richtig! Ich hatte genug, wollte nichts anderes mehr, war ja auch fast vierzig.

R: Ja, es war ernsthaft. Ich war noch jung, eher scheu und zurückhaltend. Aber irgendwie hatte ich das Gefühl, doch!

T: Und sie war anders als alle anderen. Sie war eine wahnsinnig Liebe. Heute (mit gespielter Ernsthaftigkeit) ist sie manchmal auch ein böser «Cheib»!

R: Ah, ja (beide lachen)?

T: Nein, wir haben es gut. Wenn wir streiten, dauert dies ungefähr eineinhalb Minuten und dann ist es wieder gut.

R: Dem kann man nicht einmal Streit sagen. - Was auch noch ist, Turi gefiel das Ländliche sehr gut. Schon bald bist du zu uns nach Hause gekommen, auf den Bauernhof. Du hast dich in dieser ganzen Umgebung und Atmosphäre wohl gefühlt.

T: Oh ja, sehr!

R: Ich wusste, wir konnten uns gegenseitig vertrauen, total! Und wir hatten unsere Freiräume. Du warst als Musiker viel unterwegs und ich war ebenfalls für Auftritte weg.

T: Damals gab es noch keine Natels. Wenn es schneite, wusstest du, jetzt muss der mit seinem schlüpfrigen alten BMW noch heimfahren, bist allein zuhause gesessen und hast dich geängstigt. Ich konnte dir nicht einfach so schnell etwas mitteilen. Man musste irgendwo eine Telefonkabine finden. Du wusstest nie, ob ich schon unterwegs bin. Ob ich es bei diesem Schnee und Eis überhaupt noch nach Hause schaffe. Das war manchmal schon schlimm, gell?

R: Und umgekehrt war es auch schwierig.

T: Ja, ich habe leider, von meiner Mutter geerbt, ein schwaches vegetatives Nervensystem. Jahrelang hatte ich Panikattacken. Ich wurde davon fast wahnsinnig. Noch heute kann ich nicht durch einen Tunnel fahren - Herzklopfen, Schweissausbrüche. Es funktioniert nur, wenn sie fährt und ich daneben sitzen kann. Ich alleine - unmöglich! Eher verkaufe ich dieses Haus, als dass ich durch einen Tunnel fahre!

R: Als wir uns kennen lernten, erzählte er mir davon. Ich hatte keine Ahnung, was das ist. Damals war sowas ein Tabu. Heute ist dies kein Thema mehr, man weiss hiervon und spricht auch darüber.

T: Früher hiess es: «Spinnst du eigentlich? Wieso hast du Angst? Wovor hast du Angst?»

R: Ich habe es erlebt, wie er rasend und voller Schweiss in Panik geriet.

T: Stell dir vor, ich musste im Tonhalle Orchester eine Beethovensinfonie spielen und hatte solche Anfälle, mittendrin! Dass ich überhaupt die Noten noch im richtigen Moment spielen konnte, war ein Wunder. Ich schaute jeweils zum Eingang hinüber. So ein Schreck: «Es darf doch nicht passieren, dass ich während diesem Konzert das Instrument einfach hinlege und von dieser grossen Bühne hinunterrenne! Das sehen alle Leute!» Es hätte Medikamente gegeben und ich `Löli` hatte das Gefühl, es gehe ohne. Nein! Ich hätte mir damit manchen Abend schöner gestalten können, anstatt alles so durchzuseuchen. Auch in den anderen Musikformationen, überall hat es mich erwischt. Schlimm!

R: Das machte es für mich manchmal etwas schwierig, stimmt. Wenn ich für einen Auftritt weg war, wartete er auf meinen Anruf, um eine gewisse Sicherheit zu haben.

T: Ja, es hat mich auch hier erwischt, in der Wohnung.

R: Ich war zum Beispiel mit einer meiner Schwestern in den Skiferien. Er sollte auftreten und war am Telefon in völliger Panik. Das sind schwierige Situationen. Einmal wurden wir für Auftritte während einer Wanderferienwoche auf Mallorca gebucht. Ich kann mich gut erinnern. Zuerst musste ich immer ausfindig machen, wo die nächste Telefonkabine ist. Einfach, weil ich wusste, dass dies für ihn wichtig ist. Um sicher zu gehen, der andere ist noch da, er hat mich nicht vergessen. Deshalb ist das Handy für uns jetzt ein Segen.

T: Diese Attacken sind auch heute noch nicht ganz weg.

R: Das ist das einzige, das es mir manchmal erschwert, fortzugehen. Schon lange. Immer, wenn wir früher zusammen sein Elternhaus besuchten, mindestens einmal pro Monat an einem Sonntag, hiess es: »Wann muss ich gehen?» und «Wann darf ich nach Hause?» Das hat sich bis heute nicht verändert.

T: In Sachen Reisen hat sie Pech gehabt! Sie kommt mit mir nirgends hin. Ich will immer dableiben, gar nicht fort! Da hat sie mit mir in den falschen Eimer gegriffen. Sonst bin ich ja schon recht!

R: Vor Jahren war es noch etwas besser. Wir wanderten oft im Engadin, alles wunderbar. Jedoch fünf oder sechs Übernachtungen waren das höchste, das möglich war.

T: Auch nicht weit. Mich bringst du nicht in ein Flugzeug.

R: Einfach dieser Drang nach Hause.

T: Das ist typisch.

R: Ich rede jetzt für mich. Vielleicht ist das bei Frauen angeboren. Ich glaube, man nimmt mehr Rücksicht auf den Partner. Ich habe immer das Gefühl, ich kann den anderen doch nicht so alleine zuhause sitzen lassen!

T: Du musst aber erwähnen, ich sage immer: «Geh! Geh! - Schau einfach, dass du wieder nach Hause kommst!»

R: Ich bin zwar zehn Jahre jünger, aber manchmal denke ich schon auch: «Es wäre höchste Zeit, noch etwas zu unternehmen! Habe ich etwas verpasst?» Eine meiner Schwestern und ich haben schon lange Pläne, was wir unternehmen möchten. Obwohl ich weiss, dass ich gehen darf! Es ist eine Frage meiner Ängstlichkeit, einer inneren Zurückhaltung, der Bedenken: «Kommt es gut?» Ich übernehme Verantwortung, ohne dass ich eigentlich müsste und tue mich manchmal so schwer damit, mich davon zu befreien. Obschon ich ja das Recht dazu habe. Das ist aktuell der Punkt. Das Fürsorgliche, das ich von meiner Mutter geerbt habe. Vielleicht ist das auch einfach meine Art. Mit jemand anderem wäre das wahrscheinlich auf die Länge nicht möglich gewesen.

T: Das ist lieb von dir (schaut sie zärtlich an)!

R: Ich weiss, dass bei ihm das vegetative Nervensystem mehr rumort, wenn ich weg bin. Aber das wäre für mich nie ein Grund gewesen, ihn deswegen nicht zu heiraten. Oder auch später, nach fünf, sechs Jahren. Nein! Wir haben uns geheiratet mit dem Ziel, beieinander zu bleiben, bis der Tod uns scheidet. Das war für mich von Anfang an klar.

T: So lange musst du jetzt bei mir auch nicht mehr warten, mit achtzig!

R: (lacht) Er hat einen grossen Humor, wirklich extrem. Wenn ihm jemand zuhört, wie er redet, würde man im ersten Moment gar nicht denken, dass er solche Panikattacken hat. Unmöglich!

T: Ja, es ist für mich schlimm, dass das immer noch so ist. Es trägt jeder seinen Rucksack. Ich könnte es so formulieren: Noch so Knieschmerzen, noch so Kopfschmerzen, Zahnschmerzen, alles! Wenn ich eine solche Attacke habe, würde ich diese gegen Sämtliches eintauschen. Gegen alle Schmerzen! Nur nicht dasitzen und solches Herzklopfen, solche Angstzustände haben und kaum mehr atmen können. Und das ohne jeglichen Grund. Niemand hat mir etwas zuleide getan. Es kommt wie ein Überfall!

R: Man ist machtlos.

T: Es ist eine Krankheit.

R: Wir kennen auch ein Paar, bei dem die Frau davon betroffen ist und der Partner dafür kein Verständnis hat.

T: Das versteht gar niemand, der es nicht selbst erlebt.

R: Auf einer gemeinsamen Fahrt nach St. Gallen, das ist bereits ein paar Jahre her, sass er am Steuer und wir mussten mit Tempo achtzig eine Baustelle passieren. Ein paar Kilometer in dieser Spur fahren, ohne dass man raus kann - schon die Vorstellung - war für ihn Horror! Da nützte auch nichts, dass ich ihn darauf vertröstete, dass wir nachher anhalten könnten und ich weiterfahren würde. Als wir am Ziel ankamen, waren wir beide so erledigt, dass wir rechtsumkehrt machten.

T: Ich fahre seither nie mehr Autobahn. Ich will nichts provozieren. Den Gubrist Tunnel zu passieren geht, einfach als Mitfahrer. Sonst fühle ich mich bedroht.

R: Deshalb ist das Zuhause-Sein wie ein sicherer Hafen. Wenn wir zu einem Fest eingeladen sind, ist das für mich manchmal ein richtiger Kampf. Ich verspreche ihm dann, dass er nur ins Auto sitzen muss, dass ich fahre, wir wieder zurückkehren und er nicht dort übernachten muss.

T: Mein Bruder ist das pure Gegenteil. Er ist, gemeinsam mit seiner Frau Doris, reisefreudig, auch sportlich sehr aktiv.

R: Ja, die unternehmen so viel, gehen reisen, treiben Sport, sind unterwegs, ...

T: (mit einer gespielt sonoren Stimme) ... und ich muss mit dir immer daheim hocken! - Du musst endlich anfangen damit, sonst bist du plötzlich auch achtzig und zu alt!

R: Nein, so schlimm ist es nicht. Jahrelang verbrachten wir zu viert, meine Schwestern und ich, die Skiferien. Mit dem Quartett sind wir auch oft unterwegs. Ich habe viel Schönes erlebt! Es ist nicht das, dass er mich nicht ziehen lässt, sondern viel mehr das, dass wir das nicht gemeinsam tun können. Salzburg, die Mozartstadt oder Wien oder Dresden, all diese Orte, die Opernhäuser - da bekommt er Hühnerhaut.

T: Ja, nur schon gedanklich. Da stehe ich ihr im Weg

R: Auch wenn irgend etwas ansteht, er fortmuss, fängt es an zu rumoren, ...

T: ... ich bekomme Durchfall. Das Vegetative tut bei mir so blöd! Ich kann es nicht steuern. Das ist ohnmächtig! Aber in jeder Beziehung gibt es irgendwo eine Ecke.

R: Wir hatten nie eine Krise, so dass wir uns fragen mussten: «Was haben wir jetzt da gemacht?» Seine Panikattacken haben uns nicht so belastet, dass dies ein Thema gewesen wäre. Man kann es ja doch nicht ändern. Vor zwanzig Jahren war es noch etwas einfacher, auch mal ohne schlechtes Gewissen die Verantwortung abzugeben. Er hat manchmal die Tendenz, das zu schüren: «Was ist, wenn du nicht da bist?»

T: Ja, da kann ich lange schreien. Manchmal denke ich an meinen Vater. Man hat ihm telefoniert, keine Reaktion. Man beauftragte jemanden, an seiner Haustüre zu klingeln, niemand öffnete. Als man nachschaute, lag er in der Trainerhose mit verschränkten Händen auf dem Bett. Durch einen Herzstillstand war er friedlich eingeschlafen.

R: Weil du technisch so unbegabt bist, spielen uns die heutigen Telefone manchmal auch einen Strich durch die Rechnung.

T: Ja, ich Niete!

R: Wir Schwestern waren eine Woche lang auf einer Schifffahrt - für ihn kein Thema, da es auf dem Schiff keinen Fluchtweg gibt! Eine Stunde vor dem Auftritt will ich telefonieren, wir alle schon in den Kostümen. Er nimmt, trotzdem es normal läutet, das Telefon nicht ab. Das ist zum Verzweifeln! Es kann so weit gehen, dass ich einen Nachbarn kontaktiere und sich herausstellt, dass er den Hörer nicht ordnungsgemäss aufgehängt hat. Und das nicht ein einziges Mal (er lacht)! Erst letzthin ist es wieder passiert, dass die Nachbarn bei ihm anklopfen mussten: «Du, was ist los? Deine Frau sucht dich!»

T: Und eines Tages sitze ich dann eben auch so (entsprechende Gestik) mit verschränkten Händen - ich bin ein Fernsehfreak - vor dem Fernseher. Mein Vater war alleine. Unsere Nachbarin hingegen konnte ihren Mann im Sterben begleiten.

R: Das sind so Sachen. Aber man darf sich deswegen nicht verrückt machen. Manchmal möchte ich gerne wissen, wie andere Frauen mit einer solchen Situation umgehen. -

Ab und zu versteht man das Verhalten eines Menschen nicht. Das ist mir an der Beerdigung eines Nachbarn, der uns das Leben schwer gemacht hatte, so ergangen. Man sieht nur an die Menschen heran, nicht in ihr Inneres. Als ich dann hörte, wie arm er aufgewachsen war und sich das Leben lang wehrte, aus lauter Angst, man nehme ihm etwas weg, brachte das für mich eine Erhellung in die ganze Geschichte. So konnte ich es begreifen und einordnen.

T: Jeder hat einen Rucksack zu tragen.

R: Bei dir ist das ja nicht charakterlich, es ist etwas Gesundheitliches.

T: Ja, man hat Gene mitbekommen...

R: ... und heiratet die Geschichte voneinander mit. All das Viele, das wir miteinander erlebt und durchgestanden haben, gibt uns ein Zusammengehörigkeitsgefühl. Ich habe noch nie einen Gedanken daran gehabt: «So kann das nicht weitergehen!» Schon das Wort ist zu viel.

T: Erzähl man von deinen «Gschleiken» (Liebeleien) bei deinen Auftritten, neben und hinter den Bühnen (spitzbübisch).

R: (lacht) Verehrer hat man da und dort schon, das ist klar.

T: Hoffentlich auch!

R: Das ist schön. Spannend, die Leute wollen immer alles wissen: «Wer ist verheiratet? Wer hat Kinder? Wer von euch vieren ist die Jüngste, die Älteste?»

T: Du musst erzählen, was du erlebst. Jedes Mal heisst es: «Sie sind sicher die Jüngste!» - «Nein, ich bin die Älteste!»

R: (lacht) Das kam oft vor. Ich bin eben die Kleinste von allen. - Ja, und 1991 durfte ich auch beim Start von Radio Eviva bereits während den Versuchsmonaten dabei sein. Sie boten mir an, eine Sendung zu übernehmen. Heute frage ich mich, wie ich nur zusagen konnte. So wurde ich ins kalte Wasser geworfen. Ich hatte keine Ahnung und musste mich mit der Digitalisierung auseinandersetzen!

T: Am Morgen um vier Uhr musstest du dich jeweils auf den Weg machen.

R: Die Erfahrungen sind mir später bei dieser Sendung zugutegekommen. Ich konnte mit einem Mischpult umgehen. Ich präsentiere noch heute jeden vierten Samstag bei Radio Eviva eine zweistündige Sendung mit Volks- und Schlagermusik. Auch wenn wir als Gesangsquartett unterwegs sind, bin ich diejenige, die das Ganze einrichtet. Ich bin keine Profitechnikerin, aber immerhin. Wir sind so weit, dass wir dazu niemanden mitnehmen und separat bezahlen müssen.

T: Bei den Aufnahmen zum klassischen Blumenstrauss habe ich nur ein Mikrophon. Alles andere macht sie.

R: Wir zeichnen einfach viermal eine halbe Stunde auf. Wenn er sich mal verspricht oder etwas missrät, muss man nur einen Teil wiederholen. Mit dem Programm, das ich habe, kann man nicht schneiden. Das wäre für mich sowieso aufwändiger.

T: Wie oft muss ich hören: «Nein, das kannst du nicht bringen, du kannst doch nicht einen solchen Blödsinn sagen, das müssen wir wiederholen!» (beide lachen herzhaft)

R: Kannst du dich ein wenig mässigen? So sage ich das nicht.

T: Was ich leide (lacht verschmitzt) und am Sonntag tönt alles so rund.

R: Das ist sein Nachteil, dass er mich braucht (beide lachen)!

Durch den Umzug von Radio Eviva von Rotkreuz nach Brunnen wäre es auf diesen kleinen digitalen Aufzeichnungsgeräten extrem kompliziert geworden. Manchmal scherbelte es. Ich lief Amok und sagte, dass ich diese Sendungen nicht mitanhören könne. Weil ich immer das Gefühl hatte, das sei meinetwegen.

T: Das tönte schlimm!

R: Bis ich herausgefunden habe, dass es an der Elektronik lag und es die Bänder verwickelt hatte. Du warst an beiden Orten nie live. Sonst hättest du jemanden finden müssen, der dich gefahren und das Mischpult bedient hätte. Jahrelang haben wir die Aufnahmen dann per Computer auf CD gebrannt und versandt. Irgendeinmal passierte es, dass diese nicht ankam. So mussten wir an Weihnachten, am 25. Dezember, mit dieser CD nach Rotkreuz fahren, damit die Sendung am nächsten Tag ausgestrahlt werden konnte. Die Post hat zwei- dreimal versagt. Ich erhielt den Tipp, dass Dropbox eine gute Lösung wäre. «Dropbox? Was ist das?» Schnell fand ich heraus, dass das super ist. Ich muss schon etwas interessiert sein an der ganzen Technik. Das kommt auch unserem Quartett, meinen Schwestern, zugute.

Seither schicken wir die Aufnahmen per Dropbox nach Rotkreuz zu einem Redaktor, je nachdem, wer gerade Dienst hat. Wichtig ist einfach, dass der Timer stimmt. Noch nicht lange her, vor Weihnachten, haben sie die Sendung erst um elf platziert. Zwischen zehn und elf schrieb uns jemand von unseren Zuhörern per Mail, dass etwas nicht stimme. Ob Turi denn jetzt keine Moderationen mehr machen würde.

T: Der Sender liess das eigene Programm laufen, immer dasselbe. Die Zuhörer merkten, dass unmöglich ich diese Musik zusammengestellt haben konnte. Jemand schrieb dem Sender direkt. Die Ausstrahlung lief dann anstatt bis um zwölf bis um ein Uhr.

R: Das passierte in den vergangenen 28 Jahren nur einmal. Sowas kann es geben.

T: Die Sendung wird immer am Montag wiederholt und es gibt tatsächlich solche, die sie sich zweimal anhören.

T: Am Montag von 22:00 bis 24:00 Uhr.

R: Radio Central, Radio Sunshine und Radio Eviva sind im selben Haus in Rotkreuz. Eviva lebt von Gönnern. Aus Kostengründen stellten sie den Satelliten ab. Dadurch gab es ein paar Leute, die den Sender im Ausland nicht mehr empfangen konnten. Eine Hörerin, die in der Nähe von Dresden wohnt, schrieb uns, dass sie seit mehr als zwanzig Jahren jeden Sonntag unsere Sendungen eingeschaltet habe und dies jetzt nicht mehr möglich sei. Auf Weihnachten hat sie nun ein DAB - Internetradio geschenkt bekommen und ist ganz happy, dass sie uns wieder hören kann. -

Unser Zusammensein ist sehr bereichernd. Die Musik, dieselben Interessen, die Sendungen, die wir hier zuhause produzieren - all das verbindet uns sehr! Dadurch, dass du von der Klassik herkommst und auch die Opernmusik kennst, hast du mir einen unheimlich breiten Zugang geschenkt.

T: Du hast mittlerweile ein grosses Wissen der Klassischen Musik.

R: Absolut! Wunderbar! Heute interessiert mich eigentlich alles, was aus dieser Richtung kommt, vor allem auch Gesang, schöne Stimmen. Es ist unglaublich, wie mir das unter die Haut geht! Auch geistliche Musik ist etwas, das uns verbindet.

T: Ja, absolut!

R: Es ist etwas sehr Schönes, dass wir während den sonntäglichen Sendungen den vielen Hörerinnen und Hörern mit unserer Musik eine so grosse Freude bescheren dürfen. -

Ja, und jetzt sind wir in einem Alter, in dem man sich viele Gedanken macht. Man ist nicht mehr so lange da, wie man dagewesen ist. Man ist nicht mehr so lange zusammen, wie man zusammen gewesen ist.

T: Du wirst sicher neunzig, du bist noch lange da.

R: Das ist etwas, das mich beschäftigt.

T: Mein Vater starb in dem Alter, in dem ich jetzt bin.

R: Wir wissen, das Leben ist vergänglich. Jeder muss Abschied nehmen. Wir haben Nachbarn, die viel zu früh gehen mussten, einer mit sechzig, ein anderer drei Monate vor der Pensionierung, ein weiterer mit dreiundsechzig. Manchmal denke ich, wie gehe ich wohl selbst damit um? Wir nehmen jetzt mal an - wir wissen es ja nicht - dass er vor mir geht.

T: Ja, sicher, das ist logisch!

R: Was wir uns wünschten, ... ich habe einfach den Eindruck, ich käme besser zurecht damit.

T: Ich bringe keine Woche hin ohne sie. Nein, ich bin verloren!

R: Unabhängig vom Psychischen, die Bewältigung mit der digitalen Welt.

T: Ja, der ganze Behördenkram und schriftliche Verkehr. Wenn Post kommt, strecke ich sie ihr hin. Ich verstehe das Amtsdeutsch nicht und weiss gar nicht, was die von mir wollen. Ich habe zum Beispiel auch keinen guten Orientierungssinn.

R: Weißt du noch, damals in Sent? Wir wanderten stundenlang und fanden den Heimweg nicht mehr.

T: Ohne Kompass finde ich nie mehr nach Hause! Mit Peter Zinsli trat ich einmal in Beromünster auf. Ich fuhr mit dem Auto dorthin, die Bassgeige über die Lehne des Vordersitzes gelegt. Morgens um zwei Uhr machte ich mich auf den Heimweg und kam, anstatt nach Zürich, nach Luzern. Ich bin nicht in der Lage, mir auch nur ein Haus oder eine Kurve zu merken. Heute hat man das Navi. Aber bei mir würde diese Frauenstimme sagen: «Sie haben ihr Ziel nie erreicht!»

R: E-Mails abrufen kannst du.

T: Das ist das einzige. Ich kann auch auf einer Internet-Musikseite die Bass-Noten rausschreiben, so dass ich für mich mitspielen kann. Oftmals bei einem Werk, welches ich hervorhole, um am Sonntag im Klassischen Blumenstrauss einzusetzen. Auch die Antworten, die meine Hörer erhalten, sind alle von dir, natürlich in meinem

Namen.

R: Ich frage dich, was ich schreiben soll. Es muss ja deine Handschrift tragen. Du kannst dafür wahnsinnig gut Noten lesen (lacht).

T: Ja, und zeichnerisch - alles, was hier an den Wänden hängt, sind eigene millimetergetreue Zeichnungen, an denen ich zum Teil ein halbes Jahr arbeite. Eine Kopie von Ferdinand Hodlers (1853 – 1918) «Die Andacht», von Edvard Munch (1863 – 1944) «Der Schrei» (Anm.: Der Schrei ist der Titel von vier Gemälden und einer Lithografie des norwegischen Malers Edvard Munch mit weitgehend identischem Motiv, die zwischen 1893 und 1910 entstanden sind. Sie zeigen eine menschliche Figur unter einem roten Himmel, die ihre Hände gegen den Kopf presst, während sie Mund und Augen angstvoll aufreißt.).

R: Daran arbeitet er stundenlang, tagelang. Da ich eine kaufmännische Ausbildung habe, ergänzen wir uns sehr gut.

T: Ja, das hilft mir extrem.

R: Die Endlichkeit und wie ich damit umgehe, ist für mich schon ein wichtiges Thema.

T: Ich bin ein zufriedener Zeitgenosse und glücklich mit meinem Leben. Ich mache mir auch nicht allzu viele Gedanken über das Morgen. Ich freue mich vor allem sehr, dass ich nach mehr als 25 Jahren den Klassischen Blumenstrauss immer noch moderieren kann und darf.

R: Ist ja schön!

T: Ich bin vielleicht ein bisschen oberflächlich, gell?

R: Nein, ich glaube, es ist im tiefsten Inneren ein wahnsinniger Verlass auf mich. Das ist das, was ich spüre.

T: Sehr! Ich bin halt ein Musiker.

R: Wir können uns gegenseitig aufeinander verlassen.

T: Ich bin dafür der «Gang go! Würdisch no? Chönntisch no?» und gehe jeden Tag einkaufen. Sie reicht mir eine Liste und der alte Schellenberg speedet los...!

R: Ich hege und pflege den Garten und du bist der Profi mit dem Hochdruck-Gerät.

T: Solche Arbeiten sind im Alltag meine Stärke.

R: Und in der Musik erlebst und empfindest du eine enorme Tiefe.

T: Ja. Ich bin ein extrem musischer Typ! Weit weg von jedem handwerklichen Können. Ein Typ, der halt auch empfindlich und sensibel ist. Diese Seite ist manchmal furchtbar.

R: Das spürt man ab und zu an deinem Wohlbefinden.

T: Ich bin dafür auch der Zärtliche, sie eher die Kumpelhafte, ...

R: ... das war jetzt aber schon ein wenig hart.

T: Ah, ja? (beide lachen herzlich) - (zärtlich) Du hast es so lange ausgehalten mit einem Psycho!
Im Hirn existiert etwas, damit jemand Musik empfinden kann, sie nicht einfach als Lärm wahrnimmt. Die einen hören im Hallenstadion Heavy Metall, schreien und brüllen. Dieser Krach hat für mich nichts mit Musik zu tun. Meine Hörer oder ich schwelgen bei Bellini, bei einer schönen Arie, bei einem Duett von Donizetti - so, dass es unter die Haut geht.

R: Ich höre im Auto ab und zu den Klassiksender, komme dann nach Hause und sage: «Dieses Werk ist wunderschön! Das müssen wir unbedingt anschaffen, damit wir es auch unseren Hörern zugänglich machen können.»

T: Auch Peter von Winter habe ich am kommenden Sonntag im Programm. Er war ein deutscher Komponist, Gesangslehrer und Kapellmeister und lebte zu Mozarts Zeiten. Beethoven sagte, der sei nichts, den solle man nicht hören. So verschwand dieser Komponist 200 Jahre lang in der Versenkung.

R: Beethovens Meinung wurde damals sehr stark gewichtet.

T: Ja, er war einer der ersten Künstler, die vergöttert wurden. Ich bin auch dein Gott, gell? Dein Göttergatte (beide lachen)!

R: Der Humor spielt eine wichtige Rolle in unserem Leben. - Und ohne mich gibt es keinen klassischen Blumenstrauss, das wäre jetzt noch der Schlusspunkt!

T: Ja! Ich stelle nur die Musik zusammen.

R: Die Sendungen kreiert er schaurig gerne, sie sind so lebendig!

T: Sie sind nicht in dieser Perfektion wie bei Swiss Classic, auch was die Sprache anbelangt. Das ist das, was die Leute mögen. Letzthin habe ich gesagt: «Regen seiliger Geister», anstatt «Reigen seliger Geister.» (lacht)

R: Er bemerkte es nicht. Ich drückte den Aufnahmeknopf: «Hast du wahrgenommen, was du soeben gesagt hast?» Das sind die heiteren Seiten.

T: Sogar mein eigener Bruder sagt: «Also, ich muss dir eingestehen, dich kann man schlicht nicht ersetzen. So, wie du moderierst, bringt es ein anderer nicht hin. Diese ganze Atmosphäre!» Das ist mir jedoch nicht bewusst.

R: Bei SRF hättest du null Chance.

T: Bei einem korrekten Radio würde ich nie hinkommen. -

R: Heute hörte ich auf einem Sender, dass es irgendwann nur noch digitale Banken gibt, keine Schalter mehr. Deshalb bin ich jetzt auch noch Finanzministerin (beide lachen). Daher bin ich schon recht engagiert. Zudem betreiben wir vier Schwestern nebst allem anderen bereits seit 2003 eine Weingalerie. Das war eine sehr intensive Zeit. Er hat uns beim Einrichten geholfen, für uns geschrieben und gezeichnet. Nach vierzehn Jahren am Klosterplatz in der Solothurner Altstadt empfangen wir seit 2017 auf Voranmeldung Weinliebhaber zur Degustation in unserem Weinkeller und organisieren Apéros. Wir führen in unserem Sortiment erlesene Weine und Destillate aus dem Tessin, aus vorwiegend limitierten Produktionen, die nicht über den Grosshandel vertrieben werden.

T: Und ihr seid auch finanziell immer gut durchgekommen.

R: Ja, es ist jedoch eher eine Leidenschaft, ein Hobby.

T: Sie hat etwas, das für mich unendlich weit weg ist. Ich bin für den Ton da, den Klang. Ich bin kein grosser Leser, kann mich nicht konzentrieren. Was Ruth mit ihrer kaufmännischen Ausbildung leistet - die Administration für uns, das Gesangsquartett, die Buchhaltung der Weingalerie - ist für mich unvorstellbar. Ich lese Noten, statt Bücher.

R: Ab und zu musizierst du auch noch.

T: Meine Bassgeige hat über 200 Jahre auf dem Buckel, ein alter

Italiener! Damals hat Mozart noch gelebt. Jetzt steht sie mehrheitlich in einer Ecke. Manchmal plagt mich meine Arthrose, aber es geht immer noch.

R: Deformation!

T: Ab und zu, wenn ich einen klassischen Blumenstrauss zusammenstelle, zum Beispiel mit der «Egmont» Ouvertüre von Beethoven, steige in den Keller, hole die entsprechenden Kontrabassnoten herauf und spiele meinen Part dazu. Eigentlich so, wie ich ursprünglich begonnen habe. Ich muss feststellen, die ganz verrückten, schnellen Sachen sind mir nicht mehr so geläufig. Aber die Töne treffe ich gut und die Freude ist noch da. So läuft es langsam aus. Liegend kann ich ja dann nicht mehr spielen.

R: Am nächsten Sonntag, am 1. März, ist Turi beim Musikwellenbrunch eingeladen, weil er achtzig geworden ist.

T: Ich darf dort den Leuten, moderiert von Dani Häusler, über mein Leben erzählen, dazwischen musikalische Einlagen.

R: Jetzt muss er zum ersten Mal eine Stunde auf seine Sendung verzichten (beide lachen), ich glaube, ich muss ihm davon eine CD brennen.

T: Wir ergänzen uns so gut!

R: Ja, so kann man sagen, dass wir kein klassischer, sondern als Partner ein bunter Blumenstrauss sind!

Out of Tibet

LOBSANG UND KELSANG ZATUL-WORPA I HEIRAT 1979

Es gibt nur zwei Tage in deinem Leben,
an denen du nichts ändern kannst.
Der eine ist gestern und
der andere ist morgen.   Dalai Lama

Mein Anliegen, Menschen mit einem anderen kulturellen Hintergrund für ein Gespräch zu gewinnen, veranlasste mich, mich an das
Tibet-Institut Rikon zu wenden, welches mir sehr gerne bei der Ver-
mittlung eines Paares weiterhalf.
Diesen Besuch wagten wir der Pandemie, den damit verbundenen
Unsicherheiten und Vorsichtsmassnahmen wegen erst im Früh-
herbst 2020.
Die gegenseitige Vorfreude und Gespanntheit, einander kennen zu
lernen, war gross, als wir uns an dem herbstlich sonnigen Tag auf
die Reise zu Kelsang und Lobsang Zatul machten. In Horgen angekommen, begrüssten wir uns gegenseitig mit einer Geste, die sich
viele von uns in der vergangenen Zeit als Alternative zu einer Um-
armung angeeignet haben: Beide Handflächen aneinanderzulegen
und sich zu verneigen - diese Gebärde wird unter anderem "Na-
maste" (Sanskrit) "Wai" (Thai) oder "Gassho" (Japanisch) genannt
- ist in Fernost weit verbreitet und wird auch von Anhängern des
Hinduismus verwendet.
Dieser buddhistische Gruß - Tibetisch «Tashi Deleg» - passt wunderbar zur Begegnung mit den beiden.
Beim Betreten der Wohnung eines grossen Mehrfamilienhauses
tauchen wir in eine andere Welt ein. Eine ungefähr ein Meter hohe,
stehende Buddha-Figur, ein wunderbares tibetisches Rollbild, in
den Regalen Bücher mit uns fremden Schriftzeichen und viele andere Symbole dieser Kultur schmücken das, eine feierliche Ruhe
verströmende, Interieur.
Mit grosser Offenheit beginnen die beiden in einem sehr guten
Hochdeutsch zu erzählen.

L (Lobsang ♂): Bei uns ist das Kennenlernen etwas anders verlaufen. Kelsangs Familie und meine Familie haben sich bereits in Tibet gekannt und hatten schon eine familiäre Beziehung. Mein Bruder war der höchste Lama dieses Rongbuk Klosters (zeigt auf eine gerahmte, zentral über dem grosszügigen Sofa hängende, schwarz-weiss Aufnahme eines Klosters mit Blick auf die Nordwand des Mount Everest). Und der Onkel von Kelsang war sein persönlicher Betreuer.

K (Kelsang ♀): Er war Mönch.

L: Wir waren keine Nachbarn. Wir mussten von meiner Familie zu ihrer Familie mindestens zwei Tage reisen, ...

K: ... zu Pferd.

L: Wir haben uns zwar gekannt. Aber als wir damals Tibet verliessen, war sie noch ein kleines Mädchen, sechsjährig, und ich war elf. In dieser Zeit, 1959, mussten wir Hals über Kopf fliehen. Mein Bruder ergriff mit uns zusammen die Flucht. Er war zu diesem Zeitpunkt neunzehn. Es stellt sich die Frage: Wie kommt es, dass ein so junger Mensch der höchste Lama eines Klosters ist?

Wir glauben an die Wiedergeburt. Wir glauben auch daran, dass gewisse Lamas, also spirituelle Lehrer, die Fähigkeit haben, nach dem Tod die Wiedergeburt selbst zu wählen. Der Vorgänger meines Bruders hat das Kloster Rongbuk gegründet. Als er starb, suchte man nach einer sogenannten Reinkarnation und mein Bruder wurde als solche anerkannt. Meine Eltern stammen ursprünglich aus der Hauptstadt Lhasa. Dieses Kloster liegt mehr als zwei Wochenreisen davon entfernt, also sehr weit weg.

Nachdem mein Bruder als die Reinkarnation anerkannt worden war, mussten meine Eltern ihm von Lhasa zum Rongbuk Kloster folgen. Meinem Vater wurde die Verwaltung des Klosters und dessen Ländereien übertragen. Ich wurde in einem kleinen Dorf, ein Tagesritt vom Kloster entfernt, geboren, wo wir bis zu unserer Flucht lebten.

Alle Tibeter, die damals flüchteten, flüchteten aus demselben Grund, nämlich, um der chinesischen Unterdrückung zu entkommen! So kamen wir über Nepal nach Indien. Dort ging ich zur

Schule. Und 1963, also sehr früh, kam ich bereits in die Schweiz. Kelsang verbrachte, im Gegensatz zu mir, den Grossteil ihrer Kindheit und Jugend in Indien.

K: Ich besuchte dort die Schule und das College.

L: Die Flucht von Tibet nach Indien war dramatisch. Alles kam völlig unerwartet. Es ist so, wie wenn man etwas ins Wasser wirft. Es wird einfach weggetrieben - man hatte gar keine andere Wahl!

Warum mussten wir Tibet verlassen? Im Jahre 1949, als die Kommunisten in China die Macht übernahmen, marschierten sie widerrechtlich nach Tibet. Gegen 1951 erreichten sie Lhasa, die Hauptstadt von Tibet. Bis 1959 bemühte sich die tibetische Regierung mit seinem jungen Führer, dem damals 24-jährigen Dalai Lama, um eine friedliche Lösung. Doch die chinesische Unterdrückung wurde immer massiver, bis es im März 1959 zum Volksaufstand und zur anschliessenden Flucht des Dalai kam.

Aber als unsere Familie die Flucht ergriff, wussten wir vom Aufstand in Lhasa nichts. Wir mussten flüchten, weil die Chinesen hinter meinem Vater und meinem Bruder her waren. In unserer Gegend hatte mein Bruder ein grosses Ansehen, weil er der Lama des Rongbuk Klosters war. So auch mein Vater, da er der Vater des Lama war und das Kloster verwaltete. Zudem war meine Schwester mit einem Mann verheiratet, dessen Vater in der Gegend Hauptmann einer kleinen Garnison war. Aufgrund seiner Funktion war er in dieser Gegend ein angesehener Mann. Also waren die Chinesen hinter diesen drei Männern her. Es galt, sie auszuschalten.

Das erste Opfer war der Schwiegervater meiner Schwester. Er wurde in seinem Haus in der Nähe von Dingri, dem Bezirkshauptort - ein Tagesritt von unserem Dorf entfernt - von den chinesischen Soldaten hinterhältig umgebracht. Kelsangs Onkel war zufällig in Dingri, unweit vom Ort, wo das Massaker stattfand. Er bekam alles mit und ahnte sofort, dass die Chinesen zu meinem Bruder und zu uns unterwegs waren. Heimlich ritt er nachts zu uns, um uns zu informieren und zu warnen. Dank ihm konnten wir flüchten. Er selbst blieb zurück und wurde von den Chinesen festgenommen.

Er wurde sehr schlimm gefoltert und musste sehr lange leiden. Zum Glück hat er am Schluss doch überlebt. Nach seiner Freilassung konnte er nach Nepal flüchten, wo wir ihn später einmal trafen.

K: Ich erinnere mich gar nicht mehr, wie lange wir auf der Flucht waren.

L: Bei mir war es so: Unsere Flucht, bis wir in Nepal in Sicherheit waren, dauerte eine Woche.

K: Ich weiss noch, man musste sehr vorsichtig sein. Tagsüber suchten wir uns irgendwo ein Versteck. Erst in der Dunkelheit durften wir weiterlaufen.

L: Ich denke, eure Flucht dauerte länger, oder?

K: Das ist möglich. Die erste Flucht gelang uns nicht und wir mussten wieder zurück. Die Chinesen hatten unsere Landsleute geschickt, um uns zu holen. Wir blieben ein paar Monate. Schlussendlich konnten wir nochmals aufbrechen.

Anmerkung: Unwillkürlich steigt in uns die Erinnerung an den Film «Escape from Tibet» auf - «Flucht aus Tibet» - den wir uns zuhause vor nicht allzu langer Zeit angeschaut hatten. Wir fragen die beiden, ob sie diesen ebenfalls kennen.

L: So dramatisch wie im Film war unsere Flucht zwar nicht, jedoch sehr emotional. Ich kann mich gut erinnern, wie Kelsangs Onkel ankam, als wir beim Abendessen sassen. Er sah sehr besorgt aus und wollte alleine mit meinen Eltern und meinem Bruder sprechen. Es war auch ein Glücksfall, dass sich mein Bruder zufällig bei uns im Dorf aufhielt. Er lebte ja sonst im Kloster. Alle anderen mussten draussen warten. Nach dem Gespräch hiess es, dass wir sofort wegreiten müssten. Kelsangs Onkel hatte meinen Eltern und meinem Bruder über das schreckliche Massaker in Dingri erzählt und auch berichtet, dass die Chinesen unterwegs zu uns waren. Damals gab es keine richtigen Strassen, sondern nur Landwege. Für Autos war es nicht so einfach. Deshalb blieb der Militärlastwagen, der auf dem Weg zu uns war, im Fluss stecken. Das war unser grosses Glück! Als wir dann in der Nacht flüchteten, hörten wir das Auto sogar.

K: Den Motor des Autos.

L: Ja: « Wwwrummm, wwwrummm!» Der Fahrer versuchte, aus dem Fluss zu kommen! - Zuerst waren wir mit Pferden unterwegs. Später trafen wir auf unsere Yak-Herde. Also, unsere heisst, diejenige des Klosters. Das Kloster hatte unter anderem Ländereien und besass auch Yaks und Schafe. Wir hatten riesiges Glück! Zufällig begegneten wir ihnen. Das war nicht geplant! So konnten wir vier oder fünf Yaks mitnehmen. Kurz vor dem Pass kam ein Ort, wo wir unsere Pferde zurücklassen und mit den Yaks weiterreiten mussten. Diese Tiere bewähren sich sehr gut im Gebirge. Pferde hätten keine Chance gehabt.

Mit Hilfe der Yaks überquerten wir den Nangpala Pass, ein ca. 5'800 Meter hoch gelegener Gebirgspass. Die ganze Flucht dauerte Tage, bis wir völlig erschöpft und erleichtert nepalesisches Territorium erreichten. Denn bis zu diesem Zeitpunkt mussten wir damit rechnen, dass die Chinesen uns einholten.

Der erste Ort auf nepalesischem Gebiet war Namche Baszar. Das ist der Hauptort in der Solukhumbu-Region, dem Land der Sherpas. Dort gab es einen Polizeiposten. Die Soldaten verfügten auch über Radios. Von ihnen erfuhren wir, dass es am 10. März 1959 in Lhasa einen Volksaufstand gegeben hatte und der Dalai Lama sowie Tausende von Tibetern nach Indien geflüchtet waren. Dies bedeutete für uns, dass es vorläufig kein Zurück mehr zu unserem Dorf gab. Wir mussten abwarten, wie sich die Situation entwickelte. Während dieser Zeit der Ungewissheit fanden wir für ein halbes Jahr Zuflucht im Kloster Tengboche. Das Tengboche Kloster liegt auf der nepalesischen Seite des Mount Everest, während sich unser Kloster Rongbuk auf der tibetischen Seite des Mount Everest befindet. Diese beiden Klöster hatten eine spezielle und enge Beziehung. Dadurch, dass mein Bruder der Lama des Rongbuk Klosters war, bekamen wir auf unserer Flucht Gastrecht in Tengboche. Bis wir uns entschlossen, nach Indien weiterzuziehen, da sich die politische Lage in Tibet derart verschlechtert hatte, dass ein Zurück nach Tibet nicht möglich war.

Die Tibeter hielten sich vor allem in Nordindien auf. Sie errichteten tibetische Schulen, Auffanglager und neue Häuser. Man musste irgendwie Arbeit finden, weil man nicht immer nur betteln konnte. Es war eine schwierige Zeit, wir besassen fast nichts. Wie es so ist, wenn ein grosser Teil eines Volkes zu Flüchtlingen wird. - In Indien wurde unsere Familie getrennt. Meine Eltern haben versucht, Geld zu verdienen. Mein Bruder durfte mit einer Gruppe von jungen Lamas Englisch lernen. Meine zwei Schwestern kamen in die tibetische Tanzgruppe, die neu gegründet worden war, und ich besuchte mit hunderten von anderen Kindern eine Schule. In dieser Zeit haben wir den Kontakt zu deiner Familie verloren.

K: Wir trafen erst zwei Jahre später in Indien ein, 1961. Dort angekommen, mussten auch wir getrennt leben. Meine Eltern versuchten sich mit dem Handel von Pullovern und wir Kinder besuchten die Schule.

L: Dann geschah eine Aktion, initiiert durch Schweizer Privatpersonen, mit der Gründung eines Vereins «Tibeter Heimstätte». Sie sammelten viel Geld. Die Vorstellung war, die Tibeter in Heimen in der Schweiz anzusiedeln. Mit dieser Idee gingen sie zum Bund. Dieser gewährte eintausend Tibetern Asyl.

K: Unter einer Bedingung!

L: Ja, unter der Bedingung, dass ein anerkanntes Hilfswerk oder eine Organisation die administrative Koordination übernahm. Angefangen damit, die Leute in Indien zu registrieren, die Reise in die Schweiz zu organisieren, hier Wohnstätten einzurichten, Arbeitsplätze zu suchen und so weiter. Das Rote Kreuz übernahm diese Aufgabe. Das Geld wurde jedoch hauptsächlich durch Privatpersonen bereitgestellt. Wir wissen zum Teil bis heute nicht einmal die Namen dieser Menschen. Aber das ist für mich noch etwas viel Grossartigeres. Das war ihnen nicht wichtig. Sie taten das aus Mitgefühl und von ganzem Herzen - aus humanitären Gründen.

Die erste Gruppe traf unter der Leitung meines Bruders in der Schweiz ein. Erstens, weil er inzwischen die englische Sprache beherrschte, zweitens, weil er Lama war und diese Aufgabe gut übernehmen konnte. Sie kamen zuerst nach Unterwasser, im Toggenburg. Dadurch hatten wir als Familie ebenfalls die Möglichkeit, im Sinne einer Zusammenführung, im dortigen Wohnheim unterzukommen. Später durften wir in eine Wohnung in Ebnat-Kappel umziehen. Als ich in der Schweiz anlangte, war ich fünfzehn.

Lobsang zeigt uns das Foto auf einem Zeitungsausschnitt, der die Einreise der ersten Tibeter Gruppe beschreibt. Darauf seine Eltern, er, und sein Bruder, der Lama. Kelsang kommt lachend mit einem Zuckerbeutel zurück. Ein Ausschnitt des Bildes - man sieht Lobsang und seinen Bruder - wurde auf den damaligen Zuckerbeuteln der Zuckermühle Rupperswil verewigt. Der Text dazu: «Die Schweiz nimmt Tibet Flüchtlinge auf.» Auch das ein beeindruckendes Zeitdokument. Heute leben ungefähr 7`000 Tibeter in der Schweiz.

L: Wir kamen dann beide in ein Alter, in dem man an eine Braut, einen Bräutigam denkt und Interesse zum Heiraten hat. Ich habe immer gewusst, dass Kelsang existiert. Ich wusste, dass die Familie Söhne hat und - dass da auch eine Tochter ist. Aber es kam mir nie in den Sinn, mich für diese Tochter zu interessieren (lacht). Als ihre Familie in Indien lebte und wir hier, pflegten wir auch immer Kontakt. Als dann die Zeit kam, auf eine Familiengründung zuzugehen, sagte meine Mutter zu mir: «Übrigens, die Familie Worpa hat auch eine Tochter!» Ich begann, mich für sie zu interessieren. Das Foto, das wir von ihrer Familie besassen, hatte ich ja immer gesehen, aber ich schaute mir das Bild dann ein bisschen näher an (beide lachen herzhaft). Wir fragten bei ihren Eltern nach, was ihre Tochter mache. Sie berichteten uns, dass sie immer noch das College besuche. Es wurde zunehmend ernster und ich reiste einmal nach Indien.

K: Mit deinen Eltern.

L: Ja, mit der Absicht, ihre Eltern und sie noch besser kennen zu lernen. Dann hat es bei uns gefunkt (beide lachen und schauen sich verliebt an). - Es war nicht ein Kennenlernen an einer Party oder so, aber trotzdem auch ein Kennenlernen. Es gab eine einfache Verlobungszeremonie. Die Tatsache, dass unsere Familien sich kannten, gab uns ein Gefühl der Sicherheit.

K: Das war 1978. Und... (schaut ihn schelmisch an)?

L: (lacht) Wir verbrachten dann in Indien eine Zeitlang zusammen.

K: Ja! Und...?

L: Wir wussten, dass wir zueinander passen und wollten natürlich heiraten. Ich stellte für sie einen Antrag, damit sie zwecks Heirat in die Schweiz einreisen kann. Mit den Papieren dauerte es sehr lange, bis du kommen konntest.

K: Telefonieren war gar nicht gut möglich. Wir hatten einfach Briefkontakt. Auf diese Art lernten wir uns auch noch besser kennen. Ein Jahr später kam ich dann, 1979, ...

L: ... und wir haben geheiratet.

K: Wir wollten jedoch keine grosse Zeremonie.

L: Wir haben ganz schlicht geheiratet, nur mit unseren Familien.

K: Für mich war es eine spannende Zeit, weil ich von einem mir vertrauten in ein total fremdes Land kam. Die Sprache war völlig anders. Ich musste ein ganz neues Leben beginnen. Am Anfang war es auch nicht so einfach für mich. Von Tibet nach Indien, von Indien in die Schweiz. Das sind drei verschiedene Kulturen!

L: Nachdem ich hier die kaufmännische Lehre abgeschlossen hatte, arbeitete ich als erstes beim Schweizerischen Bankverein (heute UBS). Dadurch, dass Kelsang in Indien eine gute Ausbildung absolvierte, ...

K: ... ich hatte den Bachelor und bekam deshalb dank meiner Englischkenntnisse schon bald eine entsprechende Stelle bei derselben Bank. - Lobsang zog damals, als wir noch unverheiratet waren, zu seinen Eltern und wir wohnten ein paar Jahre mit ihnen zusammen in derselben Wohnung. Bis unser Sohn einjährig war.

L: Ja, wir wohnen schon sehr lange in diesem Quartier. Als dann diese Wohnung im angrenzenden Mehrfamilienhaus frei wurde, zogen wir hier ein. Die Wohnung gleich nebenan wurde etwas später auch frei, so dass meine Eltern ebenfalls folgten.

K: Wir hatten sozusagen einen Haushalt.

L: Die Kinder hatten ihre Grosseltern ganz nahe.

K: Das war von unserer Kultur her dazumal selbstverständlich. Heutzutage braucht man mehr Freiheit (beide lachen). Es gab für mich schon auch Zeiten, in denen ich gerne mehr Freiraum gehabt hätte. Aber es war nicht so schlimm.

L: Ich persönlich hatte immer - ich weiss nicht, wie Kelsang das sieht - das Gefühl, zwischen meiner Mutter und ihr gab es eine sehr gute Beziehung, wie Mutter-Tochter.

K: Dass es Meinungsverschiedenheiten gab, ist ganz normal. Sie waren ja schon lange hier im Westen und ich denke, sie hatten sich bereits eingelebt, oder?

L: Ja, zudem spielt auch der Charakter immer eine Rolle. Und die Chemie muss stimmen. Wenn ich gespürt hätte, dass es Spannungen gibt, hätte ich schon reagiert. Als Sohn und als Mann hat man eine Verantwortung, das ist klar. Mein Vater war sowieso ...

K: ... eine ganz sanfte Person.

L: Man merkte fast nicht, dass er da war. Er lebte sehr zurückgezogen, hat viel gebetet, Mantras und so. Er war mit dem zufrieden. Eine Zeitlang stellte er, nicht nur als Hobby, sondern, um daneben etwas zu verdienen, aus Stoff tibetische Yaks her. Stofftiere, die er ausstopfte. Ich finde es so schade, dass ich selbst kein einziges davon besitze. Damit verbrachte er viel Zeit, obwohl er im Tibet nie etwas mit Nähen zu tun gehabt hatte. Es gab drei verschiedene Typen: Ein weisses, kleines, dann ein etwas Grösseres und das grösste war schwarz.

K: S/M/L – small/medium/large (lacht).

L: Zudem ist es so: Da wir uns als Familien schon so lange kannten und gegenseitig respektierten, galt für beide Seiten die Gewissheit, dass wir uns aufeinander verlassen können. Von Anfang an bestand auf dieser Ebene bereits Vertrauen. Und man wusste wirklich nur Gutes voneinander. Kelsangs Familie war in ihrem Gebiet, Kharta, eine angesehene Familie. Ich sage zum Spass immer zu ihr: «Wir hätten auch im Tibet geheiratet, wenn wir nicht hätten flüchten müssen!» Die Konstellation war eigentlich schon da und vom Alter her passte es.

K: Wir haben gemerkt, dass es auf unserem gemeinsamen Fundament der tibetischen Kultur und Tradition auch miteinander gut harmoniert.

L: Später kamen dann auch Kelsangs Eltern und Geschwister in die Schweiz und wohnten hier im selben Quartier. Das war für uns alle, aber vor allem für unsere Eltern, eine grosse Bereicherung der Lebensqualität. Die ganze Familie an einem Ort zusammen zu haben, wie ein kleines Tibet.

K: Es half uns auch, unsere Kultur zu pflegen und zu leben.

L: Die Tibeter Gemeinschaft in der Schweiz ist gut organisiert und die wichtigen Feste, wie das tibetische Neujahrsfest im Februar oder die Geburtstagsfeier Seiner Heiligkeit im Juli, begehen wir gemeinsam.

K: So gibt es über unsere Beziehung eigentlich gar nicht sehr viel zu erzählen. Es geht einfach (beide lachen)!

L: Ich meine, wir haben Glück! Ich habe Glück, die richtige Frau gefunden zu haben und sie hat..., ich weiss nicht, wie sie denkt (lacht). Natürlich gibt es Kleinigkeiten. Einer möchte heute ausgehen, der andere sagt: «Nein, lieber nicht, ich möchte zuhause bleiben!» Solche Sachen sind ja ganz normal. Abgesehen davon - es ist fast langweilig (beide lachen herzlich). Wir haben nicht viel Streit.

K: Es gibt keinen Streit (schaut ihn schelmisch, herausfordernd an)!?

L: (lacht) Ja, Streit in dem Sinn..., wie definierst du Streit? Sag mal ein Beispiel, was du als Streit betrachtest. Ich bin auch gespannt.

K: Als ob wir nie Streit hätten!

L: Wann hatten wir das letzte Mal Streit?

K: Was heisst Streit auf Deutsch? Ist die Definition von Streit so schlimm? Nein? Dann streiten wir oft (lacht)! Und nach fünf Minuten ist alles vergessen.

L: Jede Familie hat ihre Einzigartigkeit, auch wie sie mit Problemen umgeht. Du bist in Indien aufgewachsen und warst mehrheitlich mit Schülern zusammen. In Tibet warst du in diversen Schulen und in Indien in einer Internatsschule, also von morgens bis abends mit anderen Kindern zusammen.

K: Ja, ein richtiges Familienleben kannte ich eigentlich nicht. Im

Winter hatten wir zwei Monate Ferien, die ich jeweils zu Hause verbrachte. Sonst war ich während des ganzen Jahres weg.

L: Ich hatte das Glück, immer mit den Eltern zusammen sein zu dürfen. Also, ich betrachte das als Glück. Andere würden vielleicht sagen: «Leider musste ich immer mit meinen Eltern zusammen sein!» Dadurch lernte ich im Laufe der Jahre vieles von ihnen und beherrsche auch die tibetische Sprache. Sie sprachen ein sehr gepflegtes Tibetisch. Bei uns hört man schnell, ob eine Person eine gepflegte Sprache hat oder nicht. Es gibt sehr viele verschiedene Familien. Jeder spricht zwar tibetisch, aber das Niveau ist unterschiedlich, je nach Familienstruktur. Ohne zu sagen, dass meine Eltern etwas Besseres wären - auch die Eltern von Kelsang waren auf demselben Niveau. Wir legten viel Wert darauf. Das gibt mir auch das Vertrauen, die Sprache weiterzugeben. Deshalb betrachte ich das als Glück. - Kelsang hatte durch die Schulen eine andere Sozialisation. Manchmal kommt schon auch zum Ausdruck, dass wir unterschiedlich aufgewachsen sind.

K: Aber ich merke sehr oft, dass du schweizerischer bist als ich.

L: Ja, das auch. Ich bin ja viel länger in der Schweiz und zum grossen Teil hier aufgewachsen. Ich denke oft schweizerischer...

K: ... als Schweizer (beide lachen). Das ist kein Hindernis, aber es ist eben anders als bei ihm. Ich denke immer: «Er ist mit seinen Eltern so tibetisch aufgewachsen und dann plötzlich kommt die schweizerische Mentalität dazwischen!»

L: Jetzt kommt mir ein Beispiel in den Sinn. Ich habe die Gewohnheit, dass ich sage: «Man muss alles im Voraus planen!» Auch bei einem kleinen Fest muss man planmässig vorgehen. Damit hat Kelsang Mühe. Sie liebt es spontan.

K: Im Voraus etwas planen, ist mir zu mühsam!

L: Das ist vielleicht so ein Beispiel dafür, gell (lächeln einander an)?

K: Und das mit der Pünktlichkeit. Wenn es heisst vier Uhr, dann muss man um vier Uhr parat sein. Bei mir darf es ein bisschen früher oder eher etwas später sein (beide lachen). Das sind eben Streitpunkte.

L: Bei uns stimmte einfach von Anfang an die Chemie! Und das Vertrauen, das unsere Familien ineinander hatten, gab uns eine sichere Basis.

K: Ja, unsere Eltern haben unsere Beziehung quasi vorbereitet und wir brauchten nur noch darauf aufzubauen.

L: Da gibt's nichts zu ergänzen. Ich denke einfach, Kelsangs Bereitschaft war da: «Ich kann mir vorstellen, das Leben mit ihm zu verbringen!» Und bei mir dasselbe. Wenn diese gegenseitige Bereitschaft vorhanden ist, ist man auch bemüht, wenn Schwierigkeiten kommen, diese gemeinsam zu meistern. Es ist immer noch so, dass ich, wenn ich irgendwo allein etwas erlebe, denke: «Es wäre doch schön, wenn Kelsang dabei wäre!» - immer noch!

Zum Glück haben wir in unserem gemeinsamen Leben keine Schicksalsschläge erlebt. Das alles muss man auch wertschätzen - jeden Tag! Ich habe das Gefühl, wenn man alles als selbstverständlich betrachtet, ist das nicht mehr so wertvoll. Wir können zum Beispiel unser Leben nicht mit demjenigen unserer Kinder vergleichen. Die hatten hier von Anfang an die ganze Ausbildung und konnten auch ihre Berufe selbst auswählen. Sie hatten gute Voraussetzungen. Bei mir, zum Beispiel, war es anders. Bis wir in Indien waren und schlussendlich hier in der Schweiz - ich war ja bereits fünfzehn - wurde alles wie in einem Fluss getrieben. In Ebnat-Kappel besuchte ich zuerst die zweite Klasse, musste die Sprache lernen, konnte dann alle Klassen überspringen. Erst die 6. Klasse war für mich regulär. Das war nicht so einfach. Nach der Sekundarschule machte ich eine kaufmännische Lehre.

Und dann, Kelsangs Reise von Indien in die Schweiz! Die war zwar freiwillig. Trotzdem war sie mit Spannung verbunden, was wohl alles kommen wird. Ich trug natürlich auch eine Verantwortung, weil ich wusste, sie lässt ihre ganze Familie und alle Freunde zurück und kommt nur meinetwegen in die Schweiz - ein Wagnis!

K: Es war auch ein Liebesbeweis, mich auf diese ungewisse Zukunft einzulassen.

L: Als sie in die Schweiz kam, wurde sie erstens schon bald Mutter und zweitens sprach sie kein Deutsch. So war es nicht möglich, irgendeine Arbeit auszusuchen. Wir waren froh, dass wir überhaupt etwas zum Arbeiten hatten. - Dadurch, dass Kelsang hier wohnte, durften auch ihre Angehörigen in die Schweiz einreisen. Jetzt haben wir hier eine grosse Familie.

K: Ja, und zwei Jahre später, 1981, kam unser Sohn zur Welt. Drei Jahre später dann die Tochter. Jetzt haben wir bereits vier Enkelkinder.

L: Unser Leben ist schlicht. Wir lieben die Schlichtheit. Ich sage: «Einfachheit ist das Tor zum Glück!» Wenn man zufrieden sein will, muss man einfach sein.

Nachdem wir uns kennengelernt hatten und in Indien zusammen waren, besuchten wir einmal einen tibetischen Lama, den wir beide kannten. Er sagte: «Jetzt werdet ihr das Leben zusammen verbringen, und jetzt müsst ihr lernen, alles zusammen zu teilen. Sowohl Sorgen als auch Glück, Leiden und Freuden. Was ihr habt, müsst ihr teilen!» An das erinnere ich mich immer noch. Wenn man nicht verheiratet ist, gehört einem alles. Wenn es gut geht, kann man es geniessen. Aber wenn man Sorgen hat, muss man sie auch alleine tragen. Und wenn man heiratet, hat man jemanden, mit dem man alles, was einem bewegt, teilen kann. Angefangen mit Materiellem. Wenn man hundert Franken hat, gehören einem nur fünfzig Franken. Der andere Teil gehört dem anderen (lacht). Ich muss sagen, es ist ein schönes Leben mit ihr. Wenn ich noch einmal von vorne beginnen müsste, würde ich es ebenso machen (beide lachen)! Das ist für eine Ehe wichtig. In dem Moment, in dem man diese Verbindung eingeht, sagt man sich: «Mit dieser Person möchte ich einfach durch dick und dünn gehen und das Leben zu Ende bringen!»

K: Ja!

L: Es gibt auch Paare, die, kaum sind sie verheiratet, schon an Scheidung denken. Es würde uns zum Beispiel nie in den Sinn kommen, Gütertrennung zu vereinbaren. Sonst ist man irgendwie schon vorbereitet, eine andere Tür zu öffnen.

K: Man kann auch selbst etwas steuern.

L: Diese Bereitschaft und der Mut, Eigenverantwortung zu übernehmen, muss neu definiert sein.

Zwischendurch fallen ein paar tibetische Äusserungen.

K: Wir sprechen zusammen ausschliesslich Tibetisch. Es geht nicht
anders (lacht). Die Kinder sprechen mit uns auch nur Tibetisch. Und
wenn ihnen ein paar Wörter fehlen, kommen diese in
Schweizerdeutsch.

L: Wir sollten eigentlich froh sein, dass sie in dem Sinne ein gutes
Tibetisch sprechen.

K: Sie sprechen relativ gut.

L: Nur mit einem etwas höheren Niveau, vor allem Richtung Buddhismus, kennen sie viele Begriffe nicht. Unsere Tochter ist mit einem Schweizer verheiratet. Ihre zwei Söhne verstehen unsere Sprache zwar, aber sprechen sie nicht.

K: Unsere Tochter spricht mit ihnen Tibetisch und sie antworten in
Schweizerdeutsch. Unser Sohn wohnt in Wädenswil, also nicht weit
von uns weg. Die Töchter unseres Sohnes hüten wir regelmässig,
die Buben gelegentlich. - Daneben lehrt Lobsang westliche Leute,
die daran interessiert sind, in tibetischer Sprache zu kommunizieren. Einmal pro Woche unterrichtet er hier in Horgen auch tibetische Kinder, damit ihre Muttersprache erhalten bleibt.

L: Ich wurde da reingezogen. Meine Eltern haben nicht Deutsch
gelernt. Das heisst, vor allem Vater nicht. Mutter konnte sich ganz
einfach verständigen. So habe ich jeweils für sie übersetzt. Eine
Zeitlang auch für das Schweizerische Rote Kreuz. Die Tibeter wohnten damals in Heimen. Die Leiterin dieser Organisation betreute
dort unsere Landsleute, suchte für sie ärztliche Betreuung, Arbeit
und Wohnungen. Da viele ältere Tibeter kein Deutsch verstanden,
habe ich, wo immer ich gerufen wurde, übersetzt. Das hat sich herumgesprochen und so kam es dazu, dass ich, auch wenn tibetische
Lamas kamen, um eine buddhistische Belehrung zu geben, als
Übersetzer angefragt wurde. Dadurch konnte ich auf diesem Gebiet sehr viel Erfahrung sammeln. Jedoch reichte es nicht, den Dalai
Lama zu übersetzen - dafür war ich wohl zu schlecht (lacht).

K: Für den Dalai Lama gibt es professionelle Übersetzer.

L: Es ist auch nicht einfach, ihn zu übersetzen.

K: Er spricht zehn Minuten ohne Unterbruch...

L: ... und das auf einem solch hohen Niveau. Aber diejenigen Lamas, die ich bisher übersetzte, konnte ich auch mal fragen: «Können Sie das bitte wiederholen?» - Ich unterrichte bereits sehr lange, über dreissig Jahre. Schon damals, als ich noch berufstätig war, war das nebenbei ein Hobby.

K: Du wärst fast ein Lehrer geworden.

L: Ja! Aber mir wurde abgeraten. Man sagte mir, dass ein Lehrer von der Gemeinde gewählt wird und es sein könnte, dass ich als Ausländer weniger Chancen hätte. Das hat mich davon abgehalten. Aber Lehrer bin ich trotzdem geworden, kein Berufslehrer, sondern Hobbylehrer. Ich gebe das wenige, das ich weiss, sehr gerne weiter. Das macht Spass! Vor allem, wenn man merkt, dass die Schüler mit Freude lernen. Das ist wirklich ein grosses Geschenk!

K: Und dann, in der Freizeit, ...

L: ... das ist genug (lacht). Ja, ich spiele Tennis oder wir machen gemeinsam Yoga.

K: Lobsang praktiziert das für sich, ich selber lieber in einer Gruppe. Für mich allein habe ich zu wenig Disziplin.

L: Aber wir besuchen oft gemeinsam eine Weiterbildung, zur Vertiefung. Also, das heisst, ich praktiziere nur eine Art von Yoga, Yantra Yoga, eine tibetische Form, Kelsang drei verschiedene Arten, auch eine indische.

K: In Uti habe ich 2007 ein Yoga Retreat gemacht. Das war sehr schön (strahlt)! Spannend, in Indien gibt es 22 offizielle, geschriebene Sprachen. Die dortigen Yogaschulen sind normalerweise sehr seriös. Mein letzter Aufenthalt war 2010.

Religiös gehören wir hier in der Schweiz zu einer Gruppe. Auch dem widmen wir uns gemeinsam. Jedes Jahr treffen wir uns mindestens zweimal.

L: Im Moment gehen wir nicht oft hin, wegen des Lock Downs. Wir gehören altersmässig zur Risikogruppe... (lacht). Deshalb vermeiden wir einfach möglichst Menschenmengen - wenn es nicht sein muss!

Im Tibetischen gibt es in der spirituellen Welt einen Begriff «Trödrel». Das bedeutet, es gibt keine Begrenzungen, man ist eins mit allem. Es wird oft übersetzt mit Einfachheit. Bei uns sagt man auch immer: «Frei von Hoffnung und frei von Befürchtung.» So ist man frei von diesen Begrenzungen.

K: Lobsang beschäftigt sich sehr viel mit den buddhistischen Weisheiten.

L: Meine Tätigkeit als Tibetisch-Lehrer bringt es mit sich, dass ich mich da ein bisschen auskenne, da die Schüler immer besser werden und immer mehr fragen. So muss auch ich «up to date» sein (lacht). Und jetzt, in dieser aussergewöhnlichen Zeit, geht alles online vonstatten. Die Schüler kommen zum Teil von weit her, zum Beispiel von Glarus oder Aarau. Und jetzt können wir einfach virtuell zusammen sein.

K: Das klappt bestens.

L: Das ist die gute Seite dieser Pandemie.

K: Selber bin ich sowieso mehrheitlich zuhause. Ich kann sehr gut mit mir alleine sein - Bücher lesen, den Garten pflegen, kochen und so weiter.

L: Ich habe bei ihr noch nie erlebt, dass es ihr langweilig wurde. Sie kann sich sehr gut selbst beschäftigen. Bei allem, was man mit Freude macht, empfindet man keine Last (beide lachen).

K: Wir lachen auch sehr oft zusammen. Der Humor ist für uns in einem Ernstfall wichtig!

L: Gemeinsame Wanderungen machen uns ebenfalls Spass.

K: Bei Lobsang gefällt mir besonders sein Humor und seine Art, alles locker zu nehmen.

L: Und mir gefallen ihre Augen.

K: Ah, ja?

L: Immer noch (schauen sich verliebt an)! - Ich schätze nicht nur ihre schönen Augen, sondern ihre gesamte Person. Sie ist klug und vielseitig interessiert, aber bleibt immer bescheiden. Sie ist die Stütze der ganzen Familie.

Lobsang greift nochmals das erwähnte Bild über dem Sofa auf.

L: Diese Aufnahme machte Peter Aufschnaiter, als er sich einmal bei uns im Kloster aufhielt. Ich erhielt sie über das Völkerkundemuseum Zürich, das seinen Nachlass verwaltet.

K: Es gibt ein Buch von Heinrich Harrer «Sieben Jahre im Tibet» - sehr interessant!

Anmerkung: Auf dem Klappentext der überaus spannenden Biografie von Peter Aufschnaiter ist zu lesen:

«Der Kopf und die treibende Kraft hinter "Sieben Jahre in Tibet". Es gehört zu den großen Epen der Moderne: Das Abenteuer der beiden österreichischen Bergsteiger, die im Jahr 1944 aus einem Gefangenenlager im Norden Indiens fliehen, die ungeheuren Weiten des tibetischen Hochlands im Winter überwinden und schließlich in Lumpen die verbotene Stadt Lhasa erreichen, wo sie die traditionelle tibetische Gesellschaft in den letzten Jahren ihrer Blüte als Zeitzeugen erleben. Während einer der beiden Flüchtlinge, Heinrich Harrer, mit dem schließlich mit Brad Pitt in der Hauptrolle verfilmten Bestseller "Sieben Jahre in Tibet" weltberühmt wurde, blieb Peter Aufschnaiter (1899-1973) weitgehend unbekannt. Dabei war er der Kopf und die treibende Kraft hinter dem aufsehenerregenden Abenteuer: Er kannte Tibet aus langjährigen Studien, zeichnete Karten, sprach fließend Tibetisch und er war es, der die Energie und Entschlossenheit hatte, durchzuhalten und weiterzugehen, wo sein Gefährte längst aufgeben wollte. Wer aber war dieser geheimnisumwitterte Mann, der auch nach dem Einmarsch der Chinesen in Tibet und der Flucht des Dalai Lama im Himalaya blieb und sich um die Entwicklung Tibets und Nepals wie kaum ein anderer verdient machte? Mit dieser akribisch recherchierten, ersten umfassenden Biografie, illustriert mit einzigartigem historischem Bildmaterial, wird einem der größten Entdecker, Bergsteiger, Kartographen und Entwicklungshelfer des 20. Jahrhunderts erstmals die Beachtung geschenkt, die er verdient - und die wahre Geschichte hinter dem Mythos packend erzählt. Tipps: Das faszinierende Leben des großen, geheimnisumwitterten Himalaya-Pioniers.»

L: Das Rongbuk-Kloster ist kein grosses, sondern ein kompaktes Kloster und liegt sehr hoch, ...

K: ... sehr abgelegen!

L: In einer Höhe von fast 5'000 Metern gilt es als höchstes Kloster der Welt. Es ist zudem einer der höchsten ständig bewohnten Orte der Erde. - Mein Bruder war ja auch der Abt dieses Klosters. Da der Onkel von Kelsang aus dieser Region stammte und den verstorbenen Lama gekannt hatte, bekam er sehr viel Wissen überliefert.

Das Kloster ist für die in Nepal lebenden tibetisch-stämmigen Sherpas ein wichtiges Pilgerziel, das sie über den Pass Nangma La in mehrtägiger Wanderung erreichen. Das Basislager der Nordroute des Mount Everest liegt vom Kloster aus noch ca. acht Kilometer südlich talaufwärts, vor der Gletscherzunge. Der Abt des Klosters wird von den Nepalesen und Tibetern bei einer Expedition jeweils bei der Puja-Reinigungs-Zeremonie um seinen Segen gebeten: Nur reine Menschen sollen sich den Göttern des Mount Everest - dem Dach der Welt, dem höchsten Berg der Erde - nähern. Ohne eine Puja-Zeremonie weigern sich die Sherpas sehr oft weiterzugehen. - 1999 und 2007 reisten wir nochmals nach Tibet. Aber heute wäre mir das zu gefährlich! Denn die Situation hat sich seit 2008 enorm verschlechtert. Die Repression der Tibeter durch die chinesische Besatzung hat zugenommen. Journalisten, Experten und Diplomaten haben keinen freien Zugang zu Tibet. Deshalb erfährt die Welt so wenig darüber, was in Tibet tatsächlich passiert.

L: Wir sind sehr glücklich und dankbar, dass wir hier in der Schweiz leben dürfen! Hier haben wir unsere zweite Heimat gefunden.

Als wir aufbrechen, bleiben Lobsang und Kelsang vor einem eindrücklichen Rollbild «Thanka» stehen.

L: Die weisse Tara ist eine der 21 Taras des tibetischen Buddhismus. Die Hauptübung des Bodhisattva besteht in den sechs Vollkommenheiten: Geben, Ethik, Geduld, Tatkraft, Konzentration und Weisheit. Das Haupthindernis, das der Bodhisattva beseitigt, ist die Selbstsucht. Das Bodhisattva-Gelübde enthält Regeln, die die

Selbstsucht eindämmen sollen.

K: Die weisse Tara ist ein weiblicher, friedvoller Buddha und Bodhisattva. Sie ist die Hauptform im Mandala der 21 Taras, die jeweils verschiedene Facetten ihrer Buddha Aktivität ausdrückt. Die buddhistische Form von Maria.

L: (beide strahlen) So lebt Tibet weiterhin in unseren Herzen!

«Two Tornados» – inner- und ausserhalb der Manege

IRENE UND ROLF STEY-METTLER | HEIRAT 1969

Zirkus - ein magischer Ort! Bereits als Kinder davon fasziniert, warteten wir jeweils in Zofingen am Strassenrand, bis der Zirkus mit seinen Elefanten und dem gesamten Gefolge vom Bahnhof her zu ihren Unterkünften, unmittelbar in unserer Wohnnähe, dem städtischen Altersheim, vorbeimarschierten. Auf Einladung der Zirkusfamilie hin durften wir zusammen mit unseren Insassen als Spezialgäste jeweils auf Logenplätzen eine der Vorführungen bewundern. Und - wer von uns Teenagern hätte damals nicht von den etwa gleichaltrigen Zirkus Jungs geschwärmt!

Ein Besuch in verschiedenen Zirkussen wurde auch im Erwachsenenalter zu einem geliebten Brauch. Doch, wer hätte wohl gedacht, dass ich je einmal dem Direktorenpaar des Zirkus Stey persönlich in ihrem Heim gegenübersitzen würde?

Als ich mich entschied, jemanden aus diesem Umfeld anzufragen, gelangte ich mit meinem Anliegen an den Zirkus- und Schaustellerpfarrer Adrian Bolzern und auf seine Empfehlung hin an Rolf und Irene Stey.

Herzlich werden wir von Irene - mit dem gebührenden Corona-Abstand - empfangen. Unvermittelt tauchen wir in eine Welt ein, die überall die Leidenschaft des Paares für den Zirkus widerspiegelt. An den Wänden auch Bilddokumente, die von persönlichen Begegnungen und Auftritten mit Weltstars und Künstlern erzählen.

Rolf sitzt mit einem Verband an der am vorigen Tag frisch operierten Hand erwartungsvoll am Tisch und beginnt gleich nach der Begrüssung zu sinnieren.

Rolf (R): So viele Menschen aus unserem Umfeld sind nicht mehr da. Ob jünger oder älter - einfach weg!

Irene (I): Sehr viele Freunde sind von uns gegangen.

R: In letzter Zeit, innerhalb von zwei Jahren – wahnsinnig! Deshalb, wir müssen Gott danken, dass wir noch da sind. Letztes Jahr feierten wir zwei unser fünfzigjähriges Jubiläum. Fünfzig Jahre «Krieg und Frieden» (lacht).

I: Ja, fünfzig Jahre «Krieg und Frieden» (lacht ebenfalls)!

R: So wie der Titel von Tolstois Buch...,

I: ... also, das ist jetzt ein wenig gemein!

R: Bei uns zählt es fast doppelt, muss man auch noch sagen - (mit Nachdruck) wir sind vierundzwanzig Stunden umeinander herum!

I: Wir mussten immer miteinander geschäften. Jetzt noch!

R: Unser ganzes Leben lang.

I: Zuerst, in den jungen Jahren, ganz intensiv. Ich meine, jetzt, so im Nachhinein - das war eine Leistung! Eine Messernummer zu bieten und sich jeden Tag neu darauf einzulassen.

R: Das Leben des einen hing vom anderen ab. Das war Risiko und musste zum Teil auch verarbeitet werden. Wir reisten damit um die ganze Welt und hatten Glück. Eigentlich hatten wir in unserem ganzen Leben Glück!

I: Wirklich! Wir können uns nicht beklagen. Wir mussten viel arbeiten und wir mussten viel kämpfen. Auch später, um den Zirkus über Wasser zu halten. Es wurde uns nichts geschenkt!

R: Deshalb haben wir uns etwas zurückgezogen und geniessen nun das Leben mehr oder weniger. Jetzt ist der Corona-«Seich» dazwischengekommen. Sonst waren wir immer spontan. Wir planten nie, wohin wir im nächsten Jahr reisen wollten. Wenn wir das Gefühl hatten, so, jetzt besuchen wir die oder jene, fuhren wir einfach los. Früher war uns dies nie möglich, ...

I: ... hatten keine Zeit dazu und konnten es uns auch nicht leisten.

R: Bis vor etwa zehn Jahren arbeiteten wir zwölf Monate lang - im Sommer Zirkus und im Winter waren wir mit unserer Nummer unterwegs. Wir hatten das Glück, dass wir uns gut ergänzten. Sie machte alles Administrative.

I: (mit Nachdruck) Ungern! Das war gar nicht mein Ding. Ich habe viel lieber Tiere dressiert. Das Büro war einfach ein notwendiges Übel!

R: Aktuell gastiert der Zirkus in Diessenhofen. Da gehst du doch schauen, das juckt einem! Trotzdem, man muss die Jungen walten lassen. Man kann ihnen helfen, Empfehlungen geben, aber sie handeln so, wie sie es für gut finden. Später kommen sie vielleicht wieder auf unsere Ideen zurück. Jeder Generation das ihre. Auch wir machten es anders als unsere Eltern. Schlussendlich musste man sagen, sie haben es gut gemeistert und wir nahmen das eine oder andere wieder auf. Eigentlich interessant, dich juckt es jetzt noch mehr als mich, obschon ich vom Zirkus stamme. Die Familiendynastie Stey begann mit Hofnarren und Gauklern. Sie geht zurück bis ins Mittelalter, ins Jahr 1437.

Es war lustig, wie wir uns kennen lernten. Früher, vor fast 60 Jahren, war noch eine andere Zeit, nicht eine so hektische! Wir fuhren von A nach B. In Weinfelden konnten wir die Wagen nicht auf die dafür vorgesehene Wiese stellen, da der Bauer noch nicht gemäht hatte. Zum Restaurant am Bahnhof in Märstetten gehörte ein grosser Parkplatz. Mein Vater fragte den Besitzer um Erlaubnis, die Wagen dort bis zum nächsten Morgen abstellen zu dürfen. Einen Tag lang standen wir da und ich sah Irene immer. So haben wir uns kennen gelernt.

Irene ist so, wie ich mir meine Traumfrau immer vorgestellt hatte - genau so! Als ich sie zum ersten Mal sah, diesen kleinen, frechen «Cheib», sagte ich zu meinem Vater: «Schau mal! So stelle ich mir meine zukünftige Frau vor!» Ich kann es nicht anders formulieren. Und er: «Ja, so eine Schwiegertochter möchte ich auch!» Ich habe sie gesehen - es machte «Päng!» und es gab für mich nichts anderes mehr.

I: So schnell ging es bei mir nicht (lacht)!

R: Du brauchst immer ein bisschen länger! Trotzdem kamst du mit mir in den Ausgang.

I: Aber zuerst nur mit meinem Bruder zusammen.

R: Ich kann mich noch gut daran erinnern (schmunzelt). Das erste Mal fragte ich: «Sie, Fräulein», - das war damals noch Sitte - «gehen wir zusammen an den Bodensee baden?» Und sie: «Ja, ja!» - Ich musste immer bis am Abend arbeiten. Mein Vater war streng. Vorher gab es keine Freizeit! Danach fuhr ich mit ihr zum Bodensee. Sie sagte: «So, da ist der See. Jetzt können Sie baden gehen!» Und ich harter Typ stieg ins kalte Wasser und bin fast erfroren. Später fragte ich sie dann, ob sie mich auch mal im Zirkus besuchen würde. Sie kam nach Berg. Ich hatte eine «huere» Freude. Sie kreuzte mit einem Mann auf. Ich dachte: «Was soll denn das?» (sie lacht) Und sie:» Darf ich vorstellen, das ist mein Bruder.» Ich hätte den umarmen können (lacht herzlich)!

I: Das war 1963. Dann ging ein bisschen Techtelmechtel los. Ganz langsam!

R: Ja, bis 1969.

I: 1967 schloss ich mich der Tournee an, ein Jahr später feierten wir Verlobung. Also eine lange Zeit! Meine Eltern wollten, dass ich vorher noch nach England reise. Sie wussten, dass das schon lange mein Wunsch war. Kaum war ich drüben, starb leider meine Mutti. Aber das Ablenkungsmanöver mit England half nichts.

R: Wir blieben zusammen.

I: Rolf hat mir sehr gut gefallen. Damals war er noch nicht so dick (lacht).

R: Ich wusste, dass das kommt (schmunzelt).

I: Er war ein Lieber und es hat einfach alles gepasst. Ich muss ehrlich sagen, ich würde es wieder so machen.

R: Wir vom Zirkus sagen: »Sie ist von privat!» Ihre Eltern besassen ein Restaurant und eine Metzgerei. Ihr Vater war zudem Viehhändler. Aber sie verkörpert heute mehr Zirkus als ich. Als sie sich uns anschloss, liess sie sich von meiner Mutter schulen.

I: Das war manchmal nicht einfach (lacht)! Ich musste vieles über mich ergehen lassen, weil ich aus einem Dorf und einer strammen Geschäftsfamilie stammte.

R: Sie führte später den Zirkus so, wie meine Mutter es getan hatte. Ich finde, wir haben das sehr gut gemacht. Wir blieben auf dem Boden. Meine Mutter sagte immer: «Wir kaufen erst etwas, wenn wir das nötige Geld zur Verfügung haben.» Das übernahmen wir. Auch wir kauften in den vielen Jahren, von 1983 – 2012, in denen wir den Zirkus führten, nie etwas auf Abzahlung. Und heute praktiziert es unser Sohn genauso. Wie es sein wird, wenn wir einmal nicht mehr leben, wissen wir nicht. Doch das kratzt uns dann nicht mehr (beide lachen)!

I: Ich wüsste nicht, wie Zirkus auf Pump funktionieren würde. So gescheite Leute sagten mir manchmal: «Ach was, das macht man doch heute nicht mehr so. Heute least man!» Aber das kam für uns nicht infrage. Die Saison dauert nur acht Monate. Da kann auch mal etwas total danebengehen. Du kannst machen, was du willst - ein gutes Programm! Es gibt einfach Zeiten, in denen etwas nicht funktioniert. Warum auch immer. Übersättigung! Es hiess etwa: «Was? Zirkus? Nein, wir haben jetzt das Fernsehen!» Später das Internet. All diese Zeiten haben wir durchgestanden. Das machte es ziemlich schwierig. Aber wir waren einfach so - währschaft, vielleicht ein wenig «bünzlig» (gesellschaftskonform), sind so geblieben und es ging uns gut dabei. Jeder tut es auf seine Art. Ich behaupte, wir haben es gut gemacht, weil, ...

R: ... uns gibt es noch! In letzter Zeit gingen etliche Zirkusse Konkurs und kaputt, weil sie über die Verhältnisse gelebt hatten. Sie konnten ihre Rechnungen nicht bezahlen. Wenn man Konkurs macht, betrügt man jemanden. Das ist meine Meinung. Das will ich nicht. Ich will den Leuten hier in der Gegend, oder wo auch immer ich bin, in die Augen schauen können. Und das hat sich jetzt ausbezahlt. In diesem Jahr speziell, in dieser schwierigen Zeit. Wir erlebten viel Goodwill.

I: Und wenn jemand behauptete: «Ja, der Zirkus, das ist ja klar, dass der während einer solchen Pandemie nicht überlebt!», machte mich das wütend. Ich wehrte mich: «Sie, sind wir Ihnen je etwas schuldig geblieben?» Ich liess mir nichts sagen!

R: Man wird schnell einmal in denselben Topf geworfen wie alle anderen. In der Schweiz ist es eben so: Es gibt den Zirkus Knie und den Zirkus. Man sagt «der Knie». Alle anderen nennt man einfach Zirkus. In diesem Jahr waren wir, sprich unser Sohn, der Einzige, der auf Reisen ging. Später der Harlekin. Er gastiert jedoch mehr oder weniger nur im Bernbiet. Erst am 4. September startete der Knie in Bern. Früher verdiente man so viel, dass man die drei oder vier Monate im Winter für Vorbereitungen nutzen konnte. Heute muss man auch im Winter etwas verdienen. Deshalb entstanden die Weihnachtszirkusse. Das haben wir ebenfalls eingeführt. Seit fünfzehn Jahren veranstalten wir im Pilatus Einkaufszentrum in Kriens einen kleinen Zirkus und der findet statt. Alle anderen wurden abgesagt. (Anm.: Leider musste dieser später infolge der zweiten Welle ebenfalls abgesagt werden.) Das reisst natürlich auch unserem Sohn ein Riesenloch in die Kasse. Im Frühjahr, zu Beginn der Saison, wenn du den ganzen Betrieb hochfährst, musst du bereits investieren: die vielen Fahrzeuge instand stellen, vorführen, alle Bewilligungen einholen. Das kostet Geld! Wenn man da keine Reserven hat!

I: Aber wenn du jetzt sagst, dass bei uns die Geldmittel im Winter reichten - gingst du nicht auch arbeiten? Ging dein Grossvater nicht auch arbeiten?

R: Das stimmt! Wir sind nie einfach zuhause herum gehockt. Spätestens eine Woche nach Saisonende waren wir beide mit unserer Messernummer in der ganzen Welt draussen unterwegs. Schon damals konnte man den Winter mit dem Sommergeschäft allein nicht mehr finanzieren.

I: Wie diese Nummer zustande kam, musst du erzählen.

R: In der Stey-Dynastie ist das Seillaufen die erste Disziplin. «Die meisten von uns können besser auf dem Seil laufen, bevor sie auf dem Boden gehen.», sagten wir jeweils scherzhaft. Das war bei Steys einfach Tradition! Hochseiltanz! Es gibt unterschiedliche Arten von Seillaufen. Zuhause mussten wir alles meistern: eine Luftnummer, eine Seilnummer, Verschiedenes. Als ich etwa sechzehn war, hatten wir einen Messerwerfer engagiert. Der faszinierte mich! Er führte mich in diese Kunst ein und es gelang mir nicht schlecht. Was einem interessiert, geht viel einfacher von der Hand. Kurz vor Saisonende musste er aus familiären Gründen nach Hause, nach Deutschland zurückkehren. Dadurch fehlte uns ein Auftritt. Mein Vater fand: «Sag mal, du hast doch eine Nummer erlernt!» Zuerst erschrak ich, weil ich mich noch nicht so sicher fühlte. Ein Küchenmädchen meiner Mutter musste beim Proben dafür herhalten. Das machte es jedoch gerne.

I: Er war ein hübscher junger Mann und die Mädchen rissen sich darum, sich hinstellen zu dürfen (lacht). Das war sein Glück! Wir haben heute noch Kontakt mit der Hanne. Das ist herzig. Sie ist so alt wie wir.

R: Ich fing ganz einfach an. Allmählich wurde es immer besser.

I: Zu dieser Zeit lebte ich noch zuhause. Im August 1966 starb meine Mutter. Ich hatte einen kleineren Bruder und mein Vater stand allein da. Meine Geschwister lebten in Italien und Südafrika. So lag es auf der Hand, dass ich für diese beiden da sein musste. Im darauffolgenden Frühjahr sagte ich mir: «Hallo, ich bin gut zwanzig und habe eine Lehre gemacht. Es kann doch nicht sein, dass ich jetzt hier einfach die Wäsche besorge, putze und zum Haus schaue!» Ich eröffnete meinem Papa: «So, ich gehe jetzt für eine Saison zum Zirkus!» Ich wollte das mal ausprobieren.

Einmal pro Woche, am Sonntagabend nach der Vorstellung, hatte ich das Auto bereits mit aller schmutzigen Wäsche gepackt - im Zirkus gab es damals keine Waschmaschine - und fuhr nach Hause, in den Thurgau. Sofort wurde der erste Waschgang gestartet, damit ich die Stücke am kommenden Morgen gleich aufhängen konnte. Am Montag putzte und besorgte ich die Wäsche meines Vaters und Bruders, am Dienstagmorgen wurde geplättet, Gartenarbeit erledigt, so dass ich zur Abendvorstellung pünktlich zurück war. Damals spielten wir erst wieder am Dienstagabend. Das dauerte so lange, bis mein Vater 1982 starb.

Und, das vergesse ich nie! 1967, als ich ein Jahr lang mit auf Tournee war, meldete sich eines Tages mein Papa: «Du, Kleine, ich habe keinen Beizer für unseren Gasthof! Du könntest doch für zwei, drei Monate nach Hause kommen. Bis dann finde ich sicher jemanden.» Früher führte meine Mutti das Restaurant. Als ich das Rolf erzählte, verwarf er die Hände. Er war immer scheu und konnte sich das überhaupt nicht vorstellen. Im Fall - ich habe einen scheuen Mann (lächelt)! Die Idee war, dass er das Buffet besorgen, ich servieren und mein Vater, der zugleich Küchenchef war, kochen würde. Wir kamen an einen Punkt, an dem wir uns entschieden: «Also, komm, wir wagen das!» Mein kleiner Bruder half zusätzlich in der Küche mit. Als die Leute erfuhren, dass der Mettler den Gasthof wieder öffnet, lief das vom ersten Tag weg wie wild.

R: Ich war gestresst bis zum geht nicht mehr. Ich kannte keine Weinsorten, da ich bis etwa 32 nie Alkohol getrunken hatte, musste Bier zapfen und so weiter. Die «Eingeborenen» wollten mich, einer vom Zirkus, natürlich anschauen. Und die jungen Burschen fragten sich: «Was ist denn das für einer, der das Irenli, den Liebling des Dorfes, kaperte!?»

I: Ich musste dann hören: «Jesses Gott! Also, du hättest auch noch einen anderen verdient als einen vom Zirkus!» Auch mein Onkel! Ich musste etwas miterleben (lacht)! Aber da ich ja ein Widder bin, ...

R: ... gross und stark, ...

I: ... habe ich das geschafft!

R: Zwischendurch, im Oktober 1969, heirateten wir. Ein Jahr vorher ...

I: ... haben wir uns verlobt - so wie das früher üblich war (lacht schallend). Man sagte immer: «Zuerst ein Jahr verlobt, dann schauen wir mal. Erst danach wird geheiratet!» Anfänglich war natürlich bei meinem Vater das Thema: « Wie? Was? Du willst einen vom Zirkus heiraten?» Wir waren eine ganz solide, bürgerliche Geschäftsfamilie.

R: Deine Schwester heiratete einen Arzt. Da war schon Skepsis vorhanden. Bei meinem Schwiegervater habe ich das jedoch nie gespürt. Er sagte immer: «Es ist egal, was einer von Beruf ist. Der Mensch ist wichtig! Auch ein Reicher kann ein «Lumpensekel» sein.» Und das stimmt.

I: Schon! Aber wir hatten ja null Beziehung zum Zirkus. Weder ich noch meine Familie. Weit entfernt! Es gab weder Ferien noch Ausgang - dazu hatten wir schlicht keine Zeit. Wir mussten arbeiten und alle vier entweder eine Lehre machen oder studieren. Gerne wäre ich schon lange vorher ausgezogen. Aber es hiess: «Stopp!

Nein, nein! Zuerst wird ein Beruf erlernt! Egal was, aber das muss sein!» Ich schaute zuallererst, was am wenigsten lang dauert (lacht herzhaft). So entschied ich mich für Damenkonfektionsverkäuferin, nur zwei Jahre. Ich arbeitete sogar ein weiteres Jahr in St. Gallen. Mein Schatz kam mich jeweils besuchen.

R: Manchmal quer durch die ganze Schweiz, nach der Vorstellung. Gerade letzthin kam mir in den Sinn, von Altdorf - damals gab es noch keine Autobahn - über die Axenstrasse, den Sattel, den Ricken nach St. Gallen. Und das für eine halbe Stunde Händchen halten! Nachher fuhr ich gleich wieder retour, damit ich am Morgen zum Auf- oder Abbau Traktor fahren konnte. Damals machte man noch solche Sachen. Ich fand das schön!

Als ich Irene kennenlernte und sie mir ein paar Jahre später in den Zirkus folgte, zeigten wir die Messernummer dann zusammen. Als wir geheiratet hatten, sagten wir zueinander: «Jetzt müssen wir etwas unternehmen, um gemeinsam in die Welt hinauszukommen und etwas zu sehen. Das ist jedoch nur möglich, wenn du etwas Spezielles zu zeigen hast, nicht 08 15.

I: Zuallererst übten wir zusammen am geraden Messerbrett. Damals waren wir im Winter in Zürich-Glattbrugg. Dort konnten wir nur draussen trainieren, bei schönem Wetter. Aber es war sehr kalt! Eines Tages sagte mein Vater: «Irgendwo solltet ihr doch auch zuhause sein!» Da kam der Privatmensch zum Vorschein. Er organisierte uns ein Winterquartier, das wir dann kaufen konnten. Wir hatten damals noch Ställe und Raubtiere.

R: Seit 1975 stehen wir jetzt nur acht Kilometer von hier weg, unten an der Thur.

I: Mit der Zeit wurden wir beim Üben frecher. Wir bauten Bewegungen ein oder ich breitete eine aktuelle Zeitung des Gastortes vor meinem Körper aus. Rolf warf auch mit verbundenen Augen. Später folgte das runde Messerbrett auf dem Boden. Jetzt zeigt unser Sohn zum ersten Mal seither eine Messernummer im Programm. Er hat einen Italiener engagiert, der dies sehr gut beherrscht. Da ist auch ein solches Brett im Einsatz. Aber, das sind Messerchen im

Vergleich zu den unsrigen!

R: Die Messer berührten Irene.

I: Ich hatte ab und zu einen Schwartenriss am Kopf, einen Arm-durchschuss und so weiter. Aber ich war selber schuld. Ich wollte immer, dass er die Messer ganz körpernah warf.

R: Die Messer flogen Millimeter genau. Deshalb durften sie auf der Seite nicht scharf geschliffen sein.

I: Einmal, in Luzern, während einer Vorstellung mit Emil Steinberger - seine erste Frau war dort Inhaberin einer Boutique - passierte es! Vom Schlag eines herunterfallenden Messers brach es mir nahe am Ellenbogen gleich die Elle. Zum allerersten Mal mussten wir unsere Show auf der Stelle abbrechen.

R: Am nächsten Tag stand auf der Titelseite des «Blick»: «Blutiges Ende einer Modeschau!».

I: Und ein Reporter schrieb in der Luzerner Zeitung: «Blutiges Drama am Messerbrett!»

R: Solche Sachen kitteten uns zusammen.

I: Eines schönen Tages forderte uns die Schwiegermutter heraus: «Das runde Messerbrett ist zwar was Gutes. Aber ihr solltet etwas zeigen, das noch nie jemand gewagt hat. Rolf, du kannst seillaufen. Kombiniere das! Du könntest doch auf einem Bein auf dem Seil stehen und von dort weg die Messer auf das drehende Rad werfen.»

R: Irene war sofort begeistert: «Ja, das ist genau das richtige!»

I: Wir durften dann bei mir zuhause auf dem Estrich ein Seil spannen, damit Rolf während des ganzen Winters trainieren konnte. Am Anfang warf er die Messer auf die Holzbalken und kippte dabei immer herunter. Es war eine schwer zu bewältigende Aufgabe, nicht mehr auf dem Boden, sondern auf einem leicht schwingenden Seil zu stehen. Als es dann klappte, liessen wir ein rundes Rad bauen, das auf den etwa zwei Meter hohen Seilständer gehievt wurde.

R: Das heisst, ihr Kopf war ungefähr auf einer Höhe von vier Metern.

I: Das ganze wurde draussen im Winterquartier aufgestellt, da der Estrich zu wenig hoch war.

R: Auf dem Estrich hatte sich das Rad nicht gedreht. Das war eine zusätzliche Schwierigkeit!

I: Zuerst übte er wieder ohne mich. Immer nach zwei, höchstens drei Messern fiel er vom Seil hinunter, sicher drei, vier Wochen lang. Ich musste dann lernen, das Rad selbst zu drehen. Mir wurde jedes Mal schlecht bis zum geht nicht mehr. Ich konnte nichts mehr essen, weil mir so kotzübel war! Den ganzen Sommer über bis in den Winter hinein. Und wir trainierten immer härter.

R: Jeder, der es sah, sagte zu uns: «Das geht gar nicht! Könnt ihr vergessen!» Beim Seillaufen schaut man immer auf das Ende des Seils. Aber hier hat man ja keinen Fixpunkt, auf den man sich konzentrieren kann, da sich das Rad dreht. - Irgendeinmal machte es bei mir «klick». Ich fand einen Trick heraus, wohin ich schauen musste. Dann klappte es. Deshalb bin ich der Einzige auf der ganzen Welt, der das beherrschte. Dieses Geheimnis habe ich nie jemandem verraten! Nicht einmal mein Sohn weiss es. Hätte er das erlernen wollen, hätte ich es ihm preisgegeben. Jetzt ist er jedoch bereits über das passende Alter hinaus.

I: Wir hätten uns darüber gefreut. Er hätte damit sein Geld verdienen können...

R: ... und damit auch überall herumreisen. Aber er entschied sich ausschliesslich für den Zirkus. Uns selber hat diese Einmaligkeit viele Türen geöffnet und wir haben diese Chancen gepackt.

I: Ja, und ich hatte eine Freundin, die Schneiderin war. So entstanden schöne Kostüme für mich, nicht einfach nur so 08 15.

R: Als wir aufhörten, kopierte uns ein Amerikaner. Und was passierte? In der ersten Vorstellung tötete er seine Partnerin. Er traf sie in die Kehle! -

Wir bekamen viele Auszeichnungen, vor allem in den Oststaaten. Als wir in Basel auftraten, meldete sich der Staatszirkus aus der DDR und lud uns in die Fernsehsendung «Ein Kessel Buntes» ein. Dies ist eine Sendung von Intervision, das Gegenstück zu Eurovision in Europa, und wurde in allen roten Ländern ausgestrahlt.

So entwickelten wir unsere Nummer weiter und hatten das Glück, dass es die richtigen Leute im richtigen Moment zu sehen bekamen. Wir waren auch in der glücklichen Lage, dass wir im Gegensatz zu anderen Artisten nicht zwölf Monate Arbeit suchen mussten. Und wenn etwas begehrt ist, kann man selbst auswählen, wo man hinwill. Wir suchten uns nur die schönsten Orte aus, die am besten bezahlt waren. Das hatte zur Folge, dass wir unsere Ferien mehr oder weniger mit unserer Arbeit verbinden konnten. Überall, auf der ganzen Welt! Wir hatten ein Riesenglück! Und dadurch, dass wir etwas zeigten, was niemand anderes auf der Welt beherrschte, waren wir gefragt. Auch für Fernsehsendungen.

I: Ja, und du musst mal erzählen, was für eine Partnerin du hattest.

R: Ich sagte immer «WIR»!

I: (lacht) Eine, die durchgehalten hat! Ich meine, ...

R: ... und ich musste werfen!

I: Mit allen hättest du das schon nicht meistern können!

R: Du auch nicht (lacht), es braucht immer zwei dazu! Und wenn du miteinander arbeitest, 24 Stunden zusammen bist, wird das manchmal auch explosiv! Aber ich hatte immer das Gefühl, dass wir voneinander abhängig sind. Deshalb war beim Arbeiten Waffenstillstand! Da waren wir im Vorteil. Das gibt es in einer Ehe immer wieder einmal, dass es kracht. Nachträglich lachst du darüber. Meistens streitet man ja wegen irgendeiner Kleinigkeit. Vor allem von der Seite des Mannes her - aus meiner Warte. Sie sieht es anders. Aber eben, wir hatten das Glück, dass wir beide gerne Zirkus machten und privat Spass hatten an unserer Nummer. Das dauerte so lange, bis meine Mutter 1983 plötzlich durch einen Herztod starb. Zehn Tage, bevor die Saison losging! Ganz jung, mit 63. Damals sagte mein Vater: «Ich mag nicht mehr. Ihr müsst den Zirkus übernehmen! Sonst gibt es diesen schon bald nicht mehr. Und du, Irene, sollst ihn führen!» Mein Bruder und ich waren Techniker und verstanden nichts vom administrativen Teil. Sie managte das super! So ergänzten wir uns bestens. Jedes hatte nicht nur sein eigenes

Ressort, sondern seine eigenen Sparten. Mein Bruder trat 1994 aus dem Zirkus aus. Wir führten das Unternehmen allein weiter und Irene suchte jeweils die Artisten. - Sie wollte immer etwas Neues, noch Besseres präsentieren und lernte den Direktor des damaligen tschechischen Staatszirkus kennen. Dieser Mann hatte sehr gute Ideen. Im Ostblock war der Zirkus ausserordentlich stark. Er reiste dann mal auf einer Tournee mit uns - es ist immer gut, einen Blick von aussen zu bekommen - und schlug vor, ein komplettes Programm zusammenzustellen. Mit Artisten aus der Mongolei. Auch die Mongolei hat einen Staatszirkus.

I: Ich wusste nicht mal, wo die Mongolei ist. Ich wusste einfach - weit weg (lacht)!

R: Sie reise dann allein hin und engagierte dort ein volles Programm, 25 Artisten für eine ganze Saison.

I: Bei den Verhandlungen mit der Direktion des mongolischen Staatszirkus musste ich ganz gross und ganz stark sein! Ich konnte nie nach Hause telefonieren. Das war ein Ding der Unmöglichkeit - das Telefon funktionierte nicht mal an der Poststelle! Ich hatte Null Verbindung und verzweifelte fast! Ich wäre so froh gewesen, etwas fragen zu können oder sonst unterstützt zu werden. Der Verantwortliche zeichnete mir alles auf - jede Nummer. Damals gab es noch nicht die heutigen Möglichkeiten. Auch die Kostüme malte er mir auf ein Stück Papier.

R: Und dann brachte sie dieses Programm hierhin - für eine ganze Saisonlänge. Früher bekam man aus den Ostblockstaaten nie Leute für eine gesamte Saison. Die mussten nach drei Monaten immer zurück, damit sie sich hier nicht akklimatisierten. Aber sie machte ihnen klar, dass wir es uns nicht leisten konnten, dreimal pro Saison die Artisten einfliegen zu lassen. So leisteten wir Pionierarbeit und waren die ersten, die komplette Ensembles nach Europa holten. Sie brachte dann Programme aus China, aus Russland, vom Moskauer Staatszirkus, ...

I: ... aus Kuba!

R: Ja, das war dein Highlight! Ein Mann von der Oxfam (Anm.: eine der weltweit grössten Nothilfe- und Entwicklungsorganisationen), der oft im Zirkus war, empfahl uns: «Mensch, holt doch mal die Leute aus Kuba - diese Artisten sind so voller Leben!» Irene fand das eine gute Idee. Über verschiedene Kanäle kamen Connections mit dem kubanischen Staatszirkus zustande. Ich kann mich erinnern, als sie das erste Mal dort hinreiste. Nach einer Woche kam sie nach Hause - total frustriert! Diese Machotypen wollten doch nicht mit einer Frau sprechen!

I: Sie meldeten sich einfach nicht. Ich flog nach Varadero. Auf meine Anrufe hin war niemand verfügbar, obschon ich das Treffen mit dem Direktor vereinbart hatte. So packte ich meine Koffer, avisierte ein Taxi und reiste nach Havanna. Dort traf ich mich mit dem Anwalt des Zirkus. Das war zum Glück ein sehr netter und hilfsbereiter Mann. Dazumal konntest du nicht einfach so in einem Hotel einchecken. Die Vorschriften mussten genau eingehalten werden. Ich stellte mir vor, dass ich mir nun ein Programm anschauen konnte. Doch es zeigte sich, dass gar keines existierte. Damals gab es noch nicht so viele Touristen. Er führte mich zu einer Zirkusschule. Dort wurden Kinder und Halbwüchsige trainiert. Sie hatten auch keine gemalten Requisiten. Auf ein A4 Blatt schrieb er von Hand ein paar Nummern auf und Orte, wo ich mir diese ansehen könnte. Davon reichte er mir eine Kopie. Ich hatte jedoch keine Ahnung, wo die Truppen damit gerade unterwegs waren. Zudem musste ich in zwei Tagen zurückfliegen. Ich lud ihn im Hotel, in dem ich zu Gast war, zum Nachtessen ein. Es war für mich mehr als berührend, als er mich fragte: «Darf ich auch ein Stückchen Fleisch essen?» Als der Wein ausgeschenkt wurde dasselbe. So etwas war für diese Menschen in jener Zeit fast unmöglich. Er erzählte mir dann, dass er als Anwalt, dreisprachig, im Monat von Pesos umgerechnet zwanzig Dollar verdiene. Ich war sprachlos! Auf jeden Fall flog ich unverrichteter Dinge wieder nach Hause. Weder ein Video noch sonst etwas befand sich in meinem Gepäck. Im darauffolgenden Jahr reiste ich nochmals hin.

R: Als das Ganze zusammengestellt war, rückten die Verantwortlichen mit einem Problem heraus: Sie hatten kein Geld für die Kostüme und Requisiten! Bei ihnen war alles sehr rudimentär.

I: Ich war dann so grosszügig, dass ich ihnen zuerst einmal ein paar tausend Franken dort liess, sie aber beschwor, dass die Kleider sehr schön sein mussten! Unterdessen kannten sie mich und wussten, dass ich auf etwas bestehen würde.

R: Während zweier Saisons zeigten wir nachher zwei verschiedene Programme aus Kuba. - Wir hatten ein gutes Verhältnis mit dem Kulturamt und den Artisten und so durfte unser Sohn während den Wintermonaten einmal nach Havanna in eine Zirkusschule, wo er mit einer kubanischen Artistin eine neue Seilnummer einstudierte. Das grösste war in China! «Madame Irene!» In diesen Ländern - ob in China, der Mongolei, Kuba oder Russland - sie war immer «Madame Irene». Ich weiss nicht mehr, wie oft sie nach China reiste, bis sie zu einem brauchbaren Resultat kam. Es war praktisch unmöglich, dort Zutritt zu bekommen - ein ganz anderes System! Verschiedene Arten und Zirkusstufen - in Peking, auf dem Land, in den diversen Städten.

I: Am Zirkus faszinierten mich immer die verschiedenen Kulturen und die vielen Menschen, die ich kennen lernte. Noch nie habe ich ein Land so gut kennen gelernt wie die Mongolei, Marokko, Kuba, Ungarn, Polen oder die Tschechoslowakei. Als Tourist hast du normalerweise einen Führer. Wir erkundeten diese Länder jedoch immer zusammen mit Einheimischen.

R: Das ist etwas ganz anderes.

I: Wenn Leute erzählen, «Oh, ja, ich war auch in China!» Aber was wir in China erlebten! Wir kamen an Orte, an die sonst keine Touristen gelangen. Wir assen auch Sachen, die man sonst nicht aufgetischt bekommt.

R: Wähhh...!

I: Zum Teil grausig! Mit Augen und so, obschon ich oft mit dem Kulturamt unterwegs war. Aber auch für die war das normal. Wenn man einen Vertrag abgeschlossen hatte, wurde man ausgeführt. Die liessen sich nicht lumpen. Einmal hatte ich meinen Bruder dabei. Er arbeitete ebenfalls eine Zeitlang bei uns im Zirkus. Das Restaurant des Hotels hatte kleine, mit einer Türe abgeschlossene Kabäuschen. Die grossen Tische waren mit drehbaren Platten ausgestattet, damit man sich aus den verschiedenen Schälchen gut bedienen konnte. Unter anderem präsentierten sie uns auf einem wunderschönen Silbertablett eine etwa 30cm grosse, lebendige Schildkröte auf Blattsalaten. Ich dachte: «Was soll denn das?» Die Dolmetscherin erklärte uns, dass dies eine Spezialität sei. Nach ein paar Minuten kamen die Kellner mit kleinen Gläschen zurück. Darin noch das warme Blut der Schildkröte: «You know, that`s good for sex!», kommentierten sie zu meinem Bruder gewandt. Kurze Zeit später servierten sie dann das gekochte, schön hergerichtete Tier. Meine Begleiter haben sie nicht gegessen, sondern gefressen! Zurück blieben nur der Panzer und das Rückgrat. Ich nahm gar nichts davon, auch nicht zum Probieren. Sonst habe ich vieles gegessen, zum Beispiel Würmer, Hühnerfüsse und undefinierbare Innereien.

Als wir einmal auf dem Land draussen unterwegs waren, um uns Artistennummern anzuschauen - dort hat es keinen Zirkus, wie wir ihn kennen, sondern Zirkusbauten - sahen wir einen grossen Einachser mit einem riesigen Heufuder beladen. So, wie man es von Sizilien her kennt, eingespannt ein Pferd. Meine Dolmetscherin belehrte mich aber eines Besseren: «Das sind Nudeln!» So ungeschützt, lose, nur mit Stricken befestigt, transportierten sie auf dem Land draussen die Nudeln.

R: Es gibt in China Provinzen, die keinen Reis kennen. Marco Polo, einer der wohl berühmtesten Reisenden, startete 1271 nach China und brachte die Nudeln nach Italien. Ihr Siegeszug durch Europa begann in Sizilien.

I: Wir konnten in Peking in die Stadt hineingelangen.

R: Zweimal reiste ich mit. Nach Moskau begleitete ich sie jedoch nicht (verzieht die Miene).

I: Und der Militärzirkus! Das ist der beste!

R: Ja, das ist die erste Kategorie. Sie hatte grosses Glück! Wir wissen heute noch nicht genau, wie es zustande kam, dass sie mit dem chinesischen Kulturminister in Kontakt kam. Sie landete in Peking, schon stand die Limousine bereit und sie wurde in die Stadt chauffiert. Als wir die Chinesen dann engagiert hatten, pflegten wir diese Verbindungen auch hier in der Schweiz. Wenn wir in Bern spielten, luden wir die ganze Botschaft dazu ein. So konnten wir nach und nach eine Beziehung aufbauen. Immer, wenn ein anderer Zirkus in der Schweiz oder Deutschland chinesische Artisten engagieren wollte, riefen sie Irene mit der Bitte an, ihnen durch ihre Kontakte zu helfen. Bei den Chinesen muss man sehr aufpassen! Sie zeigen dir etwas. Aber, ob dann auch wirklich diejenigen kommen, die du vorgeführt bekamst! Sie haben so viele Artisten und für uns sehen alle identisch aus. Wir bekamen den Rat, gleich eine Kopie des Passes der betreffenden Person zu machen. Sonst schicken sie dir Künstler der vierten oder fünften Stufe.

Als die Volksrepublik China das fünfzigjährige Jubiläum feierte, wurden wir von der Botschaft in Bern eingeladen. Ganz in der Nähe war bereits alles abgesperrt, ein grosses Polizeiaufgebot. Als sie uns beide im Auto mit der Thurgauer Nummer erblickten, fragten sie ganz erstaunt: «Was machen denn Sie hier? Kein Durchgang für Sie!» Wir erklärten ihnen, dass wir von der chinesischen Botschaft eingeladen worden seien. Als wir schlussendlich doch noch ankamen, war dort alles versammelt, was politisch Rang und Namen hatte, ausser uns beiden Deppen vom Zirkus. Bundesrat Ogi kannte ich zwar bereits persönlich.

I: Alle standen schön in Reih und Glied und du musstest beim chinesischen Botschafter vorbeimarschieren. Jemand, der das Protokoll führte, stellte ihm jeweils die Persönlichkeiten vor.

R: Als Irene direkt vor dem chinesischen Botschafter stand, liess der alles fallen «Oh, Irene! Irene!» und begrüsste sie ganz begeistert! Alle machten grosse Augen. Als der kubanische Botschafter uns entdeckte, rief er uns ebenfalls zu. Das waren ja die Vertreter der kommunistischen Länder. Niemand sonst kannte uns. Ich sagte zu Irene: «Schau mal, da hinten, die Sicherheitsbeamten. Jetzt geht's dann los und über uns wird eine Fiche geführt!» (beide lachen) Das sind natürlich Highlights im Leben, die man nie wieder vergisst! Und am dritten Zirkus-Festival von Monte Carlo, 1976, gewannen wir einen Preis.

I: Heute ist es bereits etwa der vierundvierzigste Jahrgang. Alle Artisten wurden vom Fürst Rainier III. ins Hotel «Loews» eingeladen. Er war sehr offen für uns Zirkusleute.

R: Und, das vergesse ich nie! Ich esse keine Meeresfrüchte. Ein Fisch, wenn er gerade schwimmt, ist ok. Aber diejenigen, die seitlich kommen und mehr Arme haben, liegen nicht drin. Und was gab es? Crevetten Cocktail!

I: Alle freuten sich, nur er nicht!

R: Sie befahl mir, diese zu essen. Die Sauce schmeckte mir. Trotzdem, mit Todesverachtung drückte ich die Viecher hinunter. Ich verstand kein Französisch. Als der Kellner kam und mich etwas fragte, sagte ich einfach: «Oui, oui!» Und ich musste eine zweite Portion essen (lacht). Das sind so Episoden! - Unser Sohn kennt jetzt den jungen Fürsten, Albert, ein ebenfalls aufgestellter, totaler Zirkusfan! Er spricht sehr gut deutsch. Und Martin konnte sich lange mit ihm über Gott und die Welt unterhalten.

So gingen wir schon mehr als fünfzig Jahre lang zusammen mehr oder weniger durchs Leben - mit Höhen und Tiefen. Das ist einfach so!

I: Wo kommt das nicht vor? Soll mir mal jemand sagen, es gehe andauernd nur hinauf.

R: Nur immer eitel Sonnenschein, das gibt es nicht. Aber, und das muss ich sagen, wenn ich zurückschaue, möchte ich es nicht missen. Die guten Ideen kamen immer von meiner Frau, auch im Zirkus! Ich fand sie ebenfalls gut und setzte sie um - meistens! Man muss das anerkennen. Wie auch letztes Jahr. Sie kam mit dem Vorschlag eines Festes zu unserem fünfzigsten Hochzeitstag. Eines Tages kam Adrian (Anm.: der Zirkus- und Schaustellerpfarrer Adrian Bolzern): «Was! Fünfzig Jahre verheiratet? Wisst ihr was? Ich traue euch noch einmal.» Das war so lässig! Er hat das super zelebriert und wir feierten ein wunderschönes Fest! Leider leben viele Menschen, die damals an unserer Hochzeit teilgenommen hatten, nicht mehr. Wir luden all unsere Freunde ein.

I: Adrian hielt bei uns in Kriens im Weihnachtszirkus seinen ersten Gottesdienst. Sein Vorgänger, Ernst Heller, brachte ihn mit. Dort gastieren wir jetzt bereits seit etwa 15 Jahren. Und ich stehe immer noch in der Manege - ich glaube, ich falle an diesem Platz einmal tot um (lacht)! Wir haben ein aufregendes Leben!

R: Ich sage immer, für einige Leute ist es gut, wenn er oder sie am Morgen aus dem Haus geht. Dann hast du eine gewisse Spannung. Zeit, in der du vom anderen weg bist. Vielleicht hattest du am Morgen noch Stuss. Am Abend kommst du heim und es ist abgeraucht. Wir waren immer zusammen, auch wenn es schwierig war oder Streit gab. Das war manchmal schon eine Herausforderung!

I: Also, ich meine, die ersten zwanzig Jahre war es auch nie ein Müssen (lacht)!

R: Wir stritten auch nie miteinander - oder wenigstens du nicht mit mir. Oder wie sagt man dem?

I: Das wissen ja alle, dass es zum Streiten zwei braucht!

R: Aha! (beide lachen) Meistens sind es Kleinigkeiten, die einen Streit hervorrufen. Immer dasselbe.

I: Wir sind nicht gleicher Meinung (lacht). Am Anfang waren es für mich auch noch meine Schwiegereltern. Wer lebt schon gerne so? Jung verheiratet - und sie mischen sich dauernd ein! Ehrlich gesagt, habe ich deshalb sehr darauf gedrängt, dass wir mit unserer Messernummer auf Reisen gehen. Das gebe ich zu. - Grund für eine Auseinandersetzung war zum Beispiel: Er konnte mir beim Messer werfen nie nahe genug kommen. Aber er fand: »Hey! Ich muss das zuerst ausprobieren!«

R: Ich machte nur, was ich beherrschte.

I: Hm, ich drehte halb durch!

R: Und ich fragte. «Bin ich noch nicht gut genug?» Sie: «Nein! Wir müssen noch besser werden!» So sieht man das gerade an diesem Exempel.

I: Wir trainierten und trainierten, aber das tat er gar nicht gerne.

R: Nein, das gebe ich zu.

I: Er war einfach von Anfang weg ein Genie (lacht)! Aber ich kann mich erinnern, als er mich zum ersten Mal am Arm «annagelte» - in Japan. Trotzdem trainierte er nachher nicht intensiver. «Was soll ich trainieren?»

R: Als mir das damals passierte, brach in mir eine Welt zusammen! Wenn ein Jongleur trainiert und ihm ein Fehler passiert, fällt ein Ball oder eine Keule zu Boden. Wenn mir etwas passiert, ist sie die Leidtragende! Das ist ein Riesenunterschied und das muss man überwinden. Darin war sie stark. Sie sagte jedes Mal: «Mach sofort weiter!»

I: Und wer zog das Messer raus?

R: Ja, ich kann kein Blut sehen.

I: Ich konnte den Arm nicht mehr nach unten bewegen. Und er rief: «Mach endlich!»

R: Ich meinte, ich hätte nur das Kostüm durchbohrt.

I: Als er realisierte, was geschehen war, wurde er kreideweiss im Gesicht und stand regungslos da, wie vom Blitz getroffen.

R: Das war während einer Show! Irgendwie gelang es ihr dann doch, das Messer rauszuziehen. Das Blut lief ihr aus dem Ärmel und wir machten einfach weiter.

I: Auf jeden Fall, als wir wieder hinter dem Vorhang waren, musste zuerst der Rolfeli seinen Whisky haben, bevor sie mir davon zum Desinfizieren über den Arm schütten konnten (lacht). Er war nahe einer Ohnmacht!

R: Unser Sohn kletterte als Kind immer wie ein Affe überall hoch. So auch einmal auf dem Schulhausplatz in Seon, mit etwa fünf Jahren. Er bestieg ein Maschendrahtgitter, blieb hängen und trennte sich eine Fingerkuppe ab. Als ich mit ihm beim Arzt ankam, musste er zuerst mich verarzten, weil ich sonst nächstens umgekippt wäre (lacht).

I: Für mich waren die ganzen Durchschüsse am besten. Diejenigen Messer, die einfach im Arm stecken blieben, so wie damals, 1972 in Japan, waren schrecklich! Ich wurde dann ins Spital gebracht.

Am nächsten Tag sollte eine Fernsehsendung stattfinden. Der Arzt teilte mir mit, dass es mir nie mehr möglich sein würde, diesen Arm zu biegen oder zu strecken. Das konnte ich einfach nicht glauben! Rolf fand, dass ich diese angesagte Sendung trotzdem machen müsse, die Japaner seien so zähe «Sieche». Das sei Pflicht! Ich konterte: «Nein, das geht jetzt wirklich nicht!» Und er: «Du bekommst kurz vor dem Auftritt eine Spritze und Tabletten, dann funktioniert das schon.» Und so war es dann auch.

R: Wie ein Samurai!

I: Oder vielleicht ist das so, weil ich eine Metzgerstochter bin (lacht schallend)! Es ist auch ein Abenteuer, wenn man zusammen so etwas anpackt. Früher fragten mich die Leute immer: «Haben Sie keine Angst?» Das war mir schon fast peinlich. Nein, Angst hatte ich eigentlich keine. Als wir in Hamburg im Hansatheater arbeiteten, rechnete mal einer aus, wie lange ich das bereits so hinbekomme. Wie viele Monate, wie viele Vorstellungen pro Tag und staunte dann: «Schon über eine Million Messer sind um dich herumgeflogen!» So gesehen musste man sagen, dass das, was geschah, im Verhältnis sehr wenig war.

R: Ja, damals waren es ungefähr zwanzig Mal. Das entspricht 0,02 Promille.

I: Wir führten zehn Tricks mit je zehn Messern vor. Das heisst pro Vorstellung einhundert Messer! Damals waren wir etwa in der Mitte unserer Karriere!

R: Es gab auch solche, die nur 0,02 Promille Trefferquoten hatten. Wenn sie mich jeweils fragten, sagte ich: «Ich kann es nicht, ich treffe!»

I: Und wir hatten damals (mit grossen Augen) Messer! Die heutigen Artisten zeigen die Nummern mit Blechmessern. Das ist ja nichts!

R: Ich hatte Schweizer Bajonette, die langen!

Irene zeigt uns ein Exemplar - sehr eindrücklich! Der Anblick und die entsprechende Vorstellung, wie ein solches Messer geflogen kommt, lässt uns erschauern.

R: Ich musste solch enorme Messer werfen, da wir auch in sehr grossen Hallen, vergleichbar mit dem Hallenstadion, auftraten. Sonst hätten die Zuschauer in den oberen Rängen nichts davon gesehen. - In der Sendung «Stars in der Manege», die jeweils am 26. Dezember aus dem «Cirkus Krone» ausgestrahlt wurde, traten wir vier- oder sogar fünfmal auf. Da hattest du immer einen Star dabei. Einmal eine Amerikanerin, eine Sängerin, ein grosser Weltstar: Eartha Kitt. Eingebildet, jedoch Vollprofi!

I: Das vergesse ich nie! Wenn sie mit ihrem Pelzmantel daherkam (mit angehobener Stimme): »Are you ready?». Ich fragte zurück: «Are YOU ready?» Es kam wie aus einer Pistole geschossen: «Yes!» Sie liess den Pelzmantel einfach vor mir fallen - ich musste ihn auffangen - und stellte sich gekonnt in Szene. Wir forderten sie auf, die Position einzunehmen und die Bewegungen, die es für unsere Nummer brauchte, auszuprobieren. Du kannst auch nicht einfach jemanden aufs Hochseil stellen und sagen: «Mach jetzt!» Das geht doch nicht! Sie schaute kurz hin und war gleich wieder weg. Und wir - Gewehr bei Fuss! Bis wir uns bei der Regie beschwerten: «So geht das nicht! Wir sind nicht der letzte Dreck! Entweder muss sie das Ding mit uns durchziehen oder sie lässt es sein!»

R: Oder wir lassen es sein!

I: Sie entschuldigte sich und forderte uns auf, ihr ihren Part zu zeigen. Ich erklärte ihr zwei, drei Tricks. «Oh, wow! Yes!» Sie fasste den Pelzmantel und wollte gleich wieder verschwinden. Das war unmöglich. Sie musste auch auf die Scheibe stehen und diese in Bewegung setzen. Wir hatten keinen Motor. Der Messerwerfer im Programm unseres Sohnes muss nur den Knopf drücken. Die Partnerin steht aufrecht, dann beginnt die Drehung. Ich musste selber mit dem Körper beschleunigen und bremsen, da Rolf zu diesem Zeitpunkt bereits auf dem Hochseil stand. «Unser» Star brachte das nicht zustande. Also stellten wir jemanden, der diese Aufgabe übernahm, hinter dem Rad auf eine Leiter.

R: Es war sehr wichtig, dass das Tempo stimmte.

I: Als die Nummer beendet war, stieg sie vom Rad hinunter und zog eine Riesenshow ab. Richtig amerikanisch!

R: Als wir so unterwegs waren, wurden damals die grossen Samstagabend Sendungen ausgestrahlt - mit Kulenkampff, Rudi Carell «Am laufenden Band», Hans Rosenthal und wie sie alle hiessen. Ähnliche Sendungen gab es weltweit. Zwischen diesen Spielblöcken war damals immer ein Sänger, eine Musikband oder eine artistische Nummer eingeplant. Sowohl in Japan wie in vielen Ländern Europas durften wir in solchen Shows auftreten.

I: In Paris, auf dem Eiffelturm, war es besonders schön!

R: Auf der ersten Plattform des Eiffelturms war früher ein Diners Spektakel Restaurant. Dort arbeiteten wir ein paar Wochen lang. Anschliessend schloss dieses Lokal. In dieser letzten Show durften wir mitmachen. Das war genial!

I: Ich war am Messerbrett und sah immer das «Trocadéro».

R: Es war genau in dieser Höhe. Wenn wir arbeiteten, hatten wir Paris mehr oder weniger zu Füssen. - Auch Fredy Knie Senior sagte immer: «Ihr müsst unbedingt einmal mit der Messernummer bei mir auftreten. Was dann auch zustande kam, da 1977, bei der Kniepremiere, eine Nummer ausfiel.

I: Sehr schön!

R: Wir selber waren bis im Winter 1989 mit Verträgen gut ausgebucht. Die wollten wir noch erfüllen. Etwas Neues kam nicht mehr infrage. So hatten wir auch wieder mehr Zeit für den Zirkus. Unser letzter offizieller Auftritt war dann mit der als «Miss Tagesschau» bekannten Dagmar Berghoff im «Cirkus Krone».

I: Letztes Jahr kam ganz überraschend nochmals eine Anfrage von einer Fernsehsendung mit Mike Krüger in Friedrichshafen. Dabei war auch «U2», eine irische Rock Band aus Dublin. Rolf fand: «Nein!» und verwarf die Hände. «Die «Two Tornados» gibt es eigentlich gar nicht mehr!» Aber sie wollten uns unbedingt haben. Rolf hatte dann die Idee, so viel zu verlangen, dass sie uns zu diesen Bedingungen ohnehin nicht nehmen würden. Doch das Management sagte: «Ist gut!» Und so mussten wir nochmals «antreten» (beide lachen).

R: Sie hat einen harten Kopf und immer alles durchgestiert, was sie wollte. Sie hat dem Zirkus sehr gutgetan! Einiges übernahm sie von meiner Mutter. Zusätzlich brachte sie sehr viele neue Impulse.

I: Wir mussten auch immer Lehrkräfte engagieren, die während der Saison für Homeschooling mitreisten. Das waren spannende Erfahrungen. Sie hatten Kontakt zu unseren Artisten, eine multikulturelle Gesellschaft, konnten mit dem Publikum sprechen oder, wenn sie Lust dazu hatten, am Buffet mithelfen.

Eine Zeitlang nannten sie mich «Mutter Courage». Als dann meine Schwiegermutter starb, sagten die Leute: «Die Jungen schaffen das nie! Die wird es nicht mehr lange geben. Seine Frau ist ja eine Private. Die kann das doch nicht!» - Nichtsdestotrotz erstelle ich auch für unsere dreissig Leute eine einfache Buchhaltung. Das beherrsche ich. Nächste Woche wird die Revision gemacht. Da bin ich jedes Mal total aufgeregt, ob alles stimmt! Vom Computer wollte ich nichts wissen, meine Domäne waren die Tiere.

R: Irene hatte später dann auch eigene Pferde, die sie dressierte.

I: Wenn du fünfzig bist, musst du mit einer so waghalsigen Nummer langsam aufhören. Ich wurde ein grosser Pferdefan. Am liebsten hätte ich gar keine Buchhaltung mehr erledigt.

Gestern sah ich eine Dokumentationssendung über Verdingkinder. Es hat mir fast das Herz abgedrückt, was die alles durchstehen mussten - schrecklich! Sogar mit Tieren geht man humaner um! Wenn ich zum Beispiel einem Lama mal eines gezwickt habe, spuckte es mich an. Das kam - zack - eins zu eins retour. Von einem Pferd bekam ich nie einen Hieb. Ein Pony hat mich zweimal gebissen.

R: Nochmals zurück zur Administration. Wir beschäftigen während jeder Saison viele Ausländer. Wenn sie ankommen, werden sofort Fotos, Fingerabdrücke gemacht und so weiter. Aktuell sind sie schon so lange hier. Einen Ausländerausweis haben sie jedoch immer noch nicht erhalten. Längst ist alles bezahlt, seit drei Monaten. Für dreissig Leute ist das viel Geld!

I: Ja, und bezahlt werden muss dem Bund, dem Kanton und der Gemeinde. Alles wird immer teurer! Aber wenn man bei der Gemeinde nachfragt, heisst es, der Kanton habe die Ausweise noch nicht gesandt - wegen Corona. Das muss auch hier als Sündenbock hinhalten!

R: Und in einem Monat ist bereits Saisonende!

I: Letzthin gingen die Artisten einkaufen und kamen in eine Kontrolle. Das ist doch der Horror! Aber es ist gleichwohl schön (lacht).

R: Auch das: Die Zirkusleute sind nicht Elektriker oder Schlosser. Sie sind Elektriker und Schlosser und Schreiner. Du musst alles beherrschen! Der Zirkus kann gar nicht so viele Berufe mitnehmen, wie er den ganzen Tag braucht. Wenn früher ein Traktor geflickt werden musste, schaute ich zu und versuchte es dann selbst. Wir hatten auch einen feudalen Wohnwagen, den man in der Breite auseinanderziehen konnte, fast so gross wie ein Einfamilienhaus. Da wir im Winter keine Ferien machten, sondern unterwegs waren, um Geld zu verdienen, konnten wir uns den zusammensparen. Der war unser ganzer Stolz! Vor uns war nur Fredy Knie Junior im Besitz eines solchen.

Seit ein paar Jahren benutzt ihn unser Sohn. Aber Irene zog es natürlich auch immer wieder in den Zirkus. Sie hatte einen Caravan, den sie ans Auto hängen konnte. Mit dem reisten wir gemeinsam. Doch der hatte ein solch kleines WC, dass, wenn ich mich umdrehte, der Spiegel runterfiel. Das wollte ich nicht und kündigte an, dass ich mir selbst einen Zirkuswagen bauen werde. Das hätte ich wohl besser nicht gesagt - sie fand das eine gute Idee! So baute ich einen schon fast abgebauten Wohnwagen für uns wieder auf. Nicht einmal mehr der Boden, die Wände und Fenster waren vorhanden, nur noch das Dach, die Türe, das Gerippe und die vier Pfosten. Jetzt sind wir oberhappy. Bald stehen wir damit auch wieder in Kriens im Pilatus-Markt für den Weihnachtszirkus.

I: Er ist nicht luxuriös, aber wir haben alles, was wir brauchen. Es ist der alte Küchenwagen. Der hat eine besondere Geschichte: Damals, 1983, eine Woche vor der Premiere, verliess uns die Grossmutter ohne «Voranmeldung». Als der Grossvater sie am Morgen wecken wollte, sagte sie nicht mehr «Ja!» Wir mussten den Beginn der Saison um zwei Wochen verschieben. Als wir dann an den ersten Gastort fuhren - wie immer der Zollikerberg - geriet unser Chauffeur mit dem Lastwagen und dem angehängten Küchenwagen ins Abseits und stürzte in ein Tobel hinunter. Mit samt dem Papagei. Mit der grossen Kühltruhe, die ich bereits gefüllt hatte. Wir hatten damals noch eine Mannschaftsküche. Das Gefährt musste mit einem Spezialtransportkranen, extra aus Luzern, wieder herausgeholt werden. Zum Glück hat niemand Schaden genommen. Auch der Papagei hat diesen Zwischenfall überlebt. So begannen wir die Saison - wunderbar! Der Wagen wurde mit einem Spanset zusammengebunden, damit wir noch ein bisschen fahren und wenigstens kochen konnten. Deshalb liessen wir einen neuen Küchenwagen bauen, der anschliessend etwa zwanzig Jahre in Gebrauch war. Ursprünglich wollte unser Sohn den alten für seine Kinder umbauen und hatte bereits angefangen, ihn abzureissen.

R: Den habe ich wieder aufgebaut und sehr gut isoliert.

I: Die Vorratskammer mit der Kühltruhe ist nun unser Schlafzimmer (lacht). So sind wir einmal im Jahr unterwegs. Wie damals, als ich frisch zum Zirkus kam.

R: Ja, und mein Traum war immer ein Haus. Damals lebte meine Mutter noch. Einer meiner Dienstkollegen, ein Tierarzt, der hier oben wohnt, vermittelte uns dieses Stück Land.

I: Das war 1981. Im darauffolgenden Jahr begannen wir mit dem Bau. Unser Baumeister sagte uns jedes Mal, wir seien die einfachsten Bauleute, die er je hatte. Wir verstanden überhaupt nichts davon und bauten nach dem Portemonnaie. Nur, was wir bezahlen konnten. Uns war es schnell gross genug, da wir das Leben auf kleinem Raum gewohnt waren. Seitdem wir hier sind, bauen wir. Immer, wenn wir wieder Geld hatten, bauten wir an (lacht).

R: Wir nahmen auch einiges selber an die Hand. Zum Beispiel die Malerarbeiten. Die Sanitärarbeiten besorgte einer meiner Cousins. Die Küche organisierten wir. So konnten wir uns das leisten. Zwischendurch war auch unser Zirkusbüro hier ansässig und unser Sohn wohnt mit seiner Familie ebenfalls in dieser Liegenschaft -

während der kurzen Zeit, in der er mal da ist.

I: In unserem Alter springt man normalerweise - eigentlich - nicht mehr so herum, wie wir herumrasen. Wir sind viel mit dem Auto unterwegs, im Zirkus, speeden da hin, erledigen dies und das.

R: Wir sind heute noch Reisende! Als wir nicht mehr während des ganzen Jahres arbeiten mussten, waren wir immer sehr spontan. Zum Beispiel schliessen wir in Kriens mit dem Weihnachtszirkus am 24. Dezember ab. Bis im letzten Jahr lief das so: Wir bauten alles ab, waren fix und fertig, fuhren dann die einen Artisten noch nach Kloten zum Flughafen. Am 25. standen wir mit dem Wohnwagen wenigstens wieder zuhause. Am 26. genossen wir ein feines Essen. Aber am 27. waren wir bereits wieder unterwegs. Meistens besuchten wir andere Weihnachtszirkusse. Wir fuhren zum Beispiel nach Holland, starteten am Morgen und sassen am Abend bereits in der Vorstellung in Rotterdam. Oder meine Frau sagte: «Weißt du was? Wir könnten doch unsere Kollegen in Dresden besuchen!» Bei solchen Gelegenheiten war man unter seinesgleichen und konnte einander Tipps für gute Nummern geben. Das war ein Vorteil, weil wir dadurch viel zu sehen bekamen. Was in diesem Metier wichtig ist! Heute ist es viel einfacher. Man erhält Videos zur Begutachtung. In diesen Filmen sind die Künstler jedoch manchmal noch jünger als in Wahrheit. Es war viel informativer, gleich vor Ort mit den betreffenden Artisten sprechen zu können.

I: Jetzt ist Freiburg im Breisgau in etwa die weiteste Strecke (beide lachen). In diesem Jahr ist sowieso alles anders. Wir wissen zum Beispiel nicht, ob die Leute aus der Ukraine mit der Nummer, die wir engagiert haben, überhaupt kommen können. Der Vertrag ist zwar unterschrieben.

R: Wir haben vernommen, dass die betreffenden Menschen vorerst in die Quarantäne müssen. Einer jungen Trapezkünstlerin, die wir für den Einsatz in Kriens engagiert haben, haben wir nun geschrieben. Sie fand, sie komme trotzdem sehr gerne, auch zehn Tage früher. Denen ging es viel schlechter als uns, konnten nichts verdienen. Aber eben, Trump sagte ja, es gäbe kein Corona. Jetzt mussten er und seine Frau ebenfalls in Quarantäne. Seitdem dieser Depp an der Macht ist, reise ich nicht mehr nach Amerika. Unsere Schwiegertochter ist Amerikanerin. Wir lieben sie und sie hat uns wunderbare Kinder geschenkt, die sie uns auch anvertraut. Wenn ich denke, was wir von anderen Grosseltern zu hören bekommen, dass sie die Kinder nicht haben dürfen! - Sie stellt sich gegen Trump. Ihre Mutter jedoch ist eine seiner Anhängerinnen - total! Zum Glück hat der Herrgott verschiedene Kostgänger erschaffen! Stell dir vor, du wärst so wie ich - das hätte nie geklappt (beide lachen)! Was sich liebt, das neckt sich. Das macht es doch viel interessanter.

I: Aber in letzter Zeit bist du schon ein wenig ein alter «Süderi» (Motzer, mürrischer Mensch) geworden.

R: Das gebe ich zu. Ich will meine Ruhe haben.

I: Und ich muss sagen: «So! Mach mal!»

R: Ich habe im Winterquartier eine supergut eingerichtete Werkstatt, kann Lastwagen flicken, schreinern, schweissen, Elektrisches reparieren. Und das tue ich gerne!

I: Heute hat er mich auch überrascht. Als ich vom Einkaufen nach Hause kam, war auf dem Balkon bereits der Kleiderhaken zum Auslüften der Kleider montiert.

R: (ganz stolz) Alles gebohrt und die Dübel drin!

I: Ist doch lässig!

R: Im Garten besorgt Irene alles. Sie hat einen grünen Daumen.

I: Ich spreche eben mit den Bäumen! Auf jeden Fall habe ich die winzig kleinen Olivenbäumchen, die Rolf mir mal von Griechenland mitbrachte und die Zitronenbäumchen, die ich von meiner Schwester aus Sizilien geschenkt bekam, vermehrt und sie wachsen wunderbar. Das ganze Jahr über habe ich frische Zitronen, ohne sie zu spritzen. Ich behandle sie mit Schmierseifenwasser. Mit einem Watte-Pad kann ich stundenlang die Blätter von unten und oben damit abwischen - direkt meditativ. - Aber du «jöömerlisch» mehr als ich und bist trotzdem auch noch jung.

R: Jung ist übertrieben. Aber wenn man immer etwas zu tun hat, hält einem das schon auf Trab und wir kommen unter die Leute, egal ob in Paris oder irgendwo in Holland.

I: Ich bin zum Beispiel obermegaglücklich, dass ich noch auftreten darf.

R: Ich darf auch noch!

I: Er spielt den Clown und ich mache die Ansagen.

R: Und alle finden das cool! In Kriens bauen wir den Zirkus mit einer kleinen Manege und entsprechender Bestuhlung auf. Wir kreieren immer ein etwa einstündiges Programm, haben ein eigenes Dreimann-Orchester.

I: Er ist klein, Platz für etwa dreihundert Menschen. Dadurch haben wir immer noch Kontakt zu Artisten und können neue Nummern zeigen. Wir haben schon erlebt, dass Kinder von ehemaligen Künstlern, die wir engagiert hatten, bei uns auftraten. Ein Beispiel aus Ungarn: Der Vater trat mit einer Schleuderbrettnummer und die Tochter Jahre später mit einer Luftnummer auf. Leider wurden dieses Jahr aufgrund der Pandemie fast alle Weihnachtszirkusse abgesagt.

R: Wir wohnen in dieser Zeit immer in unserem Wohnwagen.

I: Oh, das ist so schön (strahlt)!

R: Das kann man sich fast nicht vorstellen. Wir stehen direkt beim Eingang dieses Zentrums, ein Caravan Dörfchen. Alle Artisten wohnen dort. Auch da ist alles schön weihnächtlich dekoriert. Die Direktion sagt jedes Mal: «Wenn ihr kommt, wird es so richtig Weihnachten!»

I: Und es ist immer mehr als voll. Anfänglich luden wir jeweils noch Kindergärten und Altersheime ein, mit Platzreservationen zuvorderst. Doch das funktioniert schon lange nicht mehr. Die Zuschauer sitzen bereits eine Stunde vor Beginn auf ihren Plätzen.

R: Ursprünglich hatten wir die Idee, dass die Eltern ihre Kids bei uns abliefern, um in Ruhe einkaufen zu gehen. Das ist jedoch nicht der Fall. Alle bleiben sitzen.

I: Und dann die Reaktionen aus dem Publikum! Das geht wie Öl runter: «Frau Stey, das ist ja wieder super! Wir haben uns schon so lange gefreut, bis Sie kommen!» Die sitzen nicht nur einmal, sondern dreimal in unserer Vorstellung.

R: Und wenn wir durch die Einkaufsmall laufen, winken uns die Leute zu. In den Läden sagen sie mir: «Hallo Polo!», das ist mein Name als Direktorclown. Da lebt man einfach auf.

I: Manchmal denke ich: «Jetzt bin ich schon so alt!» Aber die Marketingmanagerin sagte mir letzthin: «Wir wollen dich nächstes Mal wieder!» Ich machte mir Gedanken darüber, ob sie das wohl ernst meinte.

R: Unsere Kleine, die Simone, fragt immer: «Du, Nani, wie alt bist du jetzt?» Irene antwortet dann. «Siebzig - gewesen!» Und sie: «Du, das hast du aber letztes Jahr auch schon gesagt!» (beide lachen schallend) und einmal sagte sie: «Du, Nani, wie lange bist du noch siebzig?»

Solange sich 'das Rad' der «Two Tornados» noch dreht!

Ich liebe dich, so wie du mich

PEIDER UND HERTA DEFILLA-TROLL I HEIRAT 1950

Dieses Lied von Ludwig van Beethoven, gesungen von Fritz Wunderlich, erklingt in unserem Wohnzimmer vom Sender der SRF Musikwelle. Beim genaueren Hinhören handelt es sich dabei um den Musikwunsch zu einem 70. Hochzeitstag, einer Gnaden-, auch Platinhochzeit genannt. Eine Seltenheit!

Mein Wunsch, zum Abrunden dieses Projektes das Gespräch mit einem Paar zu suchen, das bereits sehr lange verheiratet ist, wird unmittelbar realistisch und bringt mich auf eine Spur, die auf verschlungenen Pfaden ins Alters- und Pflegeheim «Serata» in Zizers führt, zum Ehepaar Peider und Herta Defilla. Da die beiden stark sehbeeinträchtigt sind, gerät mein Anliegen in die Hände einer ihrer Söhne, Steivan Defilla, der als Professor in China lebt. Durch seine Hilfe kommt der erste Telefonkontakt mit den zwei über Neunzigjährigen zustande. Da wir alle für die Aufzeichnung - dem unsicheren Verlauf der Pandemie wegen - nicht warten wollen, begegnen wir uns zum ersten Mal während diesem Projekt via Skype. Mit dabei auch ihr Sohn, der die Verbindung möglich macht und sich aus China dazu schaltet. Anfänglich ist Peider noch nicht anwesend.

Herta (H): Es ist unglaublich, wie schnell es möglich ist, dass man so miteinander sprechen und sich dazu sogar sehen kann - das ist doch herrlich!

Sohn (S): Ja, das ist eine sehr aussergewöhnliche Situation!

H: Als ich neunzig war, fragte ich bei Pro Senectute für eine Haushalthilfe an. Sie lehrte mich, was ein I-Pad und ein Smartphone sind. Diese Namen waren für mich neu und ich musste alles lernen. Das kommt mir nun zugute. Auch unsere spezielle «Mitbewohnerin», Alexa (Anm.: ein Sprachassistent), gehorcht uns aufs Wort - ohne Widerrede (lacht)! So kann ich im Bett den Radio ausschalten, ohne aufstehen zu müssen.

Aber jetzt wollen Sie sicher wissen, wie wir uns kennen gelernt haben: Mein Mann war damals hier in Samedan im Unternehmen seines Vaters als Uhrmacher tätig. Ich hatte vom Schwesternhaus des Roten Kreuzes einen Urlaub bekommen und durfte bei meinem Vater, der in Bever und La Punt Pfarrer war, Ferien verbringen. Dadurch war ich ab und zu in Samedan. Bei einer solchen Gelegenheit wurde ich angefragt, ob ich nicht für eine Gemeindeschwester die Vertretung übernehmen könnte, da sie im Moment niemanden hätten und es dringend notwendig wäre. Ich durfte meinen Urlaub verlängern und wurde dort Gemeindeschwester. Durch diese Arbeit kam ich auch mit dem Pfarrhaus in Kontakt und hörte von einem schönen Kirchenchor. Ich liebte das Singen und meldete mich sofort an. Eines schönen Tages erhielt ich einen Brief von einem Herrn Defilla Peter. Ich kannte niemanden mit diesem Namen und hatte keine Ahnung, wer das sein könnte. So fragte ich meine Präsidentin: «Du, kennst du diesen Mann?» «Ja, diese Familie führt hier vis à vis das Uhrmachergeschäft. Aber da sind drei Söhne und ich habe keine Ahnung, wer von diesen er sein könnte!» Sie riet mir, falls ich ihn kennen lernen möchte, ihm doch zurückzuschreiben, damit wir uns treffen könnten. Ich könne dann immer noch sagen, was ich wolle. Und so geschah es.

Wir lernten uns an einem Abend zwischen diesen beiden Dörfern kennen. Ich sagte ihm jedoch gleich, dass ich eine Weiterbildung machen und nach England wolle, um Englisch zu lernen und deshalb noch nicht heiraten möchte. Das war nach dem Krieg. Wir unterhielten uns weiter und plötzlich fragte er mich, ob ich einverstanden wäre, wenn wir uns gegenseitig schreiben würden. Ich bejahte und sagte, wenn er Freude habe, am Schreiben - ich bekäme gerne Post! Ein halbes Jahr lang schrieben wir uns, obschon wir ja gleich gegenüber wohnten (lacht). Als sie mich zusätzlich für die Gemeindepflege anfragten, war ich auch nachts unterwegs und hatte weniger Zeit. Ich bewohnte damals im Pfarrhaus zwei Zimmer und bat um Erlaubnis, dass er mich dort besuchen durfte. Das war zu dieser Zeit gar nicht so einfach! Wir hatten dann öfter Gelegenheit, miteinander zu plaudern und eines Tages sagte ich zu ihm: «So, jetzt müssen wir langsam aufhören mit unserer Bekanntschaft. Ich will noch verreisen!» Auch er hatte allerhand vor. Beim Verabschieden gaben wir uns einen Kuss und merkten, dass wir eigentlich schon ganz verliebt waren. Wir warteten danach noch etwas ab und an Weihnachten 1949 verlobten wir uns. Übrigens, das Lied «Ich liebe dich, so wie du mich» war das erste, das Peider mir immer wieder auf dem Klavier vorspielte.

Im Herbst 1950 heirateten wir. Es kam uns zugute, dass wir uns vorher durch unsere Briefe schon etwas besser kennengelernt hatten. Ich verreiste nicht nach England, da man nach dem Krieg nur mit einer besonderen Bewilligung die Erlaubnis dazu bekam. Viele Leute wurden auch nicht gerne gehen gelassen, weil man Angst hatte, sie zu verlieren.

Im Haus der Schwiegereltern bekamen wir eine Wohnung. Lange Zeit half ich noch in der Gemeindepflege aus, was heute die Spitex ist. Das war ziemlich streng, da ich auch nachts ausrücken musste. Aber ich hatte eine gute Präsidentin, die mir von Zeit zu Zeit sagte: «So, jetzt musst du Ferien haben!» Ich durfte dann in ihrem Haus logieren, damit ich wieder einmal ausschlafen konnte.

Während den ersten vier Jahren blieben wir kinderlos. Wir beschlossen deshalb, das nachzuholen, was wir beide schon lange gewollt hatten, nämlich ins Ausland reisen und die englische Sprache erlernen. Als wir langsam so weit waren, meldete sich das erste Kind an. So mussten wir in der Schweiz bleiben.

Seine Eltern waren der Meinung, er habe ja zuhause Kost und Logis, er brauche nur noch ein Sackgeld. Dreissig Franken im Monat! Früher war das so. Ich sah das jedoch anders. Er musste mehr Lohn erhalten, damit wir als Familie davon leben konnten.

Im Anbau wohnte ein Paar, das für uns zu Freunden fürs Leben wurde. Das begann so: Eines Tages hörten sie zufällig auf ihrem kleinen über uns liegenden Balkon, wie wir von einem Nachbarn ausgeschimpft wurden. Peider sagte einmal: «Es kann der Bravste nicht in Frieden leben, wenn es dem bösen Nachbarn nicht gefällt!» Diese Leute hatten ihr Geschäft neben demjenigen der Schwiegereltern. Wir wissen nicht, ob sie eifersüchtig waren oder was auch immer. Der Mann sagte zu seiner Frau: «Du, da stimmt etwas nicht! Nimm ein Blumensträusschen, geh zu diesen Leuten und schau mal, wer das ist!» Als es an der Türe klingelte, stellte sie sich vor: «Ich bin Frau Meier. Wir wohnen da drüben und ich möchte gerne wissen, wer unsere Nachbarn sind.» Ich bat sie, reinzukommen. Wir haben uns sehr gut unterhalten und vernahmen, dass sie in einer ganz einfachen Wohnung leben, nicht einmal eine Dusche. Ihr Mann arbeitete in einem Baugeschäft. Wir hatten ein altes Bad, das man immer mit einem Holzofen einfeuern musste, bevor man baden konnte. Mit der Zeit wurden wir einig, dass, jede Woche, wenn wir sowieso feuerten und badeten, sie ebenfalls bei uns baden durften. Leider leben sie nicht mehr. Jedoch ist uns ihr Sohn für allerhand behilflich und besucht uns auch. Als Dank dafür, dass seine Eltern oft bei uns in den Ferien sein durften, als sie nicht mehr in Samedan wohnten. Er sagte, er wolle uns zurückgeben, was wir seinen Eltern geschenkt hätten. Wir hatten immer ein offenes Haus. Mit der Zeit wurden es bei uns immer mehr Kinder. Die Wohnung wurde zu eng. Durch eine Freundin vernahm ich von einem Stück Land, das jemand haben wollte, es ihm jedoch zu gross und dadurch zu teuer war. Wir sagten nur so zum Spass: «Wenn du eine Parzelle übrighast, kannst du sie uns geben!» Tatsächlich kam sie nach ein paar Tagen mit der ernsthaften Frage, ob wir einen Teil davon haben möchten. Wir hatten bereits das Geschäft unseres Schwiegervaters übernommen. Das war jedoch noch nicht abbezahlt. Mein Mann sagte dann aber: «Du, komm, wir nehmen es einfach!» Das kostete 13`000 Franken. Im Vergleich zu heute ist das fast nichts. So kamen wir zu diesem Bauland. Wir freuten uns darüber und gingen immer wieder schauen, wo es war und wie es aussah. Nach einer gewissen Zeit kam diese Bekannte mit der Nachricht, dass wir die Möglichkeit hätten, es abzutauschen. Auch da sagten wir einfach wieder sofort ja. Dasselbe Prozedere fand nochmals statt. So konnten wir schlussendlich ein bisschen höher rutschen, von wo aus wir eine schönere Aussicht hatten.

Unterdessen hatten wir bereits fünf Kinder. In unserer Vierzimmerwohnung gab es keine Heizung, nur einen Kachelofen und ein kleines Öfeli. In der Küche stand ein elektrischer Herd, da sie den alten

Holzherd herausgerissen hatten. Es war jeweils ziemlich kalt.

Wir waren alle gesund und munter und entschlossen uns, jetzt zu bauen. Das war 1963. Der Schwiegervater sagte, wir sollten anfangen und versprach, uns finanziell zu helfen. Die Schwiegermutter und Geschwister meines Mannes waren damit jedoch nicht einverstanden. Sie fanden, wir seien nicht fähig dazu und schenkten uns kein Vertrauen. Sie verlangten vom Vater einen Stopp, er dürfe uns kein Geld geben. Das war ein kleines Drama und brachte uns in eine dumme Situation. Die Baugrube war ausgehoben und der erste Boden bereits betoniert. Wir waren ratlos. Es war wirklich eng in dieser Wohnung. Mein Mann hatte einen Uhrmacherlehrling und ich ein Aupairmädchen. Sie schliefen zuoberst in zwei kleinen kalten Zimmern. Der einzige warme Raum war das Wohnzimmer. Immer, wenn wir etwas Wichtiges zu besprechen hatten, mussten wir spazieren gehen.

Als wir eines Tages unterwegs waren und uns fragten, ob wir dieses angefangene Werk wohl verkaufen müssten, begegneten wir dem Pfarrer. Er realisierte, dass uns etwas beschäftigte. Wir erklärten ihm, dass wir auf der Suche nach Geld seien. Er lud uns ein, mit ihm nach Hause zu kommen und versprach, dass er dafür besorgt sein werde, eine Lösung zu finden. Da es in der Pensionskasse der Kirche genügend Geld hatte, sicherte er uns seine Unterstützung zu und ermutigte uns, mit dem Bauen fortzufahren. Ohne je etwas Schriftliches in der Hand zu haben, vertrauten wir seinem Versprechen und bauten weiter. Erst im Herbst kam dann der Bescheid von der Kirchenkasse, dass alles in Ordnung sei und wir 200'000 Franken Baukredit bekämen. So wurde unser Vorhaben wieder zu einer fröhlichen Sache (lacht)! Wir hatten keinen Kran, einfach so, wie man früher gebaut hat, mit Schubkarren und Wägeli. Es ging sehr langsam vorwärts. Trotzdem konnten wir im Herbst noch den Dachstock montieren und alles mit Plastik zudecken, damit die Heizung, die bereits installiert war, während dem Winter den Bau trocknen konnte.

Im Frühling 1964 wurde weiter gebaut, so dass wir bald darauf einziehen konnten. Es war jedoch noch lange nicht alles fertiggestellt. Wir hatten gute Freunde, die uns ab und zu die Kinder abnahmen, damit wir selber anpacken konnten und es so langsam etwas wohnlicher wurde. Wir arbeiteten manchmal Tag und Nacht. Das war sehr intensiv und hat uns zusammengeschweisst. Ohne ein Miteinander wäre das unmöglich gewesen.

Kaum hatten wir dies hinter uns, mussten wir im Geschäft um- und ausbauen, da es ziemlich alt und klein war. Mit dem Einbezug des danebenliegenden Coiffeur Geschäfts wurde es zu dem, was es im Grossen und Ganzen heute noch ist. Auch das kostete nochmals 200`000 Franken. Wir fragten uns immer wieder, wie das wohl gelingen würde und wie wir das bezahlen könnten. Doch es klappte! Es brauchte sehr viel Vertrauen und vor allem mussten wir zusammenhalten.

Wir kamen auch später nicht immer so einfach durchs Leben. Wir hatten manchmal Krach und mussten kämpfen, um wieder zusammenzukommen. Wie es halt so ist. Wir waren uns nicht immer einig. So, wie es in jeder Ehe ist. Man musste sich zusammenraufen. Aber wir haben alles überstanden. So sind wir einander wieder nähergekommen. Das Vertrauen war immer da. Und ist es auch jetzt noch! Wir haben uns immer wieder gefunden und hatten auch viele gute Freunde, die uns geholfen haben. Das war eine sehr schöne Erfahrung!

In diesem Moment öffnet sich die Zimmertüre und eine Pflegefachfrau bringt Peider in seinem Rollstuhl sorgfältig und uns fröhlich zuwinkend ebenfalls vor den Bildschirm. Bei unserer Frage, was ihm denn so gut gefallen habe an Herta, als er sie kennen lernte, lacht er herzlich! Leider bereitet ihm das Sprechen Mühe und die Technik hilft uns nicht, ihn besser zu verstehen. So erzählt uns seine Frau weiter.

H: Ich stand im Kirchenchor direkt vor ihm. Früher musste ich meine Haare zu einem Zopf flechten, weil man damals als Krankenschwester eine Haube trug. Und dieses Zöpfchen hat ihm so gut gefallen (sie lacht belustigt). Das war ja wirklich herzig! Nur habe ich dies später abgeschnitten. Weißt du noch?

Peider (P): Ja, ja, eine «blutte» (nackte) Maus!

H: Bei Peider hat mich die Ausdauer beim Schreiben beeindruckt. Ich hatte nicht so viel Zeit, weil ich zum Teil auch nachts arbeiten musste und dadurch nicht immer antworten konnte. Er würde auch heute noch gerne schreiben. Er kann sich so am besten ausdrücken. Es macht ihm furchtbar Mühe, dass es ihm nicht mehr möglich ist. Auch dass er nicht mehr Geige spielen kann. Immer wieder einmal packten wir sie aus, damit er es versuchen konnte. Aber es gelang ihm leider nicht mehr. Die Enttäuschung macht es dann noch schwieriger.

Wir stammen beide aus Musikerfamilien und haben uns schnell einander angepasst. Es ist auch die Musik, die uns immer zusammengehalten hat. Peider war ein eifriger Geigenspieler. Auch die Bratsche hatte es ihm angetan. In unserem Haus fanden viele schöne Konzerte statt. Wir hatten oft Besuch von Musikern. Gemeinsam mit zehn anderen spielten wir in unserem Wohnzimmer Bachkantaten. Ein sehr schönes Erlebnis! Einmal ertönte das gesamte Forellenquintett von Franz Schubert. Mit dabei war ein Pianist aus Amerika, der sich sehr gut aufs Musizieren verstand. Mein Mann konnte immer mithalten, auch bei allen professionellen Musikern. Er besuchte den Unterricht in Bern. Als wir seinem Lehrer später einmal begegneten, berichtete er uns, dass Peider der beste Schüler gewesen sei, den er je gehabt habe.

Wir beide haben in unseren Herkunftsfamilien Musiker. Robert Cantieni, der das schöne romanische Lied «Chara lingua da la mamma» komponiert hat, war der Grossonkel von Peider. (Anm.: Der Text dazu stammt von Gudenech Barblan, einem Unterengadiner Lehrer). Mein Grossvater war Musiker und Maler. Er sagte immer: «Mein Beruf ist mein Hobby!» Er war Organist und spielte Querflöte und Laute. Der jüngere Bruder meines Mannes spielte im Tonhalle Orchester in Zürich.

P: Er war Cellist und spielte auch sonst in Formationen.

H: Aber das ist lange her. Wir sind jetzt einfach alt geworden! Mein

Mann und die jüngste Schwester sind die allein Übriggebliebenen dieser Familie. Manchmal ist es schwierig, dass so viele uns nahestehende Menschen bereits gestorben sind, auch Freunde! Aktuell, mit diesem Virus, sind einige in Samedan, die wir kannten, von uns gegangen, auch Verwandte. Wir sind 95 und 96 und immer noch da.

S: Erzähl noch etwas über die Gründung der Musikschule im Oberengadin.

H: Wir lernten jemanden kennen, der in St. Moritz ein altes Hotel gekauft und eine Genossenschaft gegründet hatte. Er kam aus Zürich und hatte viele Kinder. Sie unterstützten ihn sehr in seinem Vorhaben. Daraus entstand ein Musikzentrum. Im Hotel «Laudinella» konnte man Zimmer mieten und essen. Die Musik war jedoch immer wichtig und stand im Vordergrund. Wir beschlossen, da mitzumachen und eines schönen Tages eröffnete er uns: «Ich will einen grossen Chor gründen. Wer macht mit?» Immer mehr Sänger und Sängerinnen schlossen sich an. Schlussendlich waren wir achtzig Leute. Dieser Kammerchor existierte vierzig Jahre lang. Selber waren wir während 36 Jahren beteiligt. Peider sang ebenfalls mit. Daneben wurde ein Orchester gegründet. Da Geige und Bratsche gefragt waren, setzte er sich auch dort ans Notenpult.

Mit dem Velo fuhren wir jeweils von St. Moritz nach Sils Maria. Mit dem Gegenwind vom Maloja war das manchmal schwierig (lacht). Nach Hause kamen wir schneller. Wir musizierten mit dem Pianisten und Autor Edwin Fischer und Clara Haskil, unter anderem im Waldhaus, in St. Moritz und im ganzen Engadin. Clara Haskil war ein ganz kleines, unscheinbares Persönchen. Sie spielte wunderbar. Das ist eine schöne Erinnerung! Damals war der Sport noch nicht so präsent. Jetzt hat dieser leider alles überholt. Das Kammerorchester veranstaltet jetzt noch jedes Jahr Konzerte. Weißt du wie diese Chamber Music Vereinigung hiess?

S: Ja, die «Amateur Chamber Music Players». Das ist ein Verein, der in Amerika gegründet wurde und immer noch existiert. Bis 2016 war ich in Belgien und ebenfalls Mitglied. Ungefähr alle zwei Monate fand ein Konzert statt. Man kann sich mit dem Instrument registrieren lassen und angeben, auf welchem Niveau man spielt, nimmt miteinander Kontakt auf und vereinbart Besuche, um gemeinsam zu musizieren. Ich spielte hier, in China, in Shanghai, schon mit einer Pianistin zusammen. Genauso, wie die Musikanten, die seinerzeit auch zu uns nach Samedan kamen.

H: Ja, wir beherbergten einmal einen Familienvater aus Schweden, einen Klarinettisten. Seine Frau wollte sich selbst verwirklichen und vernachlässigte die Kinder. Deshalb begab er sich mit ihnen auf Wanderschaft. Er wollte in unserem Garten zelten. Aber ich machte ihm klar, dass das zu kalt sei. Die beiden Mädchen waren froh, in einem richtigen Bett schlafen zu dürfen. Sie brachten alle Noten mit, die es zum Musizieren brauchte. Wenn ich mich richtig erinnere, blieben sie vierzehn Tage bei uns. Ich flickte ihre Socken und was auch immer. Sie haben auch bei uns gebadet (lacht).

Einmal reiste eine ganze Familie aus Amerika an. Ein Pfarrer mit vier oder sogar fünf Kindern. Sie fuhren mit einem kleinen Autobus durch die Schweiz. Alle spielten ein Instrument und logierten auch bei uns. Zum Teil quartierten wir sie im Haus ein und zum Teil schliefen sie im Bus. Eine Geigerin aus Brasilien übernachtete jeweils auch privat bei uns. So kamen wir zu einem grossen Bekanntenkreis. Selber reisten wir nach Deutschland, England und flogen mit dem Chor des Musikzentrums für Auftritte zweimal nach Israel.

Als Steivan als Diplomatenpraktikant in Russland, in Moskau, war, hatten wir Gelegenheit, ihn zu besuchen. Die Thurgau Travel organisierte alles. Das war 1992, als die Grenzen Russlands nach dem Ende des Kalten Krieges wieder offen waren. In seiner Wohnung durften wir übernachten. Dieser Aufenthalt war sehr interessant und wir haben viel erlebt. Geplant war eine Woche. Da jedoch unser Rückflug im Reisepapier falsch datiert war, nämlich erst eine Woche später, war keine Maschine verfügbar. So gewährten uns die Reiseveranstalter diese Verlängerung - das war unser Glück! Wir durften noch eine zweite Woche bei Steivan bleiben. Er hatte eine Lehrerin, die sehr gut Deutsch sprach und ihn in Russisch unterrich-

tete. Sie führte uns ein paar Tage herum. Wir bekamen viel zu sehen. Zurückfliegen mussten wir jedoch mit der russischen Airline «Aeroflot». Das war eine lustige Episode. Nachdem sie uns aufgefordert hatten, zu warten, konnten wir endlich mit unseren Platzkarten das Flugzeug besteigen. Unsere Plätze waren aber bereits von zwei Schweizern besetzt. Sie wollten sich jedoch nicht von ihren Sitzen erheben und sagten, wir sollten schauen, wo wir sonst unterkommen könnten. Ich wurde wütend! Manchmal habe ich in solchen Momenten eine gesunde Wut (lacht). Ich beschwerte mich bei der Stewardess und sagte ihr, dass mir das nicht passe. Ich sei nicht zufrieden mit den beiden letzten Plätzen, einem vorne und einem ganz hinten im Schwanz. Sie schaute mich kurz an und bat mich, ihr in die erste Klasse zu folgen. Ganz vorne durften wir Platz nehmen. Zuvorderst sassen zwei Reporterinnen. Nach einer Weile drehten sie sich zu uns um und fragten. «Haben Sie Durst?» Wir dachten: «Warum nicht?» Peider konnte sich mit ihnen englisch verständigen. Mein Englisch war noch nicht gut genug. Sie reichten uns zwei Wassergläser mit Eiswürfeln. Es war etwas zugefügt, das uns gut schmeckte und wir tranken tüchtig. Es war so erfrischend! Sie füllten uns nochmals nach. Das muss ein russischer Whisky gewesen sein. Also, wir waren anschliessend auf diesem vierstündigen Flug so betrunken, wie noch nie in unserem Leben (lacht) - weder vorher noch nachher! Wir schliefen viel und wenn sie uns etwas servierten, streuten wir den Zucker auf die Gurke oder sonst was und vergnügten uns. Das war so herrlich (lacht)! Auf jeden Fall waren wir bei unserer Ankunft in Zürich wieder munter. Die Kinder holten uns am Flughafen ab und so kamen wir gut zuhause an. - Wir hatten ein schönes Leben. Aber es war immer viel los!
Der Hausarzt, der uns vierzig Jahre lang betreute, äusserte, wir seien als Ehepaar die grössten Gegensätze und hätten es so gut zusammen. Ich erwähnte einmal: «Eigentlich hätte ich nie einen Geschäftsmann heiraten wollen.», worauf Peider antwortete: «Du hast auch keinen!» Die Buchhaltung besorgte ich. Er übernahm das Bedienen und alles weitere. Und wie siehst du das?

P: Ich habe das grosse Los gewonnen. Eine wunderbare, liebe Frau!
H: Einerseits ergänzt man sich, andererseits muss man Dinge aufarbeiten, damit man sich wieder versteht. Wie überall. Jedes hat eine andere Art und so muss man sich einander wieder annähern.
Wir redeten immer über alles. Er hatte mit Reden zwar ein bisschen Mühe. Wenn ich spürte, dass er etwas auf dem Herzen hat, musste ich halt manchmal ein paar Tage darauf warten, bis es rauskam. Es waren auch nicht immer nur Dinge, die uns zwei betrafen. Es gab anderes, zum Beispiel beim Hausbau. Das brauchte einfach immer Zeit. Leider mussten wir das Haus vor ein paar Jahren verkaufen, da es für ein Kind allein zu teuer geworden wäre. Damit waren nicht alle einverstanden. Wir waren noch gut beieinander, so dass wir es selbst verkaufen wollten - damit es keinen Streit gibt und das Geld später gerecht verteilt werden kann. Aber jetzt sind wir ja noch da. Zum Glück können wir immer miteinander diskutieren, wenn jemand etwas belastet. Das ist wichtig! Peider erzählte mir einmal, dass seine Eltern manchmal lange nicht miteinander gesprochen hätten. Aber das kann ich nicht, würde ich gar nicht ertragen!
Unterdessen sind wir zu einer grossen Familie geworden. Alle Kinder haben geheiratet. Es gab Schwiegertöchter und Schwiegersöhne. Auch da sind wir nicht immer gleicher Meinung oder mit allem einverstanden. Es gehört dazu, dass man sich zusammenraufen muss. Gell, Peider? (Er nickt und lächelt sie an.) Er kann nicht gut sprechen, aber er hat alles mitbekommen. - Wir haben bereits dreizehn Enkel und sechs Urgrosskinder. Unsere Familie ist in zehn verschiedenen Nationen auf drei Kontinenten verstreut. Wir sehen sie nicht oft, da sie weit weg wohnen. Leider! Aber wir schauen immer wieder ihre Fotos an. Und diejenigen, die näher wohnen, können uns jetzt der Pandemie wegen auch nur mit Einschränkungen für eine Stunde am Vormittag oder Nachmittag besuchen. In einem Raum, der extra dafür vorgesehen ist, der jedoch nicht dafür geeignet ist, ein sehr persönliches Gespräch zu führen. Die Bereiche sind etwas abgegrenzt, so dass verschiedene kleine Tische zur Verfügung stehen. Aber es wäre ja auch schade,

wenn jemand von uns angesteckt würde. Letzthin war unsere Tochter aus Lugano zusammen mit unserem Schwiegersohn hier. Das war sehr schön! Auch der jüngste Sohn, der in der Nähe von Zürich wohnt, kommt uns ab und zu besuchen. Das schätzen wir sehr!

Gerade gestern Abend haben wir zu dritt mit der Tochter telefoniert. Ich habe es geschafft, auf den Lautsprecher umzustellen (lacht). So konnten wir eine ganze Stunde lang zusammen diskutieren und Peider konnte vom Bett aus mitreden.

Aktuell ist eine schwierige Zeit, auch für uns! Wir dürfen im Heim nicht mehr miteinander singen, nur jeder für sich alleine im Zimmer. Es ist nicht einfach. Im Haus gelten sehr strenge Vorschriften. Bis heute ist auch noch niemand an Covid 19 erkrankt. Unser Heimleiter ist sehr sympathisch. An gewissen Tagen steht die Türe zu seinem Arbeitszimmer offen, man darf einfach unangemeldet bei ihm eintreten und sich mit ihm unterhalten. Ist doch schön! Im übernächsten Zimmer wohnt eine Person, die stark Alzheimer hat, nicht mehr weiss, was sie macht. Deshalb müssen wir unsere Zimmertüren immer abschliessen. Das finde ich unangenehm. Solche Momente gibt es halt auch. ABER: «Wenn du denkst, es geht nicht mehr, kommt von irgendwo ein Lichtlein her.» Ganz neu ist jemand zum Vorlesen angestellt. Sie hat uns gestern alle Briefchen, die wir erhalten haben, vorgelesen. Auch den Rundbrief unserer Tochter. Das ist sehr gut!

Es gibt immer wieder Insassen, die mir aus ihrem Leben erzählen. Ich höre gerne zu und frage nicht viel. Zum Beispiel, wenn wir uns im Garten oder im Park sehen, sogar wenn wir uns noch gar nicht kennen. Auch früher passierte mir das immer wieder. Einmal, als ich jemandem erst zwei, drei Minuten vorher begegnet war. Aber es ist nicht immer einfach. Manchmal ist jemand böse über eine Situation oder erlebt gerade schlechte Zeiten. Von meinem Beruf als Krankenschwester bin ich mir das jedoch gewohnt. So habe ich schon viele Menschen und zum Teil schwere Schicksale kennen gelernt. Eine ganze Sammlung.

Ich kam erst ein Vierteljahr nach Peider hierher, da ich im Haus noch einiges räumen und zur Übergabe fertig machen musste. Wir lebten schlussendlich über fünfzig Jahre zusammen dort. Wir sagen immer: «Ein gutes halbes Jahrhundert!»

Im Lauf des Tages erinnerte ich ihn: «Heute hast du eine Art Geburtstag. Du bist genau zwei Jahre hier, im Altersheim!»

Jetzt, in dieser aussergewöhnlichen Zeit, ist nicht mehr viel los. Früher spielte zum Beispiel eine Musik oder ein Chor sang für uns. Wir hatten Gedächtnistraining oder einfach einen Hock oder sangen miteinander schlichte Lieder. Ich würde gerne schwierigere singen (lacht). Auch unseren siebzigsten Hochzeitstag feierten wir in einem sehr bescheidenen Rahmen. Aber wir hatten noch ein bisschen Wein. Den tranken wir zusammen mit einem Röhrchen aus einem Wasserglas (beide lachen). Es war ein schöner Hochzeitstag! Wir haben gar nicht geglaubt, dass wir dies je erleben würden. Das sagen wir immer wieder zueinander.

Uns beiden ging es zwischendurch nicht gut. Wie durch ein Wunder lief das Leben doch weiter. Einmal meinten sie, Peider sei schon am Sterben und bereiteten alles vor. Aber ich spürte, dass es noch nicht so weit war und meldete ihn zum Haareschneiden bei unserem Haus Coiffeur an. Seine Kleider waren jedoch bereits alle weg. So musste er sich im Pyjama auf den Coiffeur Stuhl setzen und kam wieder ganz munter zurück (lacht) - Wunder geschehen! Solche Sachen sind schon ein paarmal passiert.

Diese Woche liessen wir uns auch gegen das Virus impfen. Sie organisierten es so, dass wir zusammen hingehen konnten. Bei den normalen Grippeimpfungen hatten wir bis jetzt noch nie etwas bemerkt. Gestern fragte mich jemand, ob wir eine Reaktion gehabt hätten. Ich habe mich gar nicht mehr darum gekümmert (lacht). Wir waren beide etwas müder als sonst und ich hatte ein bisschen Kopfschmerzen, was ich sonst nie habe. Wir haben es gut überstanden.

Gerade in dieser Zeit ist es besonders schön, dass wir einander noch haben. Einmal pro Woche dürfen wir gemeinsam essen. Eigentlich ist es schade, dass es nicht häufiger ist. Da ich erst später eintrat, war schon vieles so gut geregelt, dass wir den Kreis, den Peider hatte, nicht stören wollten.

Auch wenn ich nicht mehr gut sehe, mein Gehör ist erstaunlich. Bei den Angestellten habe ich gewisse Merkmale, zum Beispiel die Haare, die Stimme, den Gang.

Wir zwei haben zudem Gedankenübertragungen. Immer öfter! Manchmal lachen wir deswegen, auch zusammen mit dem Pflegepersonal. Er wollte mir zum Beispiel telefonieren, ich solle runterkommen. In dem Moment stehe ich an seiner Tür und er hält den Hörer in der Hand, um mich anzurufen. Das ist lustig! Als ich ihn einmal zum Haareschneiden anmeldete, hiess es, andere hätten im Moment Priorität. Als ich vom Mittagessen zurückkam und den Liftknopf drückte, öffnete sich der Aufzug, Peider stand freudestrahlend mit der Coiffeuse vor mir und ich konnte gleich zu diesem Termin mitfahren. Solches passiert immer wieder. Man ist so verbunden miteinander. Auch schon dachte ich: «Ich muss nach ihm schauen, ich glaube, es geht ihm nicht gut». Und es war wirklich nötig, dass ich kam. Ich bin empfindsamer geworden und spüre viel mehr. Irgendwie hat man ja auch einen sechsten Sinn.

Wir wissen weiss Gott nicht, wann uns etwas widerfährt. Wir sagten schon mehrmals zueinander, dass wir miteinander sterben möchten (lacht). Jetzt hoffen wir, das sei ein bisschen nahe beieinander. Am Abend darf ich immer zwei Stunden bei ihm verbringen. Da wir beide nicht mehr lesen können, hören wir Musik, reden darüber oder besprechen sonst noch allerhand. Das geniessen wir! Die letzten Zeiten, die wir miteinander haben, die uns geschenkt werden. Das ist schön. Ich hoffe, dass das noch länger dauert!

Zum Abschied singen wir jeweils das Lied von Brahms «Guten Abend, gut` Nacht, mit Rosen bedacht». - Ich gehe gar nicht gerne von ihm weg. Beim Gutenachtgruss sagen wir uns jedes Mal eine Zeile aus diesem Lied: «Morgen früh, wenn Gott will, wirst du wieder geweckt.» Zwischendurch singen wir zusammen auch etwas, das uns gerade einfällt, auswendig. Häufig einen Kanon. So gut, wie uns das noch gelingt (lacht): «Dona nobis pacem» - «Schenke uns Frieden!»

Peider war, bevor er hierherkam, noch eine Zeitlang in einem Altersheim in Samedan. Dort arbeitete ein junger Bursche in Ausbildung. Er musste täglich alles von Peider schriftlich dokumentieren, ein halbes Buch. Der letzte Satz, mit dem er seinen Bericht abschloss, war:

«Und sie haben sich immer noch lieb!» (beide lachen fröhlich)

Dankbarkeit gibt dem Leben
Leichtigkeit und Humor,
Gelassenheit und Freiheit.

Anselm Grün